LA PUISSANCE
de votre subconscient au travail

Infographie : Johanne Lemay

DISTRIBUTEURS EXCLUSIFS :

Pour le Canada et les États-Unis :
MESSAGERIES ADP*
2315, rue de la Province
Longueuil, Québec J4G 1G4
Téléphone : 450 640-1237
Télécopieur : 450 674-6237
Internet : www.messageries-adp.com
* filiale du Groupe Sogides inc.,
filiale du Groupe Livre Quebecor Media inc.

Pour la France et les autres pays :
INTERFORUM editis
Immeuble Paryseine, 3, Allée de la Seine
94854 Ivry CEDEX
Téléphone : 33 (0) 1 49 59 11 56/91
Télécopieur : 33 (0) 1 49 59 11 33
Service commandes France Métropolitaine
Téléphone : 33 (0) 2 38 32 71 00
Télécopieur : 33 (0) 2 38 32 71 28
Internet : www.interforum.fr
Service commandes Export – DOM-TOM
Télécopieur : 33 (0) 2 38 32 78 86
Internet : www.interforum.fr
Courriel : cdes-export@interforum.fr

Pour la Suisse :
INTERFORUM editis SUISSE
Case postale 69 – CH 1701 Fribourg – Suisse
Téléphone : 41 (0) 26 460 80 60
Télécopieur : 41 (0) 26 460 80 68
Internet : www.interforumsuisse.ch
Courriel : office@interforumsuisse.ch
Distributeur : OLF S.A.
ZI. 3, Corminboeuf
Case postale 1061 – CH 1701 Fribourg – Suisse
Commandes :
Téléphone : 41 (0) 26 467 53 33
Télécopieur : 41 (0) 26 467 54 66
Internet : www.olf.ch
Courriel : information@olf.ch

Pour la Belgique et le Luxembourg :
INTERFORUM BENELUX S.A.
Fond Jean-Pâques, 6
B-1348 Louvain-La-Neuve
Téléphone : 32 (0) 10 42 03 20
Télécopieur : 32 (0) 10 41 20 24
Internet : www.interforum.be
Courriel : info@interforum.be

08-10

L'ouvrage original a été publié
par Prentice Hall Press,
succursale de Penguin Group
sous le titre *Putting the Power of your Subconscious Mind to Work*

Dépôt légal : 2010
Bibliothèque et Archives nationales du Québec

ISBN 978-2-7619-2941-7

Gouvernement du Québec – Programme de crédit d'impôt pour l'édition de livres – Gestion SODEC – www.sodec.gouv.qc.ca

L'Éditeur bénéficie du soutien de la Société de développement des entreprises culturelles du Québec pour son programme d'édition.

Le Conseil des Arts du Canada
The Canada Council for the Arts

Nous remercions le Conseil des Arts du Canada de l'aide accordée à notre programme de publication.

Nous remercions le gouvernement du Canada de son soutien financier pour nos activités de traduction dans le cadre du Programme national de traduction pour l'édition du livre.

Nous reconnaissons l'aide financière du gouvernement du Canada par l'entremise du Fonds du livre du Canada pour nos activités d'édition.

Dr Joseph Murphy

LA PUISSANCE de votre subconscient au travail

Réalisez vos plus hautes ambitions professionnelles
en canalisant le pouvoir de votre esprit

Textes compilés, revus et augmentés
par Arthur R. Pell, Ph. D.

Traduit de l'américain par Suzanne Anfossi

LES ÉDITIONS DE L'HOMME
Une compagnie de Quebecor Media

INTRODUCTION

Comprenez la puissance de votre subconscient

Tout ce que vous acceptez comme vrai, votre subconscient va l'accepter à son tour et le réaliser. Croyez en la bonne fortune, en la direction divine, en l'action juste et à toutes les bénédictions de la vie. Vous êtes le capitaine de votre âme (votre esprit subconscient) et le maître de votre destin. Souvenez-vous que vous avez la faculté du choix. Choisissez la vie ! Choisissez l'amour ! Choisissez la santé ! Choisissez le bonheur !

Êtes-vous malheureux au travail ? Votre avancement est-il bloqué parce qu'aucune occasion ne semble jamais se présenter ? Voulez-vous atteindre vos objectifs ? Ni la chance, ni le hasard, ni les contraintes que vous impose un patron intransigeant, non plus que la lourdeur de la bureaucratie n'ont à vous freiner dans vos élans. Vous avez le pouvoir de prendre en main votre carrière.

Dans la réussite comme dans l'échec, tout ce que nous réalisons est le résultat direct de nos propres pensées. Nos faiblesses et nos forces, notre pureté et notre impureté, nous appartiennent à nous seuls. *Nous seuls* pouvons les modifier, ce ne sont jamais les autres. Notre bonheur et nos souffrances évoluent de l'intérieur. *Nous sommes ce que nous pensons et nous le demeurons tant que nous continuons à le penser.*

Bien entendu, certaines choses ne peuvent être changées : le mouvement des planètes, le passage des saisons, les marées et la course apparente du soleil. *Toutefois, vous pouvez vous changer vous-même.* Vous pouvez vous transformer en renouvelant votre esprit. Et là réside la clé de l'avancement de votre carrière. Votre esprit enregistre tout comme une machine, et tout ce que vous acceptez consciemment, ainsi que vos impressions, vos opinions et vos idées, s'imprime à un niveau plus profond dans votre subconscient. En apprenant à canaliser votre subconscient, vous pourrez maîtriser la direction de votre carrière.

Oui, vous avez le pouvoir de changer votre subconscient. Cela se fait d'abord en élevant vos pensées. Que vos pensées se tournent vers la beauté, l'amour, la paix, la sagesse et la créativité. Votre subconscient suivra, transformant ainsi votre manière de penser, votre corps et les circonstances de votre vie.

Cela est particulièrement vrai lorsqu'il s'agit d'avancement professionnel. Trop de gens freinent l'évolution de leur carrière par peur : peur de déplaire à leur patron, peur d'affronter des rivaux à mesure qu'ils gravissent les échelons hiérarchiques, peur de se heurter à des impasses bureaucratiques. Oui, ces peurs peuvent toutes vous empêcher de progresser dans votre carrière, mais seulement si vous le permettez.

Si vous avez confiance en vos capacités et que vous travaillez efficacement à l'atteinte des objectifs de l'entreprise, vous mettez la puissance de votre subconscient à contribution pour venir à bout de n'importe quel obstacle.

Jules H., un jeune et brillant avocat, venait d'être embauché par un grand cabinet, lorsqu'il prit conscience qu'une dizaine de ses jeunes collègues, tous aussi compétents et ambitieux que lui, rivalisaient avec lui pour obtenir de l'avancement. La plupart d'entre eux, remarqua-t-il, se plaignaient continuellement des longues heures passées à effectuer des tâches routinières sans intérêt, comparativement au travail d'avocat plus intéressant auquel ils aspiraient tous. Jules, frustré comme les autres de cette situation, eut toutefois l'idée de recourir à son subconscient : « C'est vrai, ce travail est fastidieux et abrutissant, se dit-il, mais c'est le prix à payer pour obtenir de l'avancement. Je ferai ce travail, pas seulement avec ma tête, mais en y mettant tout mon cœur. Je m'en occuperai comme je l'ai fait pour les travaux les plus exigeants à l'école de droit. » Ses patrons ne mirent pas longtemps à reconnaître sa supériorité et à lui confier des dossiers plus importants, le mettant ainsi à part de ses rivaux.

Les psychologues et les psychiatres nous disent que les pensées qui sont proposées à notre subconscient s'impriment sur les cellules de notre cerveau. Dès que notre subconscient accepte une idée, il commence immédiatement à la mettre à exécution. Il travaille par association d'idées et se sert de chaque parcelle de connaissance que nous avons acquise au cours de notre vie pour manifester sa raison d'être. Il se sert de la puissance, de l'énergie et de la sagesse infinies qui sont en nous. Il mobilise toutes les lois de la nature pour atteindre sont but. Parfois, il apporte une solution immédiate à nos difficultés ; d'autres fois, il peut mettre des jours, des semaines ou plus longtemps encore.

Votre subconscient est semblable à un terrain qui accepte toutes sortes de graines, bonnes ou mauvaises. Vos pensées sont actives, ce sont les graines. Les pensées négatives, destructrices, continuent de travailler négativement dans votre esprit subconscient, et elles vont s'exprimer dans votre vie sous forme d'expériences correspondant à des pensées négatives. Rappelez-vous que votre subconscient ne s'occupe pas de savoir si vos pensées sont bonnes ou mauvaises, vraies ou fausses. Toutefois, il réagit selon la nature de vos pensées ou de la suggestion donnée.

Par exemple, si vous acceptez consciemment quelque chose comme vrai, même si cela est peut-être faux, votre subconscient va l'accepter et va produire les résultats qui en découleront nécessairement comme si cela était vrai. Votre esprit subconscient ne peut argumenter dans la controverse. Il s'ensuit que, si vous lui ordonnez de fausses suggestions, il va les accepter comme vraies et se mettre à les réaliser sous la forme de conditions, d'expériences et d'événements. Votre esprit subconscient est souvent appelé subjectif. Cet esprit subjectif connaît son entourage par des moyens qui sont indépendants des cinq sens.

Il perçoit par intuition. C'est le siège de vos émotions, ce sont les archives de votre mémoire. Votre esprit subjectif accomplit ses plus hautes fonctions lorsque l'esprit objectif est suspendu ou dans un état de somnolence. Votre esprit subjectif voit sans l'usage des organes naturels de la vision. Il est capable de clairvoyance et de « clairaudition ».

Lorsque votre esprit conscient et votre subconscient travaillent en paix et en harmonie, il en résulte l'harmonie, la santé, la paix, la joie et le bonheur. Le mal, la douleur, la souffrance, la misère, la guerre, le crime et la maladie sont tous le résultat du manque d'harmonie entre l'esprit conscient et l'esprit subconscient. Rappelez-vous : votre subconscient est impersonnel et non sélectif.

Le mode de pensée habituel de votre esprit conscient creuse de profonds sillons dans votre subconscient. S'il est harmonieux, paisible et constructif, vous en retirerez un grand profit, personnellement et professionnellement.

Si vous vous êtes laissé aller à la crainte, à l'inquiétude et à d'autres formes destructrices de la pensée, le remède consiste à reconnaître l'omnipotence de votre esprit subjectif et à décréter la libération, le bonheur, la santé parfaite et la prospérité. Votre subconscient est créateur et uni à votre source divine, il va donc réaliser la libération et le bonheur que vous aurez décrétés avec ferveur.

Ce n'est pas le hasard qui détermine votre cheminement de carrière, pas plus qu'un destin inéluctable ne dicte votre bonne ou votre mauvaise fortune. Votre esprit subconscient ne s'occupe pas de savoir si ce que vous croyez ou ressentez consciemment comme vrai l'est ou non. Faites le choix de croire en ce qui est vrai, noble et à l'image de Dieu, et votre esprit subconscient réagira en conséquence.

Les philosophes, les théologiens et les penseurs de toutes les époques savaient cela, mais chaque génération doit se remémorer ces vérités et les adapter pour ses contemporains.

Le Dr Joseph Murphy a résumé ce concept dans son livre à succès *La puissance de votre subconscient*, et ses autres écrits par la suite. Des milliers d'hommes et de femmes ont écouté ses prédications et assisté à ses conférences dans des dizaines de pays différents, et des millions d'autres l'ont écouté à la radio.

Le Dr Murphy transforme ces théories en approches pratiques applicables dans la vie quotidienne. Il propose un programme basé sur le gros bon sens qui vous apprend à ne pas vous condamner vous-même, qui vous montre que vous pouvez, dès maintenant, revendiquer ce que vous aspirez être. Vous pouvez dès maintenant posséder l'objet de vos désirs les plus chers. Vous pouvez dès maintenant faire ce que vous souhaitez ardemment faire. Vous pouvez vivre dans cette atmosphère mentale. Peu à peu, celle-ci s'imprégnera comme par osmose de votre esprit conscient à votre esprit subconscient, pour devenir graduellement une conviction intime à mesure que vous la nourrissez et que vous l'entretenez. Vos limites vont alors disparaître et vous allez renaître tel un phénix de ses cendres et devenir une nouvelle personne.

Vous allez acquérir une nouvelle vision, une nouvelle image de vous-même, une nouvelle conscience. Ce sont vos croyances profondes, tout ce à quoi vous êtes attaché sur le plan affectif, qui vous gouvernent et qui vous contrôlent. Quelle qu'elle soit, c'est l'idée ou la croyance dominante dans votre subconscient qui contrôle vos pensées, vos actions et vos réactions. Si vous croyez que vous allez échouer, vous ne pouvez pas réussir. Vous auriez beau travailler pendant dix-huit heures par jour, travailler très dur, vous allez tout de même échouer parce que c'est l'idée dominante qui occupe votre esprit. Ce qui vous arrive est la conséquence de vos croyances. C'est ainsi que fonctionne l'esprit.

Vous allez apprendre comment vous attendre à ce qu'il y a de mieux, à entrevoir avec impatience un avenir des plus lumineux, à croire que cela est possible. Avec cette nouvelle image de vous-même, vous verrez combien il peut être joyeux et passionnant de réaliser ses rêves. Vous allez apprendre comment appliquer ces principes à votre développement et à votre avancement professionnels.

Même si ce livre s'inspire d'abord des travaux du Dr Murphy, son contenu a été revu et augmenté d'exemples supplémentaires qui illustrent à quel point son message est précieux pour les lecteurs du XXIe siècle.

Comme le Dr Murphy était un ministre du culte, bon nombre de ses suggestions sont fondées sur sa foi profonde en Dieu. Cependant, que vous soyez religieux, agnostique ou athée, l'Intelligence infinie est à l'œuvre pour vous et vous pouvez la ressentir. Nul besoin de croire en une religion quelconque. Si vous l'invoquez, elle vous répondra. Elle est impersonnelle, c'est-à-dire qu'elle ne s'attache pas aux personnes. Pour les gens qui sont religieux, elle sera Dieu. Pour d'autres, elle sera une force qui réside au plus profond d'eux-mêmes. Vous pouvez la nommer Intelligence surhumaine si vous voulez, ou encore l'esprit subliminal.

Si un problème quelconque (mental, physique ou émotif) vous empêche d'être vous-même au travail, posez-vous la question suivante : De quoi est-ce que je me détourne ? Qu'est-ce que je cherche à éviter ? Est-ce que je dissimule mon ressentiment et mon hostilité à quelqu'un ? Faites face au problème. Résolvez-le en vous servant de la connaissance que vous donne votre esprit plus profond, en sachant que le Principe de Vie cherche toujours à apaiser, à rétablir les choses. Le Principe de Vie est la force vitale qui nous anime. Il ne condamne jamais. Il ne punit jamais. Il ne juge jamais. Cela lui est impossible. C'est vous qui vous jugez vous-même, par vos propres pensées, les conclusions et le verdict que vous établissez avec votre esprit. Rappelez-vous : le Principe de Vie ne peut pas vous punir. Il ne peut pas vous juger. Vous vous jugez vous-même. Et vous façonnez votre propre destin, car ce que vous croyez en votre cœur, ou dans votre esprit subconscient, est ce que vous êtes.

Comprenez donc que vos pensées sont des choses ; ce que vous ressentez, vous l'attirez à vous ; ce que vous imaginez, vous le devenez. C'est à ce moment-là que des merveilles se produiront dans votre vie. Car il n'existe qu'une Puissance Unique et cette Puissance est en vous. Vous êtes le capitaine sur le pont; vous donnez les ordres, et votre esprit subconscient aura une impression et la manifestera en conséquence, que cela soit vrai ou non, comme nous l'avons dit. N'acceptez donc que ce qui est vrai.

Notre esprit est encombré de croyances, d'idées et d'opinions qui sont fausses, il ne laisse pas ces vérités éternelles émerger. Une idée de peur que l'on suggère à une personne pleine de confiance en elle et qui a la foi n'aura absolument aucune prise sur elle. Cette suggestion renforcera sa foi et sa confiance dans le principe de réussite. Elle renforcera le concept selon lequel l'Infini ne connaît pas l'échec, et les suggestions liées à l'échec ne feront que renforcer la confiance de cette personne en son pouvoir intérieur.

D'innombrables expériences menées par des psychologues, des psychiatres et d'autres sur des personnes en état d'hypnose ont montré que l'esprit subconscient est incapable de faire des choix ou des comparaisons, ce qui est pourtant fondamental dans le processus de raisonnement.

Il vous faut comprendre que votre esprit conscient est une sentinelle qui monte la garde. Sa fonction principale consiste à protéger votre esprit subconscient des fausses impressions. Vous comprenez maintenant l'une des lois fondamentales de l'esprit : votre esprit subconscient se laisse facilement guider par la suggestion. Comme vous le savez, votre esprit subconscient est incapable de comparer deux choses ou d'établir des oppositions ; il ne peut pas non plus raisonner ou réfléchir par lui-même. Cette dernière fonction est du ressort de votre esprit conscient. Votre subconscient ne fait que réagir aux impressions qui lui sont données par votre esprit conscient. Il ne montre aucune préférence pour une voie ou une autre.

Rappelez-vous qu'aucune suggestion ne peut imposer quoi que ce soit à l'esprit subconscient sans que l'esprit conscient l'ait voulu. Votre esprit conscient a le pouvoir de rejeter toute suggestion fausse ou négative.

Assurez-vous de ne donner à votre esprit subconscient que des suggestions apaisantes, bienfaisantes, qui vous élèvent ou vous inspirent. Rappelez-vous que votre esprit subconscient vous prend littéralement au mot. Si vous dites sans cesse: «Je ne peux pas obtenir cette promotion, je n'arrive pas à boucler mon budget», votre esprit subconscient fera en sorte que cela soit vrai.

Votre esprit subconscient subit aussi l'influence des suggestions d'autres personnes. La puissance de la suggestion a joué un rôle dans la vie et la pensée des hommes et des femmes à toutes les époques et dans tous les pays. Dans bien des coins du monde, ce sera le pouvoir dominateur de la religion, qui ne cesse d'affirmer des choses telles que «Vous êtes dans le péché», «Le Diable viendra vous prendre», «À votre mort, vous irez en enfer», et autres déclarations du même genre. Les gens en sont terrorisés.

Dès la plus tendre enfance, la majorité d'entre nous a reçu de nombreuses suggestions négatives. Lorsqu'elles sont constructives, les suggestions sont bien sûr une chose merveilleuse. Une suggestion négative, par contre, est l'une des réactions de l'esprit les plus destructrices. Elle peut mener à la guerre, à la misère, à la souffrance, aux préjugés raciaux et religieux, et entraîner des désastres. Les dictateurs, les despotes et les tyrans connaissent le pouvoir de la suggestion. Staline s'en est servi, Hitler aussi, de même qu'Oussama ben Laden, en invoquant des préjugés raciaux et religieux. Puis, une fois les gens émotionnellement stimulés, ils inscrivaient en eux d'autres suggestions négatives, répétant certaines choses encore et encore à des millions de personnes.

Vous êtes exposé aux suggestions négatives dans tous les aspects de votre vie. En voici quelques-unes que l'on entend dans le milieu du travail: «Vous ne pouvez pas», «Vous n'êtes bon à rien», «Vous ne devez pas», «Vous allez échouer», «Vous n'avez aucune chance», «Vous avez tort sur toute la ligne», «C'est inutile», «Ce qui compte, ce n'est pas ce que vous savez, mais qui vous connaissez», «À quoi bon?», «Tout le monde s'en fiche», «Il ne sert à rien de faire tant d'efforts », « Vous êtes trop vieux maintenant », « Les choses ne font qu'empirer », « La vie est un travail qui ne finit jamais », « Vous ne pouvez pas gagner », « Bientôt vous serez renvoyé », « On ne peut faire confiance à personne ».

Ces expressions sont des ordres que vous donnez à votre esprit subconscient, qui feront de votre vie un enfer. Vous serez frustré, névrosé, inhibé. Ces suggestions destructrices que vous vous serez données vous mèneront constamment sur le divan du psychiatre.

Vous rejetterez toutes ces suggestions négatives en nourrissant votre esprit subconscient par la prière, ou en lisant un texte méditatif chaque soir avant d'aller dormir. Toute pensée destructrice sera ainsi contrecarrée.

Vous n'avez pas à subir l'influence de ces pensées négatives destructrices. Vous vous rappellerez sans doute comment vos parents, vos amis, votre famille, vos professeurs, vos patrons et les membres du clergé ont contribué à cette campagne de suggestions destructrices. La plupart du temps, on voulait ainsi vous contrôler ou vous faire peur. Vous constaterez que bon nombre de ces suggestions ont comme but de vous faire réfléchir, vivre et agir comme on voudrait que vous le fassiez, et de vous engager dans une voie qui est à l'avantage de ces personnes.

Vous n'êtes le pantin de personne. Vous devez choisir votre propre voie, celle qui vous mène à un sentiment de plénitude, la voie de la liberté. Cette voie réside à l'intérieur de vous. Tout ce que vous décidez de considérer comme vrai sur le plan conscient, votre esprit subconscient vous le fera vivre. Alors, croyez que Dieu, ou l'Intelligence infinie, vous guide. L'action juste a préséance sur tout. La loi et l'ordre divins vous gouvernent. La paix divine emplit votre âme. Mettez-vous à croire en ces choses. Vous ne créez rien de tout cela, mais vous les mettez en action. Faites en sorte qu'elles soient actives dans votre vie.

Réfléchissez par vous-même. Vous avez le pouvoir de contrôler vos propres émotions. Au travail, dans votre carrière, c'est vous, et non votre patron ou vos collègues, qui devez contrôler votre destin.

Que vos inspirations proviennent d'en haut. À mesure que vous intégrerez ces vérités au niveau conscient, votre esprit subconscient les fera s'exprimer dans la vie concrète. Vous découvrirez ainsi que rien ne vous retient d'atteindre vos buts, que vous vous dirigez dans la direction que vous avez choisie, pour votre carrière et dans votre vie.

Nous devons croire que nous pouvons améliorer notre vie. Une croyance – qu'elle soit vraie, fausse, ou simplement neutre – entretenue pendant un certain temps va s'assimiler et s'incorporer à votre manière de penser. À moins qu'elle ne soit contrecarrée par une croyance opposée, tôt ou tard elle se concrétisera et s'exprimera ou sera vécue comme un fait, une forme, une condition, une circonstance ou un événement de la vie. Nous avons ce pouvoir en nous de transformer les croyances négatives en croyances positives, et ainsi de transformer notre vie pour le mieux.

Arthur R. Pell, PH. D.
Directeur de publication

PREMIÈRE PARTIE

Maximiser les attributs personnels qui mènent au succès professionnel

Certains sont nés grands, d'autres parviennent à la grandeur,
et d'autres ont la grandeur qu'on leur impose.
SHAKESPEARE, *La nuit des rois*

Même s'il arrive que certaines personnes connaissent le succès parce que cela leur a été imposé, le plus souvent, pour parvenir au succès, nous devons agir et procéder par étapes. Malheureusement, trop de gens ne voient pas qu'ils ont le pouvoir à l'intérieur d'eux-mêmes de se sortir d'une situation malheureuse et de gravir les échelons du succès.

Nous avons tous, à l'intérieur de nous-mêmes, des pouvoirs latents que nous n'utilisons pas, mais qui attendent d'être mis en action. Peut-être manquons-nous d'assurance, ou d'estime de nous-mêmes. Peut-être vivons-nous en permanence dans un état de crainte ou d'inquiétude. Peut-être devons-nous faire face à des obstacles inattendus ou qui nous paraissent insurmontables, au travail ou dans d'autres domaines de la vie. Nous sommes nombreux à travailler dans des emplois qui ne mènent nulle part, ou à détester simplement nous lever le matin pour aller travailler dans un environnement qui ne nous apporte rien ou qui est déplaisant. Nous aimerions changer, mais nous nous en sentons incapables.

Vous pouvez changer votre vie. Les outils qui vous permettront de le faire se trouvent en vous. Tout ce que vous avez à faire, c'est de les affiner, de les utiliser et de constater les résultats.

Dans les chapitres qui suivent, nous allons explorer les attributs personnels qui mènent au succès, et nous allons voir comment, en canalisant la puissance de votre subconscient, vous pouvez vous diriger plus rapidement vers une carrière réussie.

CHAPITRE 1

Établissez vos objectifs et atteignez-les

Il faut donner pour recevoir. Si vous accordez de l'attention à vos buts, à vos idéaux, et à vos entreprises, votre esprit subconscient vous soutiendra.

N'importe quelle personne qui a réussi s'est d'abord fixé un objectif. En effet, établir des objectifs et faire en sorte de les atteindre constitue la première étape de la longue route vers le succès. En sachant où vous allez et comment vous comptez vous y rendre, vous pourrez vous concentrer sur le temps et l'énergie qu'il vous faudra consacrer et sur l'investissement émotif nécessaire, et commencer du bon pied vers l'atteinte de vos objectifs.

Lorsqu'un navire perd son gouvernail, il pourra conserver son allure, être pleinement fonctionnel, mais il n'arrivera jamais nulle part. Il n'accostera jamais à aucun port, sauf par accident; et s'il trouve jamais un havre quelconque, sa cargaison ne sera peut-être pas adaptée aux gens qui s'y trouvent, au climat ou aux conditions de vie de l'endroit. Le navire doit se diriger vers un port bien défini, et sa cargaison, être adaptée à cet endroit, là où elle sera en demande, et il doit garder le cap vers ce port contre vents et marées, dans la tempête et à travers la brume.

Alors, une personne qui connaît du succès ne se laisse pas dériver sur l'océan de la vie, mais au contraire tient le gouvernail pour aller droit devant, vers le port qu'elle a choisi, non seulement quand la mer est belle, mais aussi dans la tempête, et cela, même lorsque son navire est enveloppé par les brumes de la déception et le brouillard de l'adversité.

Tout commence par un rêve

Avez-vous un rêve, une vision de l'avenir? Dans ce rêve, êtes-vous riche? célèbre? heureux? La plupart des gens rêvent bien sûr d'un tel avenir, mais la majorité du temps, ils ne font que faire cela: rêver.

Les gens qui ont du succès ont eux aussi fait un tel rêve, mais ils ont transformé ce rêve en objectifs, qui à leur tour sont devenus réalité. Leurs rêves n'ont pas été de vagues espoirs de succès, mais des rêves au sujet de réalisations précises qu'ils souhaitaient voir se concrétiser. Edison a rêvé d'un monde où l'énergie électrique illuminerait la nuit. Stephenson a rêvé d'une locomotive capable de tirer des trains et d'éliminer le dur labeur des hommes et des bêtes. Beethoven a rêvé d'une musique qui élèverait l'esprit. Les grands acteurs, les grands artistes et les grands écrivains ont rêvé, non seulement d'être célèbres, mais d'un moyen d'utiliser leur talent pour réussir dans leur domaine.

Le rêve n'est pas réservé à de tels génies. Tous ceux qui ont connu du succès disent que leur réussite a d'abord été un espoir, un rêve. Depuis des centaines d'années, des hommes et des femmes disent que leurs réalisations ont d'abord été un rêve, que ce rêve les a menés à l'établissement d'objectifs, objectifs qui les ont à leur tour incités à établir un plan d'action et qui, inévitablement, les ont menés à l'atteinte du but visé.

Le rêve n'est pas réservé aux jeunes. Il n'est jamais trop tard pour nourrir de nouveaux rêves qui mèneront à de nouvelles réussites. Il est étonnant de voir ce que les gens dont les rêves se sont présentés tardivement ont réalisé. Benjamin Franklin, par exemple, avait plus de cinquante ans lorsqu'il s'est mis à l'étude de la philosophie. Milton, alors qu'il était aveugle, avait plus de cinquante ans quand il a écrit le *Paradis perdu*.

Le rêve n'est pas assujetti aux limites imposées par les préjugés et les tendances d'une époque. Pendant d'innombrables années, les femmes ont été brimées dans leur volonté de réaliser quelque chose. Leurs objectifs de carrière se résumaient autrefois à ce que l'on considérait comme des « emplois féminins ». Il fallait de la détermination et du courage ne serait-ce que pour même songer à embrasser d'autres voies. Prenons l'exemple d'Elaine Pagels, un professeur de Princeton et auteure à succès de livres sur le gnosticisme et les débuts du christianisme. À son époque, dit-elle, l'éducation des filles ne leur permettait pas même d'envisager de faire carrière, dans quelque domaine que ce soit. Dans son cas, même si elle se sentit libre de suivre la voie qu'elle aimait, ce n'est que plus tard qu'elle découvrit qu'elle pourrait en vivre, et que son rêve se transforma en but.

Aujourd'hui, les barrières sont tombées pour la majorité des emplois. Dans la plupart des écoles américaines de droit, de médecine et autres professions, par exemple, la moitié ou plus des étudiants sont des femmes.

Dans les années 1990 et 2000, de nombreuses sociétés américaines commencèrent à confier des emplois à des travailleurs issus de pays étrangers où les salaires étaient beaucoup moins élevés, entraînant de ce fait des milliers de pertes d'emplois. Certains travailleurs partirent à la retraite, d'autres sombrèrent dans le défaitisme pour se plaindre pendant des années de leur infortune tout en profitant de l'aide sociale. Mais, pour la majorité de ces travailleurs licenciés, ce fut l'occasion de faire appel à leurs ressources intérieures et d'entreprendre une formation dans un autre domaine. La plupart d'entre eux durent reprendre à zéro et accepter des salaires moins élevés, mais, animés d'une énergie et d'un enthousiasme renouvelés, ils ont repris le chemin du succès.

La détermination est plus importante même que l'intelligence. Seuls ceux et celles qui sont profondément déterminés à ne laisser aucun obstacle leur barrer la route sont convaincus qu'avec de la persévérance et des efforts, ils atteindront leur but. Tous ceux qui y mettent le temps et l'effort voulus finissent par voir leurs rêves devenir des objectifs et leurs objectifs, des réalisations.

La plupart de ces choses qui font que la vie vaut la peine d'être vécue, qui nous ont libérés de l'abrutissement et qui nous ont fait nous élever au-dessus de la banalité et de la laideur – les grands agréments de la vie –, c'est aux rêveurs que nous les devons.

Transformer ses rêves en objectifs

Malheureusement, trop de rêveurs demeurent justement cela, des rêveurs. Leurs rêves demeurent des rêves. Pour réaliser vos rêves, vous devez les transformer en buts. Ils deviennent alors, non plus des fantasmes, mais des objectifs que vous pouvez établir et qui vous serviront de jalons sur la voie du succès. Vous devez donner à vos rêves une raison d'être, avoir la détermination de tout faire pour les rendre concrets.

L'exemple de Rachel Roy, une designer de mode, est éloquent à cet égard. Cette femme eut en effet un rêve un jour qui, une fois converti en but, l'a menée au succès. Son amour de la mode, ce sont les films qu'elle a vus quand elle était enfant qui le lui ont inspiré. Elle trouvait que les vêtements portés par les actrices leur donnaient une aura de confiance et de succès. Rachel rêvait de créer cette même aura pour elle-même et pour d'autres femmes, un look raffiné qui témoignerait d'une estime de soi positive.

Une fois l'an, elle et sa famille se rendaient acheter des articles pour l'école. À l'une de ces occasions, elle remarqua le peu de choix au rayon des vêtements dans un magasin de sa localité. Cela la dérangea au point de se dire que, si on lui en donnait l'occasion, elle saurait créer de nouveaux styles plus intéressants. Elle en était persuadée. Sa mère, à qui elle s'était confiée, lui dit qu'il s'agissait là du travail de l'acheteuse. Elle pouvait maintenant mettre un nom sur son rêve : « acheteuse ». C'est à ce moment-là, dit-elle, que son rêve est devenu son but, celui de devenir acheteuse dans le domaine de la mode.

Son premier emploi fut celui de commis aux inventaires. Par la suite, elle devint rapidement assistante-gérante, puis acheteuse personnelle, puis styliste dans diverses boutiques. Bientôt, elle se retrouva designer de mode, briguant l'un des postes de direction de l'entreprise où elle travaillait.

Quand son mari, Damon Dash, voulut démarrer une collection de vêtements bien à lui, Rachel dut prendre une décision, à savoir d'abandonner ou non sa carrière florissante pour tout recommencer avec Damon. Elle choisit de se lancer dans l'aventure, ne ménageant ni son temps ni son énergie, apportant sa contribution et s'occupant de tous les aspects possibles de l'entreprise chaque fois qu'elle le pouvait. Elle voulait se rendre irremplaçable. Au bout de six années, alors qu'elle s'apprêtait à lancer une nouvelle collection, Damon décida de vendre la compagnie. Rachel savait alors qu'elle pouvait se lancer seule en affaires si elle le voulait, et c'est ce qu'elle fit. Ses collections furent très bien reçues par l'industrie et aujourd'hui elle est considérée comme l'une des designers les plus en vue dans l'univers de la mode.

Tout un monde sépare ceux qui ne font que rêver et ceux qui agissent à partir de leurs rêves. Rachel Roy était plus qu'une rêveuse. Elle a transformé son rêve en but, ne ménageant aucun effort pour l'atteindre.

Votre arme secrète : votre esprit subconscient

Notre esprit subconscient possède un immense pouvoir, celui de créer en nous l'habitude de nous attendre à quelque chose, de croire que nous allons réaliser nos ambitions, que nos rêves vont se concrétiser.

L'habitude même de vous attendre à ce que l'avenir vous réserve de bonnes choses, à ce que vous soyez prospère et heureux, que vous ayez une belle famille, une belle maison, une carrière fructueuse, et que vous serez reconnu pour ce que vous êtes, est le meilleur capital sur lequel vous pouvez compter pour démarrer dans la vie.

Vous devez toujours tendre vers l'idéal. Votre esprit subconscient va réagir en conséquence et vous apporter ce que vous voulez voir se concrétiser, qu'il s'agisse d'une bonne santé, de la noblesse de caractère, ou d'une magnifique carrière. Si vous visualisez ces résultats aussi clairement que possible et que vous faites tout ce que vous pouvez pour les obtenir, il y a plus de chance que cela se produise que si vous ne le faites pas.

C'est seulement lorsque le désir se cristallise en résolution, toutefois, qu'il prend effet. C'est le désir conjugué à la forte détermination de réaliser ce dernier qui engendre la puissance créatrice. C'est l'ardent souhait qu'une chose se produise et les efforts que l'on met pour la réaliser qui donnent des résultats.

Pour vous améliorer, quel que soit le domaine, visualisez cette qualité aussi clairement que possible et soyez persévérant dans vos démarches. Accompagnez votre ambition d'un idéal supérieur. Que cela soit constamment à votre esprit, jusqu'à ce que vous sentiez cet idéal vous soulever et se manifester dans votre vie. Vous êtes né pour gagner, pour conquérir, pour triompher dans la vie. Qu'il s'agisse de votre travail, de vos rapports avec les autres, ou de n'importe quel autre aspect de votre vie, vous êtes fait pour le succès.

Plus vous donnez des directives claires à votre esprit subconscient, plus il peut vous aider. Cette conscience intérieure réagit à vos commandements, tout comme les matelots qui sont aux machines à bord d'un paquebot obéissent aux ordres que leur donne le capitaine sur le pont. Si les ordres sont précis et sans équivoque, alors l'équipage s'empressera de faire virer le navire selon les directives données, ou bien d'augmenter la vitesse de croisière exactement comme on leur a dit de le faire.

Mais si vous, en tant que capitaine, n'êtes pas sûr de ce que vous voulez, votre esprit subconscient recevra un message flou et alors votre navire soit voguera vers une destination choisie au hasard, soit dérivera, soit tournera en rond.

Vous devez dire à votre subconscient exactement ce que vous voulez. Vous devez le diriger de telle sorte que vous puissiez atteindre vos objectifs. Quand vous savez en quoi consiste vraiment votre désir le plus profond, votre esprit subconscient vous propulse directement vers celui-ci. Mais il a besoin de savoir que vous voulez sincèrement, ardemment et sans l'ombre d'un doute atteindre cet objectif, et que vous ne l'abandonnerez pas pour lui préférer d'autres souhaits et idées contradictoires ou conflictuelles, ou fantaisies du moment qui pourraient surgir dans votre esprit. C'est ainsi que vous vous mettez à penser positivement et que vous êtes prêt à atteindre vos buts.

Croyez en vos buts et vous les atteindrez

La prospérité naît d'abord dans l'esprit, et il est impossible de l'atteindre tant que vous y êtes hostile mentalement. Travailler en vue d'obtenir une chose et en même temps s'attendre à une autre conduit inévitablement à l'échec, car tout se crée d'abord dans l'esprit et tout se réalise selon le schéma mental ainsi établi.

Vous ne pouvez pas devenir prospère si en réalité vous vous attendez, ne serait-ce que partiellement, à rester pauvre. Nous avons tendance à obtenir ce à quoi nous nous attendons, et quand on ne s'attend à rien, on n'obtient rien.

Comment pouvez-vous espérer arriver au succès alors que vous marchez pas à pas sur la route de l'échec ? Être dans la mauvaise voie, faire face à des perspectives sombres, déprimantes et sans espoir, et cela, même si nous travaillons à faire le contraire, anéantit les résultats de nos efforts.

Les pensées sont comme des aimants qui attirent leurs semblables. Si, mentalement, vous êtes concentré sur la pauvreté et la maladie, la vie vous apportera pauvreté et maladie. Il est impossible que vous puissiez produire l'inverse de ce qui habite votre esprit, car c'est votre attitude mentale qui constitue le schéma de base, et ce schéma s'intègre à tous les aspects de votre vie. Vos réalisations existent d'abord mentalement.

La terreur de l'échec et la peur de tomber dans l'indigence ou de risquer l'humiliation sont *cela même qui empêche une multitude de personnes d'obtenir les choses qu'elles désirent ; cela sape leur énergie vitale et les rend incapables, pour cause d'inquiétude et d'anxiété, de faire émerger la créativité et l'efficacité nécessaires au succès.*

Soyez un optimiste. Développez l'habitude de regarder les choses de manière constructive, sous leur angle lumineux et porteur d'espoir, l'angle de la foi et de la certitude. Évitez de voir la vie avec doute et incertitude. Prenez l'habitude de croire que le meilleur arrivera, que ce qui est juste doit triompher. Ayez foi que la vérité aura finalement raison de l'erreur, que l'harmonie et la santé sont ce qui est réel, et la discorde et la maladie, leur absence temporaire. Voilà l'attitude qu'adopte la personne optimiste, qui est celle qui finira par transformer le monde.

Analysez-vous

Il n'existe qu'une seule personne au monde qui puisse vous mettre sur la voie du succès : vous.

Avant d'être en mesure de déterminer quels objectifs peuvent vous propulser dans ce voyage, vous devez d'abord vous sonder vous-même. Étudiez bien votre pensée et tâchez de comprendre de votre subconscient ce que vous voulez vraiment tirer de la vie, et quels sont les atouts qui sont les vôtres et qui vous permettront d'atteindre votre but.

Vous devez être réaliste. Il se peut que vous n'ayez pas les capacités nécessaires pour atteindre le but que vous souhaiteriez vous fixer, tout désirable soit-il. Peut-être, par exemple, voulez-vous devenir une vedette de cinéma ou un chanteur d'opéra ; cependant, vous n'avez pas le talent qu'il faut pour cela. Il est possible que votre carrière de rêve se trouve dans un domaine hors d'atteinte pour vous. À l'inverse, il est aussi possible que vous possédiez sans le savoir certaines aptitudes et compétences qui pourraient vous conduire vers une carrière qui vous comble, personnellement et matériellement.

Comment faire pour le savoir ? Regardez profondément à l'intérieur de vous. Une introspection attentive vous le révélera. La plupart des adultes savent déjà ce qu'ils peuvent et ne peuvent pas faire, ce qu'ils aiment et n'aiment pas. Ce ne sera peut-être pas évident, mais par l'introspection vous pourrez aller au-delà de l'évidence et réfléchir en profondeur sur ce que vous êtes.

L'histoire de la créatrice et productrice des émissions de télévision *Leçons d'anatomie* et *Pratique privée*, illustre bien nos propos. Même quand elle était enfant, Shonda Rhimes savait qu'elle voulait être auteure. Elle inventait des histoires et les dictait sur son enregistreuse avant même de savoir écrire. Sa mère l'encouragea à les transcrire et elles devinrent ainsi réelles.

Ce que vous devez faire, c'est de passer systématiquement en revue la formation que vous avez reçue, vos expériences, vos passe-temps et vos intérêts. Voyez s'il n'y a pas un ou plusieurs domaines où vous avez eu du succès, que vous aimiez et qui vous comblaient. Ces aspects de votre vie vous indiquent là où se trouve la voie du succès dans l'avenir. Mais il ne s'agit que d'un début.

Les gens qui connaissent du succès apprennent dès le début de leur carrière où puiser leurs ressources. Faites l'inventaire de tous vos atouts et de toutes vos ressources. Ne faites pas simplement regarder ce que vous avez déjà réalisé, mais aussi ce que vous savez pouvoir faire. La grande majorité des jeunes gens commencent leur carrière en ne sachant que très peu de choses sur leurs capacités mentales et habituellement le découvrent petit à petit avec le temps.

La plupart des gens ne découvrent jamais plus qu'un petit pourcentage de leurs habiletés et ne vont jamais plus loin qu'occuper des postes de bas niveau et mal payés. Ils pataugent dans la médiocrité, même s'ils ont les ressources pour faire plus. S'ils pouvaient seulement les découvrir, cela leur permettrait de se hisser à des postes plus élevés dans la hiérarchie. Tout simplement, ils ne se retrouvent jamais dans un environnement propice à l'éclosion de leurs ambitions, ou bien ils n'entrent pas en contact avec les éléments susceptibles d'éveiller cet énorme pouvoir qu'ils détiennent *intérieurement*.

L'une des façons de découvrir votre potentiel caché est de dresser la liste des cours que vous avez suivis, des emplois que vous avez occupés et des autres activités auxquelles vous avez participé. Voyez ensuite lesquelles, parmi ces activités, vous ont procuré le plus de plaisir, le plus de satisfaction, et celles que vous avez détestées.

Josh D., un diplômé universitaire de vingt-cinq ans, ne se plaisait pas dans son emploi d'expert en sinistres auprès d'une compagnie d'assurances. Il avait fait une majeure en administration des affaires, pour ensuite prendre cet emploi dans l'espoir qu'il le conduirait à un poste de gestion. Tandis qu'il énumérait tous les types d'activités qu'il avait accomplies, il se rendit compte que ce qu'il aimait le moins était de s'occuper des détails. Observant le travail de son patron et du patron de celui-ci, il découvrit que l'un comme l'autre employaient le plus clair de leur temps à faire des tâches similaires aux siennes. Il comprit aussi que l'aspect de son travail qu'il aimait le mieux concernait les rapports avec les détenteurs de police : rencontrer les gens en entrevue et travailler avec eux à leurs réclamations. En passant en revue ses activités scolaires et son travail auprès d'un groupe communautaire, il se rendit compte que ses expériences les plus enrichissantes avaient été celles où il avait eu affaire à des personnes. Josh en discuta avec les gens du personnel de l'entreprise, et on lui laissa entendre qu'il se sentirait probablement plus à sa place et connaîtrait plus de succès professionnellement dans un poste de représentant. Il changea donc de service et aujourd'hui, il aime son travail et est sur la voie qui le mènera vers une carrière réussie.

Choisir un but unique

Les gens qui connaissent du succès croient fermement qu'il est essentiel de s'engager totalement dans l'atteinte des buts que l'on se fixe. Il y a quelque chose de très puissant dans le fait de déterminer une chose sans réserve, cette volonté ferme, constante, tenace, qui fait tomber tous les obstacles et qui mène au but fixé, peu importe le temps qu'il faut pour y arriver, le sacrifice ou le prix à payer.

Pour réussir, vous devez concentrer toutes vos facultés mentales et les diriger sans fléchir vers un seul et unique objectif, démontrer une volonté de fer, à toute épreuve, qui ne peut que vous mener à la victoire. N'importe quelle autre voie qui pourrait vous tenter doit être réprimée.

Une personne qui n'a qu'un seul talent et qui se fixe un objectif défini sera plus productive qu'une personne aux multiples talents qui disperse son énergie sans savoir exactement ce qu'elle doit faire. Celui ou celle qui est faible, mais qui consacre tout son potentiel à la réalisation d'une seule chose parviendra à un résultat ; la personne la plus puissante, mais qui disperse son pouvoir en de multiples directions, pourra ne rien réaliser du tout.

Une minuscule quantité de poudre placée derrière une balle de fusil permettra au tireur d'atteindre plus efficacement sa cible que si la poudre était libre, fût-elle en grande quantité. Le barillet du fusil est « l'objectif » qui permet à la poudre de faire ce qu'elle doit faire, laquelle, sans cela, ne serait d'aucun pouvoir.

C'est en poursuivant un but unique que l'on peut gagner. Les gens qui connaissent du succès ont un plan de match. Ils se fixent un programme et ils s'y tiennent. Ils font des plans et ils les mettent à exécution. Ils se dirigent tout droit vers leur objectif. Ils ne se laissent pas aller dans une ou l'autre direction chaque fois qu'un obstacle se dresse sur leur chemin ; s'ils ne peuvent passer par-dessus, ils passent au travers. Il faut se servir de ses capacités de manière constante, sans fléchir, et viser un but unique ; de cette manière, vous serez plus fort et plus puissant, alors que si vous les utilisez sans but ou sans viser un résultat précis, vous les affaiblirez. L'esprit doit se concentrer sur l'atteinte d'un résultat précis, sinon, telle une machine sans organe de régulation, il éclatera en mille morceaux.

Résumé

La première étape vers le succès consiste à se fixer des buts raisonnables et atteignables – qu'ils concernent votre carrière ou n'importe quel autre aspect de votre vie. Vous devez semer dans votre subconscient les graines qui vous permettront d'accueillir et d'établir ces buts. Voici un processus en sept étapes pour vous aider à le faire :

1. *Un but doit être clairement énoncé.* Indiquez en termes clairs ce que vous souhaitez réaliser. Soyez précis et ferme dans votre énoncé. Par exemple, si vous dites : « Mon but est d'être le meilleur vendeur de l'entreprise », c'est bien, mais il serait mieux d'être plus précis, en disant, par exemple : « Mon but est d'atteindre un volume de ventes de tant de dollars pour le prochain exercice, et de 10 pour cent de plus chaque année par la suite pendant trois ans. » Vous connaissez maintenant la cible à atteindre, et votre esprit subconscient vous aidera à concentrer vos efforts en ce sens.

2. *Un objectif doit être inspirant.* Si vous établissez un but que vous pouvez trop facilement atteindre, vous ne serez pas motivé à faire plus que le minimum. Fixez-vous des buts qui vous inspireront à progresser et à travailler d'autant plus fort en vue de les atteindre. Les gens qui ont l'habitude de réaliser des choses le disent volontiers : une fois qu'un but est atteint, ils doivent immédiatement s'en fixer un nouveau, de telle sorte de les forcer à continuer à s'améliorer et à progresser.
3. *Un but doit être mesurable.* Un but n'est pas toujours quantifiable. Il peut parfois se mesurer en chiffres (montant d'argent ou autre). Vous pouvez vous fixer un objectif de ventes par mois, par trimestre ou par année, qui se mesurera en unités de produits ou en dollars. Vous pouvez établir des objectifs de production pour chaque montant. Même les buts incorporels, qui ne peuvent se quantifier, peuvent être établis en termes mesurables. Vous pouvez diviser l'objectif principal en plusieurs objectifs plus petits, et établir des échéanciers en fonction de chacun de ces objectifs. De cette manière, vous pourrez mesurer votre progression par rapport à chacun d'entre eux, et ajuster vos activités en conséquence, pour vous assurer de bien respecter l'échéancier établi.
4. *Un but doit se baser sur l'action.* À moins de noter les actions qui seront prises en vue de la réalisation du but fixé, celui-ci demeurera un rêve. Prendre action consiste à se livrer à une activité, qu'elle soit mentale, physique ou de l'ordre des émotions. Sur le plan mental, vous devez être prêt à réfléchir, chaque fois que vous avez un moment de libre, au but que vous vous êtes fixé et aux gestes que vous devez faire pour l'atteindre. Votre esprit subconscient vous aidera à convertir vos pensées en actions.
5. *Un but doit être mis par écrit.* Entre autres moyens pour vous assurer de ne pas oublier ou perdre de vue votre but dans la frénésie du quotidien, mettez-le par écrit. Dressez la liste des objectifs à long terme, que vous diviserez ensuite en objectifs à

moyen et à court termes. Écrivez ces objectifs en grosses lettres et affichez-les là où vous pouvez les voir chaque jour : sur votre babillard, sur le frigo, sur le miroir. Lisez-les, mémorisez-les et relisez-les encore, en vous posant la question chaque jour : « Qu'est-ce que je fais pour atteindre ces objectifs ? »

6. *Un but doit être communiqué à une autre personne.* Une autre façon de vous assurer que votre but ne subira pas le même sort que vos résolutions du Nouvel An est d'en parler à quelqu'un : une personne que vous respectez, une personne dont vous écoutez les conseils. Bill Wilson, l'un des fondateurs d'Alcooliques Anonymes, a déclaré que l'un des gestes les plus importants qui aident les participants à rester sobres consiste à parler à d'autres personnes des objectifs qu'ils se sont fixés. C'est ce que déclare aussi Jean Nidetch, la fondatrice de Weight Watchers.
7. *Un but doit être souple.* Il arrive parfois que les circonstances changent et que le but à atteindre ne soit plus pertinent. Il se peut, par exemple, que les conditions économiques ne soient plus favorables au démarrage d'une nouvelle entreprise, ou encore qu'une innovation technologique rende votre but désuet, ou que vous ayez mal effectué vos recherches, ce qui rend le but impossible à atteindre. Cela ne veut pas forcément dire que le but doit être abandonné. Il suffit peut-être de réévaluer vos idées ou de procéder à de nouvelles études. Si c'est ce que vous vivez, examinez la situation et faites les ajustements nécessaires.

CHAPITRE 2

Prenez davantage conscience de votre valeur

Si vous croyez être un bon à rien et que vous vous percevez comme un bon à rien, alors vous échouerez dans vos entreprises. Pensez succès. Comprenez que vous êtes né pour le succès et pour gagner. Voyez-vous prospère, heureux et libre, et c'est ce que vous serez. Tout ce que vous pensez et ressentez comme vrai dans votre esprit conscient s'intègre dans votre esprit subconscient et se reflète dans votre expérience. C'est la loi de l'esprit, inéluctable, immuable et intemporelle. Ayez foi et vous surmonterez tous les obstacles.

Il y a de multiples raisons qui peuvent expliquer pourquoi une personne réussit dans sa carrière ou en affaires, et une autre pas. Au cours de mes nombreuses années passées à travailler auprès des gens – riches et pauvres, inconnus et célébrités, dirigeants et dirigés –, j'ai observé que l'élément de loin le plus important qui prédestine une personne à connaître ou non du succès est la manière dont elle se perçoit elle-même. Les gens qui s'aiment eux-mêmes vraiment, qui ont le sentiment d'être des personnes de valeur, sont beaucoup plus susceptibles de connaître du succès dans la vie que ceux pour qui ce n'est pas le cas.

Que possèdent donc ces gens qui connaissent du succès et que les autres n'ont peut-être pas ? L'estime de soi et la confiance en soi. Ils croient en eux-mêmes et à la puissance qui les habite.

L'estime de soi : l'ingrédient de base de la confiance en soi

L'estime de soi se définit le mieux comme étant le sentiment qu'on éprouve quand on se sent bien dans sa peau. Les gens qui possèdent une haute estime d'eux-mêmes ont davantage l'impression qu'ils vont réussir la plupart des choses qu'ils entreprennent. Ils se respectent et savent qu'ils inspirent le respect. Cela ne veut pas dire qu'ils sont toujours optimistes sur tout et toujours joyeux et de bonne humeur. Nous avons tous nos mauvaises journées et nous avons tous des périodes où tout semble aller de travers. Les gens qui ont une bonne estime d'eux-mêmes sont capables d'accepter cela et de ne pas se laisser submerger par ces états d'être.

L'estime de soi fait partie intégrante de la confiance en soi. Avant de pouvoir vous sentir bien par rapport à une décision que vous prenez, il faut croire en vous-même. Vous devez absolument ressentir que vous valez quelque chose. Si vous n'avez pas d'estime pour vous-même, comment pouvez-vous avoir *confiance* que vos décisions sont valables ?

Pourquoi les gens manquent-ils de confiance en soi ? Souvent, cela résulte de la crainte de revivre une expérience d'échec vécue dans l'enfance. Ou alors ce sont d'autres personnes – souvent des professeurs ou même les parents – qui ont exprimé constamment leur insatisfaction quant aux résultats scolaires ou autres, entraînant de ce fait un sentiment d'infériorité chez l'enfant.

Il arrive aussi que l'échec suive une expérience de succès, mais que les personnes laissent l'expérience d'échec dominer leurs pensées et que cela les condamne à vivre un manque de confiance en soi généralisé.

La clé qui vous permet de changer votre état d'esprit face à vous-même réside dans votre subconscient, et la seule façon d'accéder à votre subconscient est d'agir au niveau conscient. Votre esprit subconscient est toujours contrôlé par l'idée dominante. Votre subconscient va accepter la plus forte de deux propositions contradictoires. Si vous dites « Je veux avoir confiance en moi, mais c'est impossible ; j'y mets tous mes efforts ; je m'oblige à prier ; j'y mets toute la force de ma volonté », vous devez comprendre que l'erreur réside dans l'effort.

Certaines personnes essaient de changer en utilisant leur « volonté ». Elles feront chou blanc, car pour obtenir des résultats, vous devez éliminer les pensées négatives de votre esprit subconscient, et l'effort de volonté ne fait que les rendre encore plus présentes. Vous ne pouvez pas obliger votre esprit subconscient à accepter vos idées par la volonté. Une telle tentative est vouée à l'échec et vous obtiendrez le contraire de ce que vous vouliez. Quand vous vous concentrez sur l'effort de volonté, vous ne faites que renforcer dans votre esprit subconscient l'obstacle que vous tentez de surmonter. Par exemple, lorsqu'un fumeur, en essayant d'arrêter de fumer, procède par effort de volonté, il se dira constamment « Je ne fumerai pas ». L'esprit subconscient se concentrera alors sur l'acte de fumer. Si, au contraire, le fumeur se concentre sur les joies liées à l'abandon du tabagisme – respirer un air pur, frais et sans odeur, entre autres –, l'esprit subconscient réagira en conséquence.

Si vous remplacez, dans votre esprit conscient, les pensées négatives par des pensées positives, celles-ci seront communiquées à l'esprit subconscient.

Ne vous considérez jamais comme un raté

Ce sont les évaluations que vous faites de vous-même et les croyances que vous avez envers vous-même qui vous gouvernent. Ce n'est pas ce qu'une autre personne pense de vous. Que faire si l'on vous dit « Tu es un raté, tu ne feras jamais rien de bon » ? Dites-vous ceci : « Ce qu'une autre personne pense de moi n'a aucune importance. Je suis né pour gagner, pour réussir. Je dois réussir. Je vais réussir et je vais le faire d'une manière remarquable et unique. »

Chaque fois qu'une personne vous dit que vous allez échouer, considérez cela comme une manière de raviver votre foi en la puissance de votre subconscient, qui lui ne connaît pas l'échec. Autrement dit, ne blâmez pas les autres pour vos échecs. Ne rendez pas les circonstances responsables. Les gens qui connaissent du succès s'efforcent de surmonter les circonstances difficiles. Bien sûr qu'il y aura des ratés ! Mais cela ne veut pas dire que *vous* êtes un raté. Vous avez en vous le pouvoir créateur de renverser l'échec, d'aller de l'avant vers le succès. Le contrôle n'appartient pas à l'autre personne. L'autre n'a pas le pouvoir de vous manipuler, à moins que vous ne le lui permettiez.

Votre estime de vous-même se développe chaque fois que vous connaissez du succès. Elle se développe même lorsque de temps à autre vous vivez des échecs, à la condition que vous vous rappeliez que c'est toujours vous qui détenez le pouvoir, que vous y croyiez et que vous l'ayez démontré par les gestes que vous faites.

Vous êtes ce que vous croyez être. Vous vous créez à l'image de l'idée que vous avez de vous-même. L'estime de soi et la confiance en soi ne sont rien de plus que la projection de l'image que vous avez de vous-même. Si vous conservez une puissante image positive de vous-même, vous serez plus heureux et vous connaîtrez davantage de succès. Vous serez capable de surmonter les obstacles, quels qu'ils soient, et d'atteindre vos objectifs.

Ce dont vous avez besoin par-dessus tout est de croire en vous-même, en ce que vous faites et dans votre destin ultime. La confiance en soi, ou la capacité de pouvoir compter sur ses propres estimations, est un état qui trouve sa plus grande expression lorsqu'il s'accompagne de la conviction que ce que nous sommes nous vient de Dieu, et qu'avec Dieu tout est possible.

Décidez dès maintenant, dès cet instant. Vous pouvez obtenir ce que vous souhaitez ; et il vous sera fait selon votre foi. Assurez-vous d'avoir raison, puis lancez-vous. Ne laissez rien ni personne ébranler votre conviction, et que cette conviction s'intègre à votre façon de penser. Et avec cette sorte de croyance, vous connaîtrez inévitablement du succès et vous avancerez dans la vie.

Créez un scénario de vie positif

Les psychologues nous disent que nous créons tous un « scénario » de notre vie. Ce scénario peut être pessimiste ou optimiste, nous rendre heureux ou malheureux, refléter notre attitude positive et notre bonne estime de nous-mêmes, ou au contraire une vision où les pensées négatives dominent, et même l'autodénigrement. Les hommes et les femmes qui subissent des échecs tôt dans leur carrière sont susceptibles de voir leur estime d'eux-mêmes et leur confiance en soi diminuer. Ces échecs affectent leur psyché. Inconsciemment, ils inventeront peut-être ainsi un scénario d'échecs répétés – et ils se considéreront *eux-mêmes* comme des ratés, à moins qu'ils ne puissent renouveler leur foi en eux-mêmes.

Si vous êtes de ceux qui ont inventé un scénario d'échecs, ce scénario dominera vos pensées et vos gestes. Vous allez toujours vous percevoir comme un raté et vous *serez* un raté. Si vous ne réécrivez pas ce scénario, vous serez condamné à vivre une vie malheureuse et remplie d'échecs successifs.

La majorité des gens qui connaissent du succès ne sont pas nés avec le gène de la réussite. Quand on connaît l'histoire de ces personnes, on constate souvent qu'avant d'atteindre leurs objectifs, ils ont dû surmonter la pauvreté ou la dépression, et autres obstacles en apparence insurmontables.

Ils l'ont fait en réécrivant mentalement leur scénario de vie, et en changeant l'image qu'ils avaient d'eux-mêmes, de négative à positive. Puis, avec de la détermination, du dévouement et beaucoup de travail, ils ont commencé à vivre la réussite qu'ils ont imaginée dans leur scénario.

Personne n'a commencé davantage au bas de l'échelle que Frederick Douglass, né esclave dans une plantation de coton. Personne, dans ces conditions, n'avait aussi peu d'espoir de pouvoir améliorer son sort ou de se faire des amis. Supposons qu'il se soit dit, en se rendant compte de sa condition : « Voilà, je suis un esclave. Peu importe les ambitions que je pourrais nourrir, ou mon ardent désir de me sortir de ma condition, la chose est impossible, puisque je suis né en esclavage. Mes parents sont des esclaves, et mes grands-parents l'ont été aussi. Il n'y a aucune chance que je puisse aller à l'école ou refaire ma vie hors de la plantation. »

S'il avait raisonné de la sorte, aurait-on même jamais entendu parler de Frederick Douglass ? Bien sûr que non. Il aurait vécu et il serait mort en esclavage, comme des millions de ses compagnons. Mais il était animé d'une volonté de victoire. Plutôt que de dire « Je ne peux pas et je ne le ferai pas », il dit : « Je peux et je ferai en sorte de me sortir de cette horrible condition d'esclavage. »

Il imagina un scénario de vie, en faisant appel à cette puissance mystérieuse qui réside à l'état latent dans tout être humain, et qui répond toujours à nos appels. Il vainquit tous les obstacles en apparence insurmontables qui se dressèrent entre lui et la liberté et l'instruction. Il apprit les lettres de l'alphabet à partir d'écriteaux accrochés aux clôtures, de bouts de papier jetés aux ordures et d'un almanach qu'il avait récupéré à la plantation. Ce ne fut qu'après avoir appris à lire qu'il sut ce qu'était un vrai livre.

De ces débuts modestes et dans ces dures conditions, le petit esclave réussit à obtenir sa liberté et à aller à l'école. Il fut reconnu mondialement comme le défenseur des gens de sa race réduits à l'esclavage, une cause à laquelle il consacra sa vie. Son travail attira l'attention du président des États-Unis, qui le nomma ambassadeur du pays en Haïti.

Vous aussi pouvez réécrire le scénario qui vous empêche d'avancer dans la vie. Il faudra de la détermination et travailler sans relâche, mais si vous voulez vous sortir de votre situation, vous pouvez le faire, et en fait vous le devez.

Voici quelques conseils pour vous y aider :

Aimez-vous. Si vous n'avez pas de vrai respect pour vous-même, vous ne pouvez pas vous attendre à ce que les autres vous aiment et vous respectent.

Faites-vous confiance. N'hésitez pas à prendre des décisions qui concernent votre vie. Si vous vous fixez des objectifs et que vous avez confiance que vous réussirez, n'ayez pas peur de prendre des décisions qui vous aideront à atteindre ces objectifs.

Mettez l'accent sur le positif. Vous connaîtrez bien sûr quelques échecs sur votre parcours. Mais ne vous y attardez pas. Concentrez-vous sur ce que vous réalisez chaque jour et votre scénario de succès en sera renforcé. L'estime de soi est fragile. Elle doit constamment être nourrie et raffermie, et cela se fait par des paroles, des gestes, des attitudes, par l'expérience, mais aussi par l'engagement que vous prenez envers vous-même.

Exigez beaucoup de vous-même. N'hésitez pas à vous féliciter chaque fois que vous obtenez du succès, si minime soit-il. Mais que cela ne vous rende pas complaisant. Voyez ces petites réussites comme des incitatifs à réaliser de plus grandes choses encore.

Ayez à l'esprit la célèbre phrase du philosophe français Émile Coué : « Tous les jours, en tous points de vue, je vais de mieux en mieux. »

Soyez votre propre coach

Il arrive que nous ayons besoin de rehausser notre estime de nous-mêmes. Faites comme le coach d'une équipe sportive. Quand l'équipe tire de l'arrière, le coach fera tout pour motiver les troupes : il ou elle leur fera un petit discours d'encouragement. Par des paroles judicieuses, le coach fera naître l'enthousiasme, la confiance en soi, et en plus du désir de gagner, le goût de s'engager à mettre tous les efforts qu'il faut pour atteindre l'objectif fixé.

Comme individus, nous avons besoin nous aussi de ces petits discours. Nous en avons besoin lorsque nous avons moins d'enthousiasme dans la vie, quand nous sommes déprimés, quand nous subissons des échecs. Quand notre confiance en nous-mêmes diminue et que notre foi en nous-mêmes est ébranlée. Mais où est le coach ?

Nous devons être notre propre coach. Pour modifier le scénario dans votre esprit, parlez-vous à vous-même comme un coach. Dites-vous que vous êtes bon, que vous êtes un gagnant, que vous avez déjà remporté du succès dans le passé et que cela se reproduira encore. En vous encourageant ainsi vous-même, vous semez des graines d'estime de soi dans votre esprit conscient. Avec le temps et à force de vous parler ainsi, ces graines prendront racine dans votre esprit subconscient et feront éclore de nouveaux comportements.

Cette estime de nous-mêmes nous accompagne toute notre vie durant. Quand nous sommes jeunes, elle nous propulse vers l'avant, à l'âge mûr, elle nous soutient, et dans nos dernières années, elle nous renouvelle.

Prenez l'habitude de remplacer les mots négatifs de votre scénario personnel par des mots positifs. Remplacez les paroles de désespoir par des paroles d'espoir ; les mots de l'échec par ceux de la réussite ; évoquez la victoire plutôt que la défaite, l'encouragement plutôt que l'inquiétude, l'enthousiasme plutôt que l'apathie. Parlez avec des mots qui évoquent l'amour plutôt que la haine. Remplacez tous les mots négatifs par des mots qui témoignent de l'estime de vous-même, et, tout comme le jour succède à la nuit, vous verrez votre estime de vous-même et votre confiance en vous apparaître dans tous les aspects de votre vie.

Affrontez et surmontez les obstacles

La confiance en soi peut être ébranlée lorsque nous faisons face à des revers. Que les choses ne se déroulent pas comme prévu, que des obstacles qu'on n'attendait pas se forment, et voilà que tout semble s'écrouler. Le temps est maintenant venu de renouveler votre foi en vous-même. Le temps est maintenant venu de faire appel à toutes les réserves que Dieu vous a données pour faire face au problème et le régler. Vous allez réussir, et cette réussite va rehausser votre estime de vous-même.

Tous les meilleurs chefs d'entreprise vous diront que plus l'obstacle est important, plus il faut avoir confiance en soi et plus l'expérience est enrichissante. Au début de sa carrière, A. G. Lafley, qui est devenu le chef de la direction de Procter & Gamble, était en charge des opérations de la compagnie en Asie au moment d'un important séisme au Japon et de l'effondrement des marchés asiatiques. Il raconte que s'il est parvenu à diriger l'entreprise au travers de ces terribles obstacles, c'est qu'il n'a jamais perdu foi en lui-même et gardé à l'esprit qu'on apprend dix fois plus en temps de crise qu'en temps normal.

De la même manière, Jeff Immelt, qui est maintenant chef de la direction de General Electric (GE), fut amené à faire ses preuves au cours d'une crise en 1988, lors du rappel de millions de compresseurs de réfrigérateurs défectueux. Le chef de la direction Jack Welch lui avait demandé de s'occuper de la situation même si Immelt n'avait aucune expérience des réfrigérateurs ou des rappels. Il affirme que jamais il ne serait devenu chef de la direction s'il n'avait pas eu confiance en sa capacité à faire face à cette tâche « impossible », une situation qui pour beaucoup à GE était un obstacle insurmontable.

Un autre exemple de la manière de surmonter un obstacle important est celui du chef de la direction de Cisco, John Chambers. Il est reconnu comme l'un des orateurs les plus dynamiques et les plus captivants de tout le monde des affaires. Il apprend par cœur juste ce qu'il faut de sa présentation pour lui donner un air d'improvisation. Il délaisse le podium pour venir parler aux gens en personne. Il ne quitte jamais son auditoire des yeux. Véritable magicien de la scène, ses allocutions sont encensées par la très exigeante presse du monde des affaires, qui les qualifie de « stupéfiantes ».

Il est difficile de croire qu'il a fallu à cet homme éloquent surmonter d'importants obstacles avant d'acquérir suffisamment de confiance en lui-même pour se présenter devant un auditoire.

Et d'où lui vient donc cette confiance en lui ? *Elle vient du pouvoir acquis dans sa lutte contre la dyslexie.* Pour arriver à simplement parler devant des auditoires, Chambers a dû établir une éthique de travail spartiate. Plutôt que de se plaindre de son handicap, il s'est servi du défi qu'il représentait pour se transformer lui-même. Il a affirmé que sa dyslexie l'a obligé à voir les choses sous un angle plus global, au lieu de rester coincé dans les détails. Cela lui a permis d'améliorer son art oratoire, puisqu'il arrive souvent que les gens assistant à une conférence s'ennuient lorsque l'orateur s'empêtre dans les détails. Sa dyslexie l'a aussi obligé à mémoriser de grandes parties de ses présentations, et à se préparer avec davantage de minutie comparativement à d'autres, ce qui donne une impression d'instantanéité et de fraîcheur à ses allocutions, des qualités rares. Lorsqu'un texte appris par cœur est livré de manière vivante, il est tout sauf ennuyant, et tout le contraire d'un texte écrit qu'on lit à haute voix. John Chambers n'a pas fait que survivre à un handicap qui a miné sa vie d'enfant. Il n'a pas laissé ce handicap dominer sa vie. Il a travaillé dur pour accroître sa confiance en lui, et le résultat en est qu'aujourd'hui, ce chef d'entreprise parle avec conviction et clarté des gens et de leurs rêves, de la valeur de ses produits, et de ce contexte général et global où nous sommes et que nous cherchons tous à comprendre.

Cessez de vous punir

Ce que vous acceptez totalement dans votre esprit, vous le manifesterez dans vos expériences, quelles que soient les conditions, les circonstances ou le pouvoir en place. Affirmez ces vérités : l'avancement professionnel m'appartient, le succès m'appartient, l'action juste m'appartient, la richesse m'appartient. Ce faisant, ces vérités s'installeront dans votre esprit subconscient, le médium créateur, et des merveilles se produiront dans votre vie.

Une secrétaire juridique se plaignait ainsi à son pasteur : « Rien n'est jamais facile pour moi. Le patron et les autres au bureau sont méchants et cruels envers moi. À la maison, ma famille m'a toujours traitée injustement. Il y a un sort qui s'acharne sur moi, c'est certain. Je ne suis bonne à rien. Je devrais me jeter dans le lac. »

Son pasteur lui expliqua que mentalement, elle-même était cruelle envers sa propre personne, et que se mortifier et pleurer ainsi sur son sort entraînait nécessairement la manifestation et la confirmation de cette réalité sur le plan physique. Si vous êtes méchant envers vous-même, d'autres seront méchants envers vous où que vous soyez dans l'univers. Lorsqu'une personne a l'impression d'être un ver de terre, tout le monde lui marche dessus. En d'autres termes, les attitudes et les gestes des personnes autour d'elles témoignaient de son propre état d'esprit et le confirmaient.

Elle cessa donc immédiatement de se punir. Elle se vit en train d'être félicitée par son patron pour l'efficacité de son travail. Elle le vit également en train de lui annoncer une hausse de salaire. Elle tâcha aussi d'émaner de l'amour et de la bonne volonté envers son patron et tous ses collègues. Ayant fait cela régulièrement de nombreuses fois par jour pendant plusieurs semaines, quelle ne fut pas sa grande surprise, non seulement de voir son patron la féliciter pour son travail, mais aussi, quelques mois plus tard, de se voir offrir une promotion à un poste de direction. Il lui avait fallu quelques heures pour comprendre les merveilles de l'esprit subconscient. Elle avait trouvé la clé du trésor.

Ne dites pas «Je ne peux pas», dites «Je vais»

Norman Cousins, rédacteur en chef de *The Atlantic Monthly* et auteur de *Anatomy of an Illness* (Anatomie d'une maladie) et *Human Options* (Options humaines), est l'exemple vivant de la façon dont la puissance du subconscient nous permet d'exprimer nos ressources intérieures auxquelles nous oublions si souvent de faire appel.

Cousins fut un jour terrassé par une maladie qui faillit le paralyser du cou, des bras, des mains, des doigts et des jambes. Aussitôt hospitalisé, on lui diagnostiqua une maladie grave du tissu conjonctif. Son médecin était formel: «Vos chances de retrouver totalement l'usage de vos membres sont d'une sur cinq cents.»

Au début, Cousins autorisa son médecin et l'hôpital à «le traiter» comme ils l'entendaient. On lui administra des médicaments, on lui fit passer des tests, tous confirmant le diagnostic et le pronostic établis.

Cousins refusa toutefois d'accepter son sort. Il croyait profondément aux vertus thérapeutiques du rire, du sentiment de confiance et de la volonté de vivre.

Cousins concocta bientôt un plan qui allait lui permettre de vivre dans une atmosphère d'émotions positives. Dans son plan se côtoieraient ressources médicales, aide organisée, rire, et l'amour de sa famille. Il prit alors son congé de l'hôpital, réserva une chambre à l'hôtel, s'assura les services d'une infirmière privée, et entreprit de regarder à la télévision des émissions et des films qui le faisaient rire. Il se rendit compte que dix minutes passées à rire à gorge déployée lui procuraient entre deux et trois heures de sommeil sans douleur – chose qui n'était pas arrivée depuis des mois.

Semaine après semaine, Norman Cousins recouvra des forces ; année après année, sa mobilité s'améliora. Il était convaincu que son expérience était la preuve que la volonté de vivre et la confiance en soi ont le pouvoir de libérer la puissance énorme qui nous habite naturellement. Cousins vécut une vie active et productive pendant encore seize ans.

Capitalisez sur vos forces

À la base même de toute réalisation se trouve la confiance. Être convaincu de pouvoir faire une chose quelconque procure un pouvoir immense. Les gens qui ont très foi en eux-mêmes sont épargnés de bien des incertitudes quant à savoir s'ils sont à la bonne place, des doutes sur leurs capacités, et des craintes quant à leur avenir.

Comme la plupart des gens, même si en ce moment précis vous n'avez pas forcément réussi partout, vous êtes probablement très compétent dans certains domaines. Vous n'êtes peut-être pas celui ou celle qui performe le mieux dans votre service, mais vous avez des habiletés spéciales pour certains aspects du travail qui vous valent le respect de vos collègues. Vous n'avez peut-être pas été aussi habile en sport que vos camarades de classe, mais vous avez produit un travail remarquable sur le plan artistique. Peut-être ne faites-vous pas autant d'argent que vos voisins, mais vous pouvez réparer n'importe quoi à la maison, ou chez eux.

S'inquiéter de ses faiblesses est humain ; toutefois, si certains y voient l'occasion de s'améliorer, pour beaucoup, cela les fait se sentir inférieurs. Plutôt que de broyer du noir à propos de ce que vous ne pouvez faire bien, glorifiez dans votre esprit les choses pour lesquelles vous êtes vraiment habile. Résultat : votre estime de vous-même et votre confiance se développeront et vous propulseront vers le succès quels que soient vos projets.

Résumé

Si vous croyez être un bon à rien et que vous vous percevez comme un bon à rien, alors vous échouerez dans vos entreprises. Pensez succès. Voyez-vous en train de réussir.

- Décidez dès maintenant, dès cet instant, que vous pouvez faire ce que vous voulez et être qui vous voulez sincèrement, et que vous pouvez obtenir ce que vous souhaitez ; et il vous sera fait selon votre foi.
- Aimez-vous et respectez-vous, sans quoi il vous sera impossible de même commencer à construire intérieurement une image de vous-même qui reflète le succès. Votre image doit être positive si vous voulez connaître du succès.
- N'ayez jamais de pensées méchantes, limitées ou désobligeantes à votre propre endroit, et ne vous considérez jamais comme étant faible, incompétent ou taré. Ayez une opinion de vous-même comme d'une personne parfaite, complète, entière.
- Il y aura certainement des embûches sur le parcours de votre carrière. Ne perdez jamais confiance en vous. La route du succès est rarement dépourvue d'obstacles. Programmez votre esprit subconscient afin qu'il soit prêt à les affronter et capable de les surmonter.

CHAPITRE 3

Développez votre pensée positive

La loi qui gouverne la vie est la loi de croyance. Une croyance est une pensée que votre esprit entretient. Ne croyez pas en des choses qui vous heurtent ou vous blessent. Croyez en la puissance de votre subconscient pour vous apaiser, vous inspirer, vous fortifier et vous accorder la prospérité. Il vous sera fait selon votre foi.

Penser négativement ne donne jamais rien. Ce qui est négatif va à l'encontre de la vie, cela n'apporte que détérioration, destruction et mort. Le négatif est l'ennemi du succès. Les gens qui ne cessent de parler en mal de tout, qui ne cessent de se plaindre que les temps sont durs, que les choses vont mal, qui parlent continuellement de leurs problèmes de santé et de la pauvreté, ces gens-là attirent des influences destructrices, négatives, et neutralisent tous les efforts qu'ils déploient en vue d'atteindre quelque chose.

Ceux qui ont continuellement des pensées destructrices et dont le langage reflète la destruction sont incapables de réfléchir de manière constructive, car leur pensée n'a rien qui puisse s'associer au positif, rien pour l'attirer. Le principe créateur ne peut pas s'épanouir dans une atmosphère de négation et de destruction, et il est impossible de réaliser quoi que ce soit dans ce contexte. Par conséquent, les gens négatifs se retrouvent continuellement sur la pente descendante, continuellement en train de subir des échecs. Ils perdent le pouvoir d'affirmation, et ils dérivent, incapables d'aller de l'avant.

La pensée négative vous enlève votre pouvoir

La pensée négative va mettre un frein à vos ambitions si vous la laissez prendre de la place. Elle anéantira votre confiance en vous jusqu'à ce que vous soyez victime de la situation au lieu de la maîtriser. Le pouvoir de faire quelque chose est en grande partie une question de foi en soi, de confiance en soi. Peu importe ce que vous entreprenez, vous ne le ferez pas avant que vous ne pensiez pouvoir le faire. Vous ne le maîtriserez jamais, à moins que vous n'ayez d'abord l'impression de le maîtriser et que vous le fassiez dans votre esprit. Vous devez l'imaginer avant de pouvoir le manifester. Ce doit être une réalisation de l'esprit avant de pouvoir exister dans le monde physique.

Trop de gens laissent des pensées de peur et d'échec dominer leur vie. Cela les conduit à se contenter d'emplois sans défis et qui ne mènent nulle part, des salaires médiocres qui en découlent, d'un style de vie médiocre et d'une satisfaction minimale du point de vue professionnel. Même lorsqu'ils ont des idées constructives, innovatrices, ils craignent de les faire valoir. « À quoi bon ? » pensent-ils, certains qu'elles seront rejetées.

Les hommes et les femmes qui ont une attitude positive ne se satisfont pas d'être « des gars et des filles dans la moyenne ». La peur cède la place à la confiance et leur carrière s'épanouit.

Soyez positif dans vos relations avec autrui

Assurez-vous, lorsque vous entretenez une pensée méchante envers autrui, une pensée malsaine, une pensée de discorde, de maladie, de mort, de vous dire « Stop ! Demi-tour ! ». Regardez la lumière du soleil ; déterminez que si vous ne pouvez rien apporter de bon dans le monde, vous ne disperserez du moins aucun fiel, aucun venin de malice et de haine.

Au travail et dans vos autres activités, ayez toujours et envers tout le monde des pensées bienveillantes, des pensées où vous témoignez votre esprit charitable, magnanime, aimant. Ainsi vous ne les déprimerez pas, et vous ne bloquerez pas leur parcours, mais vous répandrez la lumière et la joie plutôt que la tristesse et l'ombre, vous apporterez une aide et de l'encouragement plutôt que le découragement.

À son arrivée dans son nouvel emploi, Marisa L. remarqua qu'elle était la seule afro-américaine de son service. Elle tenta de se lier d'amitié avec ses collègues, mais sans succès. Non seulement elles ne faisaient pas attention à elle, mais elle avait l'impression qu'elles faisaient tout ce qu'elles pouvaient pour lui rendre la vie difficile.

Marisa pensa tout d'abord dénoncer la situation auprès du service des ressources humaines comme un manquement à la politique d'égalité en matière d'emploi. Mais après y avoir réfléchi davantage, elle décida de prendre elle-même les choses en main. Plutôt que d'être sur la défensive et de confronter ces femmes, elle choisit d'adopter une approche positive. Elle laissa tomber son ressentiment et choisit plutôt d'essayer de comprendre les raisons de leur attitude et de réfléchir aux moyens à prendre pour que les choses changent. Elle observa attentivement leurs habitudes de travail, en faisant tous les efforts possibles pour ne pas garder pour elle les connaissances particulières qu'elle possédait et qui avaient été d'ailleurs la raison de son embauche.

Elle ne mit pas longtemps à gagner le respect et par la suite l'amitié de ses collègues, qui l'accueillirent comme « l'une des leurs ».

Développez une attitude optimiste

Aucune habitude n'est plus stimulante que celle d'adopter une attitude d'espoir, de croire que les choses finiront par bien aller, que nous allons réussir et non échouer, que peu importe ce qui arrive ou n'arrive pas, nous allons être heureux.

Pour rendre votre travail plus agréable et bâtir des rapports qui vous aideront à connaître du succès et à avancer dans votre carrière, rien n'est plus utile que d'adopter cette attitude optimiste et d'attente positive – cette attitude qui vous fait toujours être à la recherche du mieux, du plus élevé, du plus heureux, et à vous y attendre en tout temps – et ne jamais vous laisser aller au pessimisme et au découragement.

Croyez de tout votre cœur que vous allez réaliser ce pour quoi vous êtes venu sur cette terre. Ne laissez jamais à aucun moment s'installer le doute que vous pourriez ne pas réussir. Chassez cette pensée de votre esprit si elle tente de s'infiltrer. Nourrissez chez vous tout ce qui « favorise » cette pensée, les idéaux associés à cette chose que vous êtes déterminé à voir se réaliser. Rejetez tout ce qui « contrecarre » cette pensée, les sentiments de découragement, tout ce qui pourrait même laisser entendre que vous pourriez échouer ou être malheureux.

Arianna Huffington, personnalité bien connue de la télévision et cofondatrice du *Huffington Post*, un influent journal en ligne, a grandi en Grèce. Alors qu'elle était encore une jeune écolière, elle aperçut une photo de l'Université Cambridge dans une revue et fit savoir à toute sa famille et à ses amis que c'est là qu'elle voulait aller étudier. Tout le monde, et en particulier son père, déclara qu'il s'agissait d'une idée ridicule qu'elle devrait tout de suite abandonner. Sa mère, toutefois, se procura pour elle et sa fille des billets d'avion bon marché, dans le but d'aller sur place visiter Cambridge, histoire de se faire une meilleure idée de l'endroit et de visualiser Arianna en train d'étudier là-bas. Une fois arrivées, elles ne rencontrèrent personne de l'université ni rien de tout de cela ; elles ne firent que se promener sous la pluie, en s'imaginant qu'Arianna avait déjà sa place dans l'une des résidences d'étudiants.

Trois années plus tard, Arianna était admise comme boursière à Cambridge. Sa mère, affirme-t-elle, lui avait transmis cette confiance de toujours tenter de nouvelles choses. Elle apprit très tôt, ajoute-t-elle, qu'une attitude positive pouvait venir à bout de bien des obstacles. Au cours des années qui suivirent, l'attitude positive d'Arianna lui permit de se lancer en politique, de faire de la télévision, et aujourd'hui d'être l'éditrice de son propre journal en ligne.

Quel que soit votre but, ayez toujours une attitude optimiste et confiante. Vous serez surpris de voir à quel point vous pouvez vous améliorer dans tout ce que vous faites et tout ce que vous êtes.

Deux frères avaient décidé de se lancer en affaires ensemble, et pendant plusieurs années, les choses se passèrent assez bien. Puis, ils se mirent à spéculer sur les marchés à terme et des produits de base et finirent par tout perdre, clientèle et épargnes comprises. Incapables de rembourser leur dette, qui s'élevait à 50 000 $, ils durent déclarer faillite.

L'un des frères, qui avait une très bonne attitude, dit : « J'ai perdu de l'argent. Je vais me renflouer et reprendre une affaire. J'ai eu ma leçon, et cela va finir par me rapporter. Je n'ai perdu ni mes convictions, ni ma confiance, ni ma capacité à me relever et à continuer d'évoluer. J'ai beaucoup à offrir et je vais être à nouveau très prospère. » Il partit travailler pour une firme de courtage, et comme il avait de nombreux amis, il n'eut aucune difficulté à trouver de nouveaux clients pour le compte de son employeur.

Quant à l'autre frère, le fait de tout perdre lui avait donné le sentiment d'être humilié et en disgrâce. Il commença à parler à son entourage des pertes qu'il avait subies et à raconter à qui voulait l'entendre que tout cela était la faute de son courtier, cherchant en cela à se justifier de ses propres erreurs et de ses mauvaises décisions. Ses amis cherchèrent de plus en plus à l'éviter, et sa santé déclina, conséquence de son état morose et d'abattement. Il refusa toute aide psychologique et se retrouva bénéficiaire de l'aide sociale.

Voilà donc l'exemple de deux frères qui ont vécu la même perte. L'un réagit de manière constructive, et l'autre, au contraire, ne ressentit que l'aspect négatif et futile de l'expérience. Ce n'est pas tant ce qui nous arrive en tant qu'individu qui compte, mais la manière dont nous y pensons, la façon dont nous y réagissons, constructive ou négative. L'un des frères fit appel à son imagination avec sagesse, réorganisant les choses autrement dans son esprit, voyant les possibilités futures, utilisant les ailes de la foi et de l'imagination pour se reconstruire une vie meilleure. Il découvrit que le succès et la richesse étaient là dans son esprit.

Remplacez les pensées négatives par des pensées positives

Lorsque vous cohabitez avec des pensées négatives, votre Force vitale se retrouve coincée dans votre esprit subconscient, tout comme un boyau d'arrosage ne peut plus laisser l'eau couler quand vous posez le pied dessus. Les émotions négatives qui s'accumulent dans votre subconscient sont alors évacuées, comme c'est le cas de toutes les maladies, mentales ou physiques.

Rejetez le négativisme, la mauvaise volonté, la critique, cessez de vous condamner vous-même, et occupez plutôt votre esprit par des pensées constructives d'harmonie, de santé, de paix, de joie et de bonne volonté ; vous transformerez ainsi votre vie.

En ayant des pensées constructives fondées sur les principes universels, vous pouvez transformer tous les schémas de pensée négatifs et vivre comme si vous étiez béni des dieux.

Si vous voulez emprunter la voie royale de la richesse, quelle qu'elle soit (spirituelle, mentale, matérielle et financière), ne posez jamais d'obstacles sur la voie d'autrui, et ne soyez ni jaloux ni envieux de qui que ce soit, et ne nourrissez jamais de ressentiment envers quiconque. Rappelez-vous que vos pensées sont créatrices et que tout ce que vous pensez des autres, vous le créez dans votre propre vie et le manifestez dans vos propres expériences.

Il n'est pas rare de voir des milieux de travail où les employés entrent en compétition les uns contre les autres dans le but d'obtenir de l'avancement ou davantage de pouvoir. Certaines personnes sont tellement compétitives qu'elles n'hésiteront pas à saboter le travail de leurs rivaux pour obtenir la promotion convoitée.

Barry G. donnait depuis plusieurs années un excellent rendement. Ses réalisations innovatrices lui avaient valu des éloges, et la qualité de son travail, des compliments. Son patron allait prendre sa retraite à la fin de l'année, et Barry s'attendait à le remplacer. Or, six mois auparavant, un certain Carl R. avait été transféré dans le même service. La promotion qu'il attendait dans son affectation précédente ne s'étant jamais réalisée, il menait maintenant une campagne assidue pour l'obtenir dans ce service-ci.

Ayant repéré Barry comme son principal rival, Carl entreprit de lui faire la vie dure, le rabaissant chaque fois qu'il le pouvait, cherchant des moyens d'augmenter ses propres chances d'être promu. Au moment des réunions, il dénigrait les propositions apportées par Barry. Il cherchait par tous les moyens à attirer l'attention de son patron sur ses propres activités et, chaque fois que c'était possible, il s'arrangeait pour compliquer la tâche de Barry.

Barry éprouvait énormément de ressentiment. Il avait travaillé dur pendant des années pour obtenir cette promotion et maintenant Carl allait l'écarter du chemin. Après mûre réflexion, et après en avoir discuté avec des amis proches ainsi que son pasteur, Barry comprit qu'il n'aurait aucune chance de battre Carl à son propre jeu. Il choisit donc une autre voie.

Il décida de se concentrer non pas sur les manigances de Carl, mais sur ses propres forces à lui. « Carl est compétent », se dit-il en réfléchissant à la question. « Il est ambitieux, cela va de soi, et il possède de nombreuses qualités qui sont précieuses pour notre service. Je suis au moins aussi compétent que lui, et j'ai prouvé ma valeur plus d'une fois. Je vais donc continuer à me concentrer sur mon travail et sur l'atteinte de mes objectifs. Rien de ce que Carl pourrait dire ou faire ne peut influencer ma façon de travailler ou l'opinion que j'ai de moi-même. »

Résultat : Barry continua de donner un excellent rendement, et au moment du départ à la retraite de son patron, Barry obtint la promotion.

Une pensée ou une suggestion négative formulée par une autre personne n'a de pouvoir que si vous lui en accordez. Le pouvoir de la suggestion existe, mais il n'a pas le LE pouvoir de faire bouger les choses comme le font l'harmonie, la beauté, l'amour et la paix. Quand les gens dans votre entourage expriment des pensées ou des suggestions négatives à votre endroit, rappelez-vous toujours que vous avez la capacité de vous unir mentalement à l'Intelligence infinie qui réside à l'intérieur de vous, et dont les principes, contrairement à tout ce qui est négatif, sont l'amour, la générosité et l'harmonie.

Tâchez de ne jamais terminer un énoncé négatif ; reprenez-vous immédiatement et voyez les merveilles se produire dans votre vie. Si vous avez laissé la peur, l'inquiétude et autres formes de pensée destructrices occuper vos pensées, votre esprit subconscient aura accueilli vos pensées négatives comme des demandes et fera en sorte de les manifester concrètement. Si vous voulez changer cela, reportez vos pensées sur la bienveillance, la paix et le pardon. Votre esprit subconscient, dans sa créativité, concrétisera aussi les attributs de votre vie que vous aurez sincèrement décrétés.

Chaque fois que vous pensez ou que vous dites quelque chose de négatif, vous contribuez à prolonger la situation qui détruit votre tranquillité d'esprit et qui vous assure d'échouer votre entreprise. En fait, vous priez à l'encontre de vous-même. Que votre discours intérieur soit conforme au but que vous désirez atteindre. L'échec, c'est penser négativement. Il a de nombreuses causes, l'une d'elles, peut-être la plus importante, étant la conviction que l'échec est inévitable.

Chaque partie de votre être exprime alors ces pensées ; ce que vous vivez extérieurement sera la manifestation de ce que vous avez imprimé dans votre esprit subconscient. Alors, n'affirmez jamais intérieurement une chose que vous ne voulez pas voir se concrétiser dans votre vie.

L'ambition est essentielle

La plupart des gens s'en tireraient assez bien dans la vie si seulement il y avait quelqu'un pour stimuler régulièrement leur enthousiasme, leur inspiration. Mais comme eux-mêmes n'ont aucune tendance à le faire pour eux, ils restent dans la médiocrité. Ils dépendent des autres pour fonctionner. Quand vous parlez à ces personnes, que vous suscitez leurs espoirs, que vous stimulez leur ambition en leur montrant les possibilités qui s'offrent à elles, vous les rechargez, tout comme si on rechargeait la batterie d'une voiture. Elles fonctionnent à merveille pendant quelques jours, et vous pensez qu'elles s'en sont tirées et que leur enthousiasme va demeurer, quand tout à coup elles s'écroulent. Elles n'ont plus de « jus », et il faut les recharger.

On dirait que ces gens sont absolument incapables de bouger par eux-mêmes. Ils n'ont pas d'initiative, ne savent pas comment se diriger. Il faut continuellement les pousser, comme des pièces sur un jeu de dames. Quand ils ont conscience de se tenir debout tous seuls, sans personne sur qui s'appuyer ou à qui se fier pour fournir le carburant, ils sont comme dans le vague ; on dirait qu'ils ne savent pas quoi faire.

Quantité d'hommes et de femmes semblent avoir beaucoup d'ambition pour commencer, mais manquent de puissance pour se propulser. Ils attendent que quelque chose arrive, que quelqu'un les pousse vers un poste quelconque, qu'un ami influent leur procure de l'avancement.

Ces gens se laissent couler en empruntant la voie de la moindre résistance. Ils aimeraient beaucoup connaître le succès, mais craignent d'en payer le prix. Ce genre de vie est trop fatigant pour eux. Elle comporte trop de difficultés, elle exige trop de ténacité, trop de détermination devant des embûches en apparence infranchissables. Ces gens vivent leur vie en ayant l'idée non définie que quelque chose dans le monde les attend quelque part, et que cette chose finira par arriver pourvu qu'ils patientent suffisamment longtemps. Quoi qu'il en soit, ils se contentent d'être soutenus par d'autres. Ne pas pouvoir ainsi compter sur ses propres moyens, dépendre d'une puissance extérieure, est fatal quand il est question d'avancement et de réalisation.

Sam L. était frustré. Jamais il ne se serait attendu à devoir se trouver du travail, raconte-t-il à son conseiller d'orientation professionnelle. « J'ai toujours cru que mon père ou mon oncle m'embaucherait. Même après qu'ils eurent fait faillite, j'ai cru qu'avec tous les contacts de ma famille, je trouverais du travail auprès de l'un d'entre eux. »

Sam n'avait jamais envisagé de faire lui-même les démarches. Toute sa vie, on avait fait les choses à sa place. Malgré de bonnes études, c'était la première fois qu'il se retrouvait seul à ne dépendre de personne d'autre que de lui-même.

Sam dut affronter le monde réel. Il travailla étroitement avec son conseiller pendant plusieurs semaines à évaluer ses forces et ses faiblesses, les domaines où il se plaisait et ceux qu'il aimait moins, à étudier les offres d'emploi dans divers secteurs, et les formations qu'il avait besoin d'acquérir pour obtenir le genre de travail qu'il aimerait faire. Par-dessus tout, il dut s'entraîner mentalement à ne compter que sur ses propres ressources, à admettre qu'il ne pouvait compter que sur lui-même s'il voulait devenir un être humain vraiment bien intégré.

En règle générale, personne ne se sort d'une vie de misère et d'obscurité pour devenir riche, honorable et célèbre en sauvant quelqu'un de la noyade sur le bord de la mer, ou en rencontrant un millionnaire qui se prend d'affection pour vous. Rappelez-vous cette vérité simple : votre caractère, votre état d'esprit parle pour vous. Votre caractère trace votre destin. Votre caractère, c'est votre manière de penser, de ressentir les choses, ce sont vos croyances, les valeurs spirituelles que vous avez mentalement faites reines, l'intégrité et l'honnêteté qui sont les vôtres. Ce sont des qualités qui rapportent.

Techniques pour vaincre les pensées négatives

Pour vous débarrasser des émotions indésirables, la manière idéale consiste à mettre en pratique la loi de substitution. Substituez une pensée positive et constructive à une pensée négative. Si une pensée négative vous vient à l'esprit, ne la combattez pas ; dites-vous simplement : « J'ai foi en tout ce qui est bon. » Vous verrez, la pensée négative disparaîtra, telle la lumière fait disparaître l'obscurité.

Vous verrez aussi que votre esprit parfois reviendra à ses anciennes habitudes : soucis, inquiétudes, tergiversations de tous ordres, ressassements de ce que les autres pensent de vous. Quand ce genre de pensées vous viendra à l'esprit, donnez l'ordre suivant : « Stop ! Mon subconscient se nourrit de mes pensées. » Que la question soit liée à votre travail ou à votre vie personnelle, peu importe, dites-le cent fois par jour, ou mille fois par jour s'il le faut.

Bien des gens, devant une catastrophe, perdent espoir et se mettent à voir tout sous un angle négatif. Pour d'autres, par contre, une catastrophe sera source de force et de motivation héroïque, même dans les conditions les plus difficiles. L'auberge Martha's Vineyard de Susan et Sherman Goldstein, dans le Massachusetts, fut détruite par un incendie en décembre 2001. Ils en eurent tant de soucis que pendant un mois ils n'eurent pas même le temps de se faire à manger; des amis s'occupèrent de les nourrir, tandis qu'un propriétaire voisin leur fournit l'hébergement.

Ils ne laissèrent pas ce désastre dominer leur vie. Ils décidèrent de rouvrir d'abord le restaurant de l'auberge, pour s'assurer d'une présence dans la localité, et pendant les rénovations, ils entourèrent leur auberge détruite d'une banderole géante où était inscrit: « *When life gives you lemons, make lemonade*[1]. » Pour les Goldstein, l'incendie fut l'occasion de transformer une très modeste auberge, aux chambres petites et vieillies, en un endroit haut de gamme que l'on renomma Mansion House, et que l'on destina à une clientèle plus diversifiée. Pour Susan Goldstein, l'incendie qui avait tant détruit les a en fait aidés à faire encore mieux. Leur attitude positive leur a permis de reconstruire et de recommencer à neuf.

La visualisation

Visualisez exactement la manière dont vous allez composer avec les défis qui vous sont présentés chaque jour. Par exemple, si vous devez faire une présentation, ou que vous devez rédiger un rapport en vue d'une réunion des directeurs, ou bien que vous avez n'importe quelle autre activité où vous devez être productif, établissez mentalement et exactement ce que vous allez dire, les termes que vous allez employer, les étapes que vous allez suivre. Refaites cette visualisation plusieurs fois mentalement. Elle s'inscrira profondément dans votre esprit subconscient et chaque cellule de votre cerveau en sera imprégnée. Vous vous engagerez ainsi sur la route du succès, et lorsque viendra le temps de passer à l'action, c'est-à-dire de vendre à ce client particulier, de présenter votre rapport aux

1. NDT: Littéralement: « Quand la vie vous donne des citrons, faites de la limonade », que l'on pourrait traduire plus librement par « Il faut faire contre mauvaise fortune bon cœur ».

directeurs, ou de faire toute autre activité, votre subconscient prendra le relais et vous obtiendrez les résultats escomptés.

Enfin lundi

En Amérique du Nord, c'est bien connu, la grande majorité des travailleurs ont hâte au vendredi. Qui ne connaît pas l'expression TGIF (*Thank Goodness*(ou *God) It's Friday*[2]) ou « enfin vendredi » ? Nous avons hâte que le week-end arrive pour prendre un peu de répit, laisser de côté le travail et la carrière. Il n'y a rien de mal à cela, puisque nous devrions tous nous réjouir de ces jours de congé. Toutefois, les gens ambitieux et qui connaissent du succès ont tout aussi hâte de retourner au travail le lundi.

L'expression « blues du lundi matin » est employée par beaucoup de gens. Ces personnes acceptent déjà leur « sort », ont commencé à refermer les portes sur leur vie. Quand le lundi arrive, elles l'accueillent avec résignation, car le dimanche, elles avaient consciemment décrété que tel serait l'avenir, et donc leur esprit subconscient a réagi en conséquence. Il est fort probable que ces gens ne sachent même pas qu'ils planifient ainsi leur avenir chaque dimanche, créant ainsi le « sort » qui les attend. Pourtant, il suffit qu'ils remplacent cette résignation par des pensées positives, qu'ils pensent aux occasions et aux défis intéressants que leur propose leur travail, pour faire disparaître à jamais le « blues du lundi matin ».

Résumé

- Pour penser positivement, il faut d'abord comprendre la puissance du subconscient.

2. NDT : « Dieu merci, c'est vendredi » ou « enfin vendredi ».

- Prenez le contrôle de votre carrière. Ne laissez pas votre patron, vos collègues ou quiconque diriger votre carrière. N'oubliez jamais que vous détenez le pouvoir intérieurement de vaincre les influences négatives susceptibles de mettre un frein à votre carrière.
- Rien n'est plus utile que d'adopter cette attitude optimiste et d'attente positive – cette attitude qui vous fait toujours être à la recherche du mieux, du plus élevé, du plus heureux, et à vous y attendre en tout temps – et ne jamais vous laisser aller au pessimisme et au découragement.
- Tâchez de ne jamais terminer un énoncé négatif; reprenez-vous immédiatement et voyez les merveilles se produire dans votre vie. Votre esprit subconscient, dans sa créativité, concrétisera aussi les attributs de votre vie que vous aurez sincèrement décrétés.
- Visualisez exactement la manière dont vous allez composer avec les défis qui vous sont présentés chaque jour. Par exemple, si vous devez faire une présentation, ou que vous devez rédiger un rapport en vue d'une réunion des directeurs, ou bien que vous avez n'importe quelle autre activité où vous devez être productif, établissez mentalement et exactement ce que vous allez dire, les termes que vous allez employer, les étapes que vous allez suivre.

CHAPITRE 4

Maîtrisez la loi de l'attraction

Les êtres humains sont des aimants. Tel l'aimant d'acier qui, passé au-dessus d'un tas de détritus, n'attire que les objets qui lui sont semblables, nous sommes constamment en train d'attirer à nous les personnes et les choses qui répondent à nos pensées et à nos idéaux.

Pourquoi certaines personnes attirent-elles facilement l'attention des autres, sont-elles capables de se faire tout de suite des amis et gagnent-elles l'admiration d'autrui, alors que d'autres réussissent à peine à s'entendre ?

Certaines personnes nous impressionnent par leur agréable « personnalité ». Quelque chose dans leur façon de se projeter nous met en confiance, nous fait les admirer, nous met à l'aise en leur présence. Ces gens maîtrisent la loi de l'attraction. Elles attirent l'attention de leur patron, de leurs clients, et d'autres. Ce sont de tels hommes et femmes que nous choisissons comme mentors. Ce sont parmi eux que l'on trouve les chefs d'entreprise, et ce sont eux qui gravissent aisément les échelons du succès.

Le psychologue américain William James a défini la personnalité comme un ensemble de comportements caractéristiques développés par une personne, lequel détermine sa manière de fonctionner au jour le jour, à la fois sur le plan conscient et sur le plan inconscient. On dit que la personnalité représente l'équilibre entre, d'une part, ce qui nous motive intérieurement et, d'autre part, une combinaison de mécanismes de contrôles conscients et extérieurs.

La chose importante à se rappeler est qu'il est possible de *développer* des caractéristiques attrayantes. Certains aspects de notre personne sont innés : notre apparence physique, notre intelligence de base, et certains talents. Cependant, chacun de nous a la capacité de tirer le meilleur parti de ses traits de caractère innés et de les développer en une personnalité capable de susciter l'admiration. Il est possible d'apprendre à se servir de la loi de l'attraction.

Vous transformer en la personne que vous voulez être n'est pas chose facile, mais cela commence par le désir et l'engagement forts et sincères d'augmenter vos traits de caractère innés. Il est possible de vous développer pour acquérir une manière d'être engageante, joyeuse, optimiste et positive – une personnalité qui vous vaudra l'approbation des hommes et des femmes que vous côtoyez.

Acquérir certains traits de personnalité : c'est possible

Pour Williams James, notre personnalité est la somme de tous nos traits de caractère. Cela comprend le pouvoir qu'exercent notre corps et notre psyché, mais aussi nos vêtements, notre maison, notre couple et nos enfants, nos ancêtres et nos amis, notre réputation et les choses que nous avons faites, nos possessions et notre compte bancaire. Toutes ces choses ont la même portée émotionnelle. Si elles prennent plus de place et prospèrent, nous nous sentons triomphants ; si elles battent de l'aile et disparaissent, nous nous sentons déprimés. Pas forcément au même degré d'une chose à l'autre, mais, pour la plupart, de la même manière.

Notre personnalité, c'est notre façon de nous exprimer dans le monde. Or, non seulement nous sommes des animaux grégaires, qui aimons nous retrouver en présence les uns des autres, mais nous avons aussi la propension innée de nous faire remarquer, et de nous faire remarquer sous un jour favorable, par nos semblables.

Certains sont dotés d'une personnalité qui va au-delà de la simple beauté physique ou de la puissance que donne l'instruction. Une personnalité charmante est un cadeau de Dieu qui vient à bout des caractères les plus forts, peut propulser une personne à des postes prestigieux et parfois même influencer la destinée des nations.

Les gens qui possèdent ce pouvoir magnétique nous influencent inconsciemment. Dès l'instant où nous sommes en leur présence, nous avons le sentiment que nos limites sont repoussées. Ils inspirent leurs subalternes au travail, et leurs clients et d'autres les voient comme des modèles à suivre dans leur propre carrière ou sur le plan personnel. Ils nous font découvrir en nous des possibilités que nous n'avions jamais soupçonnées. Notre horizon s'élargit ; nous avons l'impression d'être animés d'une toute nouvelle puissance ; nous nous sentons en quelque sorte soulagés, comme si un grand poids qui pesait sur nous depuis longtemps avait été retiré.

Une grande partie du charme exercé par ces gens à la personnalité magnétique provient de la façon dont ils se conduisent, de leurs manières raffinées et cultivées. Le tact, aussi, joue un rôle très important – peut-être même le plus important. Savoir exactement ce qu'il faut faire, et pouvoir le faire au moment le plus opportun sont des éléments essentiels. Un bon jugement et une attitude de gros bon sens sont tout aussi indispensables à ceux qui tentent d'acquérir ce pouvoir magique. De plus, aucun charme personnel sans bon goût : il est impossible de heurter les goûts d'une personne sans heurter sa sensibilité.

Acquérir de belles manières, cultiver une attitude chaleureuse et faire preuve d'une générosité de cœur sont l'un des investissements les plus sûrs que puisse faire une personne. C'est ce qu'on appelle l'art de plaire. Il est infiniment préférable de maîtriser cet art que de posséder du capital, car toutes les portes s'ouvriront à ceux qui disposent d'une personnalité plaisante. Leur présence, plus que bienvenue, est recherchée partout.

Il est possible d'acquérir certains traits de personnalité. Si l'on s'entend pour dire que nous sommes tous nés avec les mêmes droits et des chances égales, il faut aussi reconnaître que tous ne sont pas nés avec la même intelligence, la même force physique, ou la même énergie. Et pourtant, quelle que soit sa condition, chacun peut s'élever en s'éduquant lui-même et en développant ses habiletés. Ceux qui cherchent avidement à s'instruire et qui ont l'ambition d'exceller se fraieront naturellement un chemin dans la vie. Vous pouvez choisir les traits de personnalité que vous souhaitez acquérir et les développer. L'important est de s'y appliquer.

Les principales qualités qui caractérisent la perfection chez un être humain sont la patience, la bonté, la générosité, l'humilité, la courtoisie, l'altruisme, un bon tempérament et la sincérité. Ces traits ne sont pas innés ; mais ils peuvent se développer. Considérez-les comme le canevas de la personnalité que vous souhaitez créer à partir des qualités qui sont les vôtres naturellement.

Malheureusement, il arrive que certaines personnes possédant toutes ces qualités ne soient pas perçues comme ayant une personnalité agréable, et cela à cause de leur apparence déplaisante. Il ne s'agit pas ici de beauté physique. Il n'est pas nécessaire d'être né avec un beau visage ou une belle silhouette pour projeter une belle apparence ; en revanche, à moins de vous habiller proprement et décemment, de sourire au lieu de froncer les sourcils, et d'être propre et soigné, personne ne remarquera vos grandes qualités.

L'apparence a son importance, puisque c'est la première impression que les gens se font de vous qui souvent détermine si oui ou non vous aurez l'occasion de montrer vos qualités supérieures.

Non seulement vous êtes jugé sur votre apparence, mais vous aussi jugez les autres sur leur apparence. Les gens tentent instinctivement de cultiver chez eux les qualités positives qu'ils perçoivent chez ceux qu'ils admirent. Sur le plan de l'apparence, ils portent le même type de vêtement, imitent leur style de coiffure, et se comportent de la même manière que leurs modèles. La même chose est valable pour d'autres qualités. Concentrez-vous sur les caractéristiques de la personnalité des gens que vous respectez et que vous admirez. En observant cette personne, vous pouvez visualiser la personne que vous souhaitez être. Ne faites pas qu'observer les hommes et les femmes que vous connaissez déjà, inspirez-vous aussi de personnes qui existent ou qui ont existé et qui représentent un modèle de la personnalité idéale que vous souhaitez posséder.

Recherchez ce qui est Bien

Il est facile de changer d'angle de vue ; il suffit d'être à la recherche du bien et du beau plutôt que du laid ; du noble plutôt que de l'ignoble ; du lumineux et du joyeux plutôt que du sombre et du sinistre ; vous pouvez choisir le côté lumineux plutôt que le côté obscur. Ce choix est le vôtre, et tout cela influera de manière importante sur votre caractère : choisissez entre la satisfaction et l'insatisfaction, le bonheur et la misère, la prospérité et l'adversité, la réussite et l'échec. Que votre esprit subconscient se nourrisse de ces pensées. Voilà comment s'applique la loi de l'attraction.

Apprenez donc à voir la lumière. Refusez à tout prix d'adopter une attitude négative, de nourrir la discorde. Attachez-vous aux choses qui procurent du plaisir, qui sont utiles et inspirantes, et vous changerez complètement votre manière de voir les choses, vous transformerez votre personnalité en très peu de temps.

L'une des manières de développer les meilleurs traits de caractère consiste à observer les meilleurs traits chez les autres. En adoptant une attitude généreuse de cœur envers tous ceux que vous côtoyez, en tentant de découvrir l'homme ou la femme derrière son masque et de connaître son être le plus intime, en cultivant des sentiments de bienveillance envers tout le monde, vous allez acquérir cet inestimable cadeau.

Rien ne vous rapportera davantage que d'acquérir le pouvoir de rendre les autres à l'aise, heureux et contents d'eux-mêmes. Les gens à la personnalité lumineuse effacent chez ceux qui les côtoient toute trace de mélancolie, de lourdeur, d'inquiétude et d'anxiété, exactement tel le soleil qui efface l'obscurité. Quand ils arrivent au milieu d'un groupe dépourvu d'enthousiasme, où l'ennui semble régner, aussitôt l'atmosphère change, comme lorsque le soleil réapparaît au milieu des nuages sombres d'une tempête. Chacun paraît alors ragaillardi à leur contact, les langues se délient, la conversation, jusque-là pénible, s'anime, et tout devient joyeux et agréable.

Ayez de l'empathie. Les gens empathiques savent se mettre à la place de la personne avec qui ils sont. Ils ne font pas qu'entendre ce que la personne dit, ils ressentent ce qu'elle ressent au moment où elle l'exprime. Comment ne pas être positifs envers de telles personnes ?

Restez dans de joyeuses dispositions

Sachez cultiver une attitude libre de toute amertume et de faux-semblant, sachez considérer chaque jour comme une bénédiction qui vous permet d'apprécier et de savourer la vie, sans quoi vous vivrez malheureux et fort probablement sans réaliser grand-chose.

Il nous est impossible de bien faire notre travail lorsque nous nourrissons des sentiments de vengeance ou même des pensées hostiles envers les autres. Nos facultés sont aux mieux uniquement lorsque nous travaillons en parfaite harmonie. Nous devons agir sincèrement et avec bienveillance si nous voulons faire du bon travail. La haine, la vengeance et la jalousie sont des poisons, aussi mortels pour ce qu'il y a de plus noble en nous que l'est l'arsenic pour le corps physique.

Une attitude bienveillante, de la bonne volonté envers les autres, sont votre meilleure protection contre la haine amère ou les pensées injurieuses, quelles qu'elles soient.

Il se dégage d'une personne à la personnalité courtoise un charme auquel il est très difficile de résister. On peut difficilement écarter quelqu'un de la sorte. Ces gens émettent quelque chose qui attire les autres. Peu importe que vous soyez occupé ou inquiet à ce moment-là, ou que vous détestiez qu'on vous interrompe, vous n'aurez pas le cœur de renvoyer une personne à la personnalité agréable.

Le secret d'une personnalité agréable

Comme l'a dit Emerson : « Ce que vous êtes parle si fort qu'il m'est impossible d'entendre ce que vous dites. » Nous ne pouvons pas cacher ce que nous sommes, ce que nous ressentons, car tout ce que nous sommes irradie notre atmosphère, notre personnalité. Et ce que nous sommes est soit froid, soit chaud, attrayant ou repoussant, selon nos qualités et nos traits dominants.

Une personne égoïste, qui ne pense qu'à elle-même et qui ne cherche que son propre profit, qui est froide, indifférente et avare, ne peut pas irradier une atmosphère de chaleur agréable. Si l'égoïsme, l'indifférence, l'avarice et la cupidité dominent dans votre nature, vous allez irradier cela, et les gens ne vous côtoieront pas, car ce sont là des qualités que les gens instinctivement détestent.

Les qualités qui attirent sont celles où l'énergie circule vers l'extérieur ; les qualités qui rebutent ont une énergie tournée vers soi. C'est-à-dire que les gens qui n'ont aucun magnétisme sont tournés vers eux-mêmes, pensent trop à leur propre personne. Ils ne donnent pas assez, ils sont toujours en train d'essayer d'obtenir quelque chose, de recevoir un bénéfice quelconque, un avantage quelconque qui ne profitera qu'à eux seuls. La sympathie, la cordialité, la bonne entente leur font défaut, et ils arrivent mal à se mêler aux autres.

L'acier magnétisé n'attire que les objets fabriqués avec du minerai de fer. Le bois, le cuivre, le caoutchouc ou tout autre matériau qui ne contient pas de fer n'a pas d'affinité avec l'aimant. Quand vous étiez enfant, vous remarquiez que votre petit aimant pouvait attirer une aiguille, mais pas un cure-dent ou une allumette. L'aimant n'attirait que ce qui lui ressemblait.

Les êtres humains sont des aimants. Tel un aimant d'acier qui, passé au-dessus d'un tas de détritus, n'attire que les objets qui lui sont semblables, nous sommes constamment en train d'attirer à nous les personnes et les choses qui répondent à nos pensées et à nos idéaux.

Notre environnement, nos associés, la situation générale dans laquelle nous sommes sont le résultat de notre force d'attraction mentale. Ces choses sont présentes dans notre vie parce que nous y avons concentré nos pensées, nous nous sommes liés à elles mentalement : ce sont nos affinités, et elles le demeureront tant qu'elles continueront d'exister dans notre esprit.

Respectez la loi de l'attraction

Certaines personnes possèdent un magnétisme naturel, mais si vous observez bien leur caractère, vous verrez qu'elles possèdent certaines qualités que nous admirons tous instinctivement, des qualités qui attirent chaque être humain quel qu'il soit : la générosité, la magnanimité, la cordialité, la faculté de s'entendre avec tout le monde, une vision de la vie qui englobe plusieurs réalités, la serviabilité et l'optimisme. Elles respectent la loi de l'attraction.

Il n'y a aucune de ces qualités que vous ne puissiez cultiver et développer abondamment. Si vous le faites, vous serez de ceux qui seront sélectionnés pour un rendez-vous.

Quel que soit votre domaine, votre réputation et votre réussite dépendent beaucoup de l'impression que vous faites sur les autres.

Il est donc primordial que les jeunes hommes et jeunes femmes respectent la loi de l'attraction s'ils veulent présenter une personnalité forte, magnétique et attrayante. Cultivez les qualités du cœur. L'intellect et les capacités mentales n'ont que bien peu, sinon rien à voir avec le magnétisme personnel. C'est le cœur, et non l'intellect, qui attire et retient les gens.

Ce n'est pas une chose bien difficile à faire. Chacun peut cultiver la capacité de plaire et la force de caractère qui fera d'elle ou de lui un moteur réel de la société. Lorsqu'on sait en quoi consiste la loi de l'attraction – les qualités et les caractéristiques qui distinguent ce qui est magnétique de ce qui est non magnétique –, il est comparativement aisé de cultiver l'un et d'éliminer l'autre. C'est-à-dire que nous pouvons cultiver les qualités mentales de générosité, de magnanimité, de joie de vivre et de serviabilité et anéantir tous leurs opposés. Et plus nous faisons cela, plus nous nous intéressons aux autres, et plus les autres s'intéressent à nous. À mesure que nous deviendrons des aimants humains en façonnant notre aura par des pensées, des paroles et des gestes bienveillants qui jour après jour s'accumulent pour former une personnalité riche et magnétique, plus nous nous verrons accueillis partout où nous irons, et plus on recherchera notre présence; nous attirerons de plus en plus les gens à nous.

En imprégnant votre esprit subconscient des qualités que vous admirez tant chez autrui – ces mêmes qualités qui vous attirent –, vous deviendrez attirant aux yeux des autres. À mesure que vous laissez ces qualités s'imprégner en vous, elles deviennent vos propres caractéristiques à vous. C'est ainsi que vous présenterez une personnalité magnétique et attrayante.

Menez une vie saine

La première étape si vous voulez devenir une personne magnétique consiste à vous faire une santé. Une bonne santé, combinée à une bonne attitude mentale et à un esprit tourné vers l'optimisme, l'espoir, la joie et le bonheur, fera merveille pour augmenter votre magnétisme.

Une personne qui possède une santé robuste irradie une atmosphère de force, de vigueur et de courage, alors qu'une personne qui manque de vitalité draine les autres de leur énergie au lieu de leur en donner. La force physique et la joie diffuse qui accompagne la santé contribuent à créer une personnalité forte et magnétique. Les gens dont l'esprit est alerte et plein d'entrain, qui ont une étincelle dans les yeux et une démarche souple, qui sont effervescents et possèdent une grande vitalité physique, ont un avantage énorme sur ceux qui sont dévitalisés et faibles physiquement.

Reconnaissez vos erreurs

Soyez suffisant, imbu de vous-même et arrogant, et n'admettez pas vos erreurs, et vous serez certain de rebuter les gens autour de vous.

Le grand gourou de l'investissement, Warren Buffett, probablement l'une des personnes les plus riches du monde, non seulement sait comment utiliser ses « échecs » et ses « erreurs », il va jusqu'à les publiciser. En 1989, il prit l'engagement formel de « se dénoncer » en publiant la liste de ses erreurs dans ce qu'il nomma sa « Lettre aux investisseurs ». Dans cette lettre, Buffett confessa non seulement les erreurs qu'il avait commises, mais aussi les occasions ratées pour avoir négligé d'agir de manière appropriée. Selon Buffett, la franchise comporte ses avantages, au moins autant pour le gestionnaire que pour le détenteur d'actions. C'est ainsi qu'il affirme : « Le chef de la direction qui trompe autrui dans sa vie publique en viendra sans doute à se tromper lui-même dans sa vie privée. » Pour Buffett, examiner ses erreurs est quelque chose à laquelle il croit, plutôt que simplement se concentrer sur les bons coups.

C'est sans doute ce degré de franchise qui fait que Warren Buffett se sent libre de manifester sa joie au travail. Les gens qui le connaissent disent qu'il est toujours de bonne humeur et prêt à aider les gens, et qu'il est toujours content de rentrer au travail le matin. Les gens sont attirés par lui. Est-ce parce qu'il est riche ? Ou est-ce plutôt l'inverse ?

Allez au-devant des gens que vous côtoyez

Vous devez faire en sorte que les gens autour de vous sentent que vous êtes sincère. Évitez d'être trop sec lorsque vous accueillez les gens. Les formules telles que « Comment allez-vous ? » et « Enchanté de faire votre connaissance » se doivent de sonner vrai, d'être dites avec chaleur. Ayez de l'entregent. Regardez les gens directement dans les yeux lorsque vous leur parlez, donnez-leur l'occasion de ressentir votre personnalité. Montrez-leur par votre poignée de main que vous êtes heureux de les rencontrer, avec le sourire et un mot gentil qui leur indiqueront qu'ils sont vraiment en présence d'une personne qui compte. Faites en sorte qu'ils soient contents de vous avoir rencontré.

Si vous souhaitez devenir populaire, vous devez cultiver la cordialité. Vous devez ouvrir toutes grandes les portes de votre cœur, et non, comme tant de gens le font, simplement l'entrouvrir, comme si on voulait dire aux gens qu'on rencontre : « Tu peux jeter un coup d'œil, mais tu ne peux pas entrer tant que je ne saurai pas à qui j'ai affaire. » Un très grand nombre de personnes expriment leur cordialité avec une grande retenue. Comme si elles réservaient cette cordialité pour une quelconque occasion spéciale ou aux amis intimes, comme si elle est trop précieuse pour l'exprimer à n'importe qui.

Vous seriez surpris de voir à quel point une poignée de main chaleureuse et un accueil cordial permettent de créer des liens entre vous et la personne que vous rencontrez. Les gens qui font ainsi votre connaissance se diront : « Eh bien, quelle belle personnalité !

Je veux en savoir plus sur lui (ou elle). On ne voit pas ce genre d'accueil tous les jours. Cette personne perçoit quelque chose en moi, c'est évident, quelque chose que la majorité des gens ne voient pas. »

Cultivez l'habitude d'être cordial, de rencontrer les gens en les accueillant de manière chaleureuse, le cœur grand ouvert : cela fera merveille. Vous constaterez que la rigidité, la réserve et l'indifférence, l'absence insensible d'intérêt pour autrui qui vous trouble tant aujourd'hui, disparaîtra. Les gens verront que vous vous intéressez vraiment à eux, que vous voulez réellement les connaître, leur plaire et susciter leur intérêt. La pratique de la cordialité va révolutionner votre pouvoir en société. Vous allez développer les qualités d'attraction que jamais vous n'aviez soupçonné posséder. Vous verrez que les autres voudront vous suivre, obtenir vos conseils et qu'ils vous aideront à réaliser vos rêves.

Le mentorat

Le mentorat, que vous-même recherchiez les conseils d'un mentor ou que vous soyez le mentor de quelqu'un, est une excellente manière de faire avancer votre carrière. Un mentor, homme ou femme, possède tous les attributs dont nous avons parlé plus haut, et non seulement peut, mais voudra les transmettre à autrui.

Un mentor est un bon exemple de personne pour qui la loi de l'attraction n'a plus de secret. Il ou elle pourra non seulement vous transmettre des connaissances, mais aussi vous guider à reconnaître les nuances propres à la culture de l'entreprise.

Et, lorsque vous aurez réussi et que vous serez à un poste de direction, vous pourrez redonner ce que vous aurez reçu en prenant vous-même le rôle de mentor pour un nouveau venu dans l'organisation.

- Sachez cultiver une attitude libre de toute amertume et de faux-semblant, sachez considérer chaque jour comme une bénédiction qui vous permet d'apprécier et de savourer la vie, sans quoi vous vivrez malheureux et fort probablement sans réaliser grand-chose. Éliminez de vos pensées tout ce qui est négatif.
- Sachez ce qu'est la loi de l'attraction – les qualités et les caractéristiques qui distinguent ce qui est magnétique de ce qui est non magnétique. Nous pouvons cultiver les qualités mentales de générosité, de magnanimité, de joie de vivre et de serviabilité et anéantir tous leurs opposés. Et plus nous faisons cela, plus nous nous intéressons aux autres, et plus les autres s'intéressent à nous.
- Observez les hommes et les femmes dont vous admirez la personnalité. Observez ceux que vous connaissez déjà, mais inspirez-vous aussi de personnes qui existent ou qui ont existé et qui représentent à vos yeux des modèles à suivre.
- Apprenez à émaner la joie et la générosité. Montrez sans réserve que vous êtes heureux.
- Ayez de l'empathie. Les gens empathiques savent se mettre à la place de la personne avec qui ils sont. Ils ne font pas qu'entendre ce que la personne dit, ils ressentent ce qu'elle ressent au moment où elle l'exprime. Les gens ne peuvent s'empêcher d'être positifs envers de telles personnes.
- Soyez enthousiaste. Les gens qui manifestent de l'enthousiasme pour ce qu'ils sont et agissent dans leur travail avec l'assurance de réussir leurs entreprises sont certains de voir leurs rêves se réaliser. L'enthousiasme démultiplie votre pouvoir, et porte vos capacités, quelles qu'elles soient, à leur plus haut niveau.
- L'une des manières de mettre en application la loi de l'attraction au travail consiste à encourager vos collègues à exprimer leurs idées, surtout lorsqu'elles sont différentes des vôtres. Non seu-

lement ces idées s'ajouteront à celles que vous avez déjà, mais aussi, cela permettra à vos collègues de voir que vous reconnaissez leurs talents et que vous les considérez comme des partenaires, et non des subalternes.

- Recherchez les conseils d'un mentor, une personne que vous admirez et de qui vous pouvez apprendre. Et lorsque vous connaîtrez le succès, offrez vos services comme mentor à votre tour.

CHAPITRE 5

Développez l'enthousiasme

L'enthousiasme est l'ingrédient secret du succès chez les gens qui réussissent le mieux, et le créateur de bonheur chez tous ceux qui sont heureux.

Le mot « enthousiasme », d'origine grecque, signifie littéralement « possédé de Dieu ». C'est l'état de celui ou celle dont l'esprit est absorbé par un intérêt ou une aspiration quelconque. Vous devez croire que vous êtes animé par l'énergie de la Puissance infinie et que les idées créatrices que vous imaginez dans votre esprit révèlent tout ce que vous devez savoir. Vous devez avoir foi en la réponse que vous donne la Puissance infinie pour vous aider à atteindre vos buts. Cela génère l'enthousiasme, qui s'éveille avec votre foi. Peu à peu un nouveau monde de réalisations s'ouvre à vous.

Les gens qui ont une personnalité agréable sont des personnes enthousiastes, dans leur vie personnelle, dans leur travail, dans leurs rapports avec les autres ou face aux objectifs qu'ils poursuivent. L'enthousiasme naît du plus profond de vous-même. On ne peut pas faire semblant d'être enthousiaste. Un geste qui n'est pas naturel, un sourire faux, ou une remarque exagérée se détecte tout de suite. Quand vous croyez que ce que vous faites en vaut la peine, est important, que vous savez que cela vous passionne et que vous pouvez y arriver, tout cela devient visible dans votre façon d'être et de vous comporter.

Comment se fait-il que le rendement d'un employé puisse être trois ou quatre fois supérieur à celui d'un autre? Ce n'est pas toujours une question de compétence, et souvent c'est une question d'effort. Les gens qui connaissent du succès s'efforcent davantage. Ils travaillent en y mettant, de surcroît, de l'enthousiasme et un bel entrain, et cela donne des résultats supérieurs, à la fois en qualité et en quantité.

Il m'est souvent arrivé d'entendre le matin des employés dire qu'ils redoutaient leur journée de travail, que les heures étaient longues et qu'ils étaient bien contents quand la corvée était terminée. Leur emploi ne suscitait chez eux aucun enthousiasme. Comment peut-on espérer connaître du succès dans la vie quand on considère sa journée de travail comme une corvée, qu'on se rend au travail comme un esclave aux travaux forcés?

Ce sont les employés qui s'investissent dans leur travail comme s'ils l'appréciaient vraiment, qui en sont fiers, ce sont ceux-là qui peuvent espérer connaître du succès. Rien n'incommode davantage un employeur que de voir des employés travailler sans ambition, de manière indifférente, comme si leur emploi était un mal nécessaire pour éviter de mourir de faim.

Les employés qui s'appliquent avec énergie, détermination et enthousiasme à l'exécution de leurs tâches donnent confiance à l'employeur que cette chose dont ils ont la charge sera non seulement faite, mais bien faite.

Quand un employé se comporte comme si l'existence était un fardeau, quand il effectue son travail sans en avoir le goût ou avec appréhension, l'employeur sait que cet employé ne donnera jamais rien de bon.

L'enthousiasme est contagieux

Les portes seront toujours ouvertes à ceux qui sont enthousiastes. L'enthousiasme démultiplie votre pouvoir, il porte vos capacités, quelles qu'elles soient, à leur plus haut niveau.

L'enthousiasme attire les occasions d'affaires. Il est si contagieux qu'avant même de nous en rendre compte, l'infection nous gagne, et cela, même si nous tentons de nous en prémunir. Si vous travaillez avec cœur, votre enthousiasme portera souvent un client potentiel à oublier que vous êtes en train d'essayer de lui vendre quelque chose.

Certaines personnes travaillent remarquablement bien quand ils y mettent de l'enthousiasme. Ils sont productifs, ont des idées à revendre, démontrent de l'originalité, ils sont créatifs, solides et efficaces. Mais que leur enthousiasme diminue un tant soit peu, et les voilà paumés. Tous leurs standards s'évanouissent et on ne peut en tirer rien de bon tant que la vague n'est pas passée. Ils font simplement attendre que la marée remonte. Vous les rencontrez un jour, et vous avez l'impression qu'il n'y a rien à leur épreuve ; puis le lendemain, vous les verrez peut-être démoralisés et pessimistes. Ils se traînent au travail, comme un moteur qui tourne au ralenti, et cela jusqu'à ce qu'ils retrouvent une nouvelle source d'énergie.

Krista Hawkin ne manque jamais d'enthousiasme. Cette femme parvient à dénicher une centaine de nouveaux clients potentiels chaque semaine, et sa réputation la précède. Elle n'est ni gestionnaire, ni directrice de ventes, ni chef de quoi que ce soit dans le sens habituel du terme. Elle s'occupe de faire visiter les installations de l'usine de Hyundai Motors à Montgomery, en Alabama, l'une des plus évoluées dans le monde sur le plan technique, et qui produit un millier de voitures chaque jour.

Avec Krista, c'est bien connu, les touristes finissent par devenir des clients, tant elle démontre de passion et d'enthousiasme dans son travail. Elle leur fait visiter les lieux, s'intéressant personnellement aux hommes et aux femmes dont elle a la charge, les encourageant à poser des questions, leur répondant avec enthousiasme et dans un langage non technique sans pourtant ménager aucun détail.

Les spécialistes savent qu'une personne qui travaille pour une marque de commerce quelconque représente cette marque aux yeux du monde extérieur, et que chaque interaction est l'occasion de la faire valoir de manière énergique et enthousiaste. Quand Krista dit quelque chose, elle le pense vraiment, et c'est ce qui fait son efficacité. Elle dit qu'elle voit ce que l'usine apporte à la communauté et à l'État de l'Alabama, et en ce sens, on peut comprendre pourquoi elle est heureuse. Elle n'utilise jamais le terme « employé ». À ses yeux, chacun fait partie d'une équipe, et la qualité des véhicules est directement liée à l'énergie déployée par les gens qui les fabriquent. Son objectif, en amorçant la visite de l'usine, n'est pas de vendre des voitures ; elle cherche à informer et à divertir les visiteurs, et cela s'est traduit par une augmentation des ventes.

Conservez votre enthousiasme

L'enthousiasme est une chose fragile. On peut facilement le perdre. Apprendre à garder son enthousiasme en période de découragement exige beaucoup de talent, mais c'est une chose qui s'acquiert facilement. Il suffit de savoir contrôler sa pensée. Nous sommes capables de ne pas laisser les pensées négatives envahir notre esprit. Rien ne viendra refroidir votre enthousiasme et émousser vos projets aussi rapidement qu'un flot de pensées discordantes et destructrices. L'humeur est une chose que nous pouvons maîtriser, et la meilleure façon de ne pas sombrer dans l'obscurité est d'inonder l'esprit de lumière.

L'une des manières de susciter l'enthousiasme, c'est de jouer le rôle que vous voulez jouer, et de le jouer avec enthousiasme. Si vous avez l'ambition de réaliser de grandes choses, alors il vous faudra toujours faire preuve d'enthousiasme envers vous-même.

Tom J. savait que convaincre son directeur de mettre à jour le système informatique ne serait pas une mince tâche. Pour calmer les appréhensions de son patron au sujet des coûts supplémentaires qu'entraînerait ce changement, il décida d'élaborer une présentation qui saurait de manière intéressante et passionnante expliquer comment un tel système allait permettre d'accélérer le travail et de minimiser les erreurs. Son patron, il le savait, n'aimait pas beaucoup les nouveaux concepts, et Tom pensa tout d'abord ne rien faire. « Pourquoi se donner tout ce mal ? Il ne voudra rien faire de toute façon. » Mais Tom était si enthousiaste quant à ce projet qu'il passa outre à ses hésitations. Il présenta son point de vue de manière si persuasive qu'il convainquit son patron d'aller de l'avant avec le changement.

Il y a quelque chose qui émane d'une personne enthousiaste et convaincue de son succès, quelque chose dans sa manière de se présenter qui fait que la partie est déjà à moitié gagnée avant même de faire quoi que ce soit.

Concentrez-vous sur ce que vous voulez réaliser avec une telle résolution, avec tant d'enthousiasme et de féroce détermination, que rien dans l'univers ne saurait vous détourner de votre but.

Laura A. se cherchait un premier emploi comme adjointe administrative dans le domaine médical. Détentrice d'un diplôme collégial en administration médicale, elle s'était pourtant heurtée plusieurs fois à des refus en raison de son manque d'expérience. Alors elle tâcha de s'encourager : « Je veux ce travail. Je possède les compétences techniques pour le faire. Je suis efficace et consciencieuse dans mon travail. Je peux vraiment être un atout précieux pour le médecin. » À l'entrevue suivante, elle était vraiment déterminée à obtenir cet emploi. Pendant tout le trajet vers le cabinet du médecin, elle se répéta encore et encore ses paroles d'encouragement. Confiante, elle pénétra dans le bureau et répondit aux questions du médecin avec tant d'enthousiasme que ce dernier lui offrit le poste. Quelques mois plus tard, le médecin lui raconta que lorsqu'il avait lu dans sa demande d'emploi qu'elle n'avait aucune expérience, il avait décidé de lui accorder une entrevue par courtoisie seulement, sans avoir l'intention de l'embaucher. Mais l'enthousiasme de Laura l'avait convaincu de lui donner sa chance. Tout aussi enthousiaste dans son travail par la suite, Laura devint un membre apprécié du personnel administratif du cabinet.

Quel type de personne êtes-vous ?

Il existe deux – et seulement deux – types de personnes dans le monde. Pas plus. Ce ne sont pas les bonnes et les mauvaises, car chacun sait que les bonnes sont à moitié mauvaises, et vice-versa. Ce ne sont pas les gens heureux et les gens malheureux, ni les riches et les pauvres, ni les humbles et les fiers. Non. Les deux seuls types de personnes dans le monde sont ceux qui prennent l'initiative et ceux qui s'appuient sur les autres. Où que se pose votre regard, vous découvrirez que l'humanité se divise ainsi en ces deux seules catégories de personnes. Et, étrangement, vous découvrirez aussi que la proportion des premières par rapport aux secondes est de l'ordre d'une pour vingt. Êtes-vous de ceux qui prennent les initiatives ? Êtes-vous parmi ceux qui se fient aux autres ou qui se lamentent ? Vous êtes ici pour grandir, pour vous transcender. Vous êtes ici pour faire face aux difficultés, pour affronter des défis et les surmonter. Vous n'êtes pas venu dans ce monde pour fuir les problèmes. La joie réside dans le triomphe. Que quelqu'un d'autre remplisse une grille de mots croisés à votre place n'est d'aucun intérêt. C'est de résoudre la grille qui vous donne de la joie.

Un ingénieur se réjouit de surmonter les difficultés, les défaillances et les obstacles associés à la construction d'un pont. Vous êtes ici pour aiguiser vos facultés mentales et spirituelles à mesure que vous devenez plus sage et plus fort, que vous comprenez mieux les choses. Vous êtes ici pour susciter l'enthousiasme dans votre vie et dans celle de ceux que vous côtoyez.

L'enthousiasme mène à la réalisation

Lorsque nous sommes enthousiastes au sujet d'une chose que nous faisons, notre effervescence, notre joie et notre sentiment de satisfaction transparaissent dans cette activité. Il n'est pas toujours facile de se sentir enthousiaste chaque jour envers bon nombre des tâches que nous devons effectuer, mais cela est possible si nous voulons bien y mettre l'effort.

C'est ce qui se passe dans notre esprit qui détermine le résultat. Lorsqu'une personne est vraiment enthousiaste, cela se voit dans l'étincelle qui brille dans ses yeux, dans sa personnalité alerte et vibrante. Vous pouvez le voir dans la vivacité de sa démarche. Vous pouvez le voir dans la vitalité qui se dégage de tout son être. L'enthousiasme fait toute la différence dans votre attitude envers autrui, envers votre travail, envers le monde. Il fait une grande différence dans la façon d'apprécier et de savourer l'existence humaine.

Vous devez, bien entendu, manifester de l'enthousiasme envers vous-même et vos capacités, mais aussi, et cela est primordial, envers ce que vous faites, c'est-à-dire envers le produit que vous fabriquez ou que vous vendez, la musique que vous composez, ou la dissertation que vous écrivez.

Comment faire pour manifester de l'enthousiasme ? Vous devez d'abord croire en ce que vous faites. Tâchez d'en apprendre le plus possible sur le produit, l'idée ou le concept qui vous occupe. Renseignez-vous autant que vous le pouvez. Plongez dans votre passion, vivez-la. Plus vous en apprendrez, plus vous ferez de ce domaine une partie intégrante de votre vie, et votre enthousiasme s'en trouvera d'autant plus vif.

Quand on observe la vie des grands hommes et grandes femmes de ce monde, sur la scène gouvernementale, dans le milieu des affaires, scientifique ou artistique, on se rend compte qu'ils partagent tous quelque chose : l'enthousiasme qu'ils ressentent pour leur travail et la vie qu'ils mènent. C'est l'enthousiasme qui a permis à Beethoven de composer ses plus grandes symphonies malgré sa surdité. C'est grâce à son enthousiasme que Christophe Colomb persuada la reine Isabelle de financer son voyage de découverte et de poursuivre son exploration, même s'il semblait impossible qu'une telle entreprise réussisse.

Vous aussi, vous avez ce pouvoir. Exprimez vos talents et faites valoir vos capacités, prenez conscience de plus en plus, avec zèle et enthousiasme, des pouvoirs intérieurs qui sont les vôtres. Vous pourrez ainsi vous élever à des sommets incroyables. Demandez à l'Intelligence suprême qui réside en vous de vous donner ce dont vous avez besoin et elle vous répondra. Comprenez que c'est l'Intelligence infinie qui vous guide, qui vous révèle vos talents cachés, qui vous ouvre de nouvelles portes, qui vous montre le chemin à prendre ; et que le Principe directeur en vous vous conduira et vous guidera sur tous vos chemins.

Résumé

- Concentrez-vous sur ce que vous voulez réaliser avec une telle résolution, avec tant d'enthousiasme et de féroce détermination, que rien dans l'univers ne saurait vous détourner de votre but.
- Les gens qui connaissent du succès s'efforcent davantage. Ils travaillent en y mettant, de surcroît, de l'enthousiasme et un bel entrain, ce qui donne des résultats supérieurs, à la fois en qualité et en quantité.
- Lorsque nous sommes enthousiastes au sujet d'une chose que nous faisons, notre effervescence, notre joie et notre sentiment

de satisfaction transparaissent dans cette activité. Il n'est pas toujours facile de se sentir enthousiaste chaque jour envers bon nombre des tâches que nous devons effectuer, mais cela est possible si nous voulons bien y mettre l'effort.

- L'enthousiasme est contagieux. Quand vous êtes enthousiaste, vos yeux pétillent, votre voix est sonore, votre démarche s'allège. Cela transparaît dans toutes les facettes de votre personnalité et de votre comportement. Votre patron l'observe, vos subalternes et vos collègues le sentent, et vos clients sont influencés par votre enthousiasme.
- L'enthousiasme est une chose fragile. On peut facilement le perdre. Apprendre à garder son enthousiasme en période de découragement exige beaucoup de talent, mais c'est une chose qui s'acquiert facilement. Il suffit de savoir contrôler sa pensée. Nous sommes capables de ne pas laisser les pensées négatives envahir notre esprit. Rien ne viendra refroidir votre enthousiasme et émousser vos projets aussi rapidement qu'un flot de pensées discordantes et destructrices. L'humeur est une chose que nous pouvons contrôler, et la meilleure façon de ne pas sombrer dans l'obscurité est d'inonder l'esprit de lumière.

CHAPITRE 6

Développez votre résilience et votre capacité d'adaptation

Les convictions et les conditionnements qui sont dans notre subconscient dictent et contrôlent tout ce que nous faisons consciemment. Vous pouvez conditionner à nouveau votre esprit en vous identifiant aux vérités éternelles. Vous pouvez développer une merveilleuse personnalité en occupant votre esprit par des concepts de paix, de joie, d'amour, de bonne humeur, de bonheur et de bienveillance. Que votre esprit soit occupé par ces pensées. Elles s'intégreront ainsi peu à peu dans votre subconscient.

Vous avez sans doute déjà entendu l'expression selon laquelle il ne faut pas chercher à réparer quelque chose qui n'est pas brisé. Ce dicton contient une part de vérité, puisqu'il est effectivement improductif de changer pour le simple fait de changer. En revanche, lorsqu'on veut avancer, se mesurer à de nouveaux défis, le changement est souvent nécessaire. Il est facile de continuer à faire toujours la même chose. Et il est d'autant plus tentant de résister au changement que nous avons contribué à établir ces choses qui seraient à changer. Nous sommes souvent très attachés à nos idées et c'est avec réticence que nous envisageons de les modifier, même pour le mieux.

Une autre raison pour laquelle beaucoup de gens refusent d'envisager le changement est la peur de l'échec. Personne ne veut connaître la douleur de la défaite, cependant rien ne peut réussir s'il n'a pas d'abord été tenté. Et chaque fois que l'on tente quelque chose, il y a le risque que cela échoue.

Pour vous assurer d'être dans de bonnes dispositions pour revoir et réévaluer tout ce que vous faites de manière à pouvoir effectuer les changements nécessaires, vous devez faire en sorte que votre esprit subconscient soit capable de s'adapter. Si vous renforcez continuellement votre ouverture d'esprit et votre souplesse mentale, votre subconscient, plutôt que de résister au changement, deviendra un véhicule capable de s'adapter à de nouveaux concepts. Les gens qui connaissent du succès prennent des risques. Ils ne se limitent pas aux approches qu'ils ont toujours utilisées.

Bien sûr que l'échec peut se présenter. Vous devez cependant développer la résilience, de telle sorte que vous puissiez accepter l'échec et rebondir par la suite. Il est primordial que nous sachions apprendre de nos erreurs et mettre en application ce que nous avons appris pour surmonter nos échecs. R. H. Macy fut contraint un jour de fermer ses sept premiers magasins à rayon Macy's, mais au lieu de renoncer et de considérer cela comme un «échec», il poursuivit ses efforts et devint l'un des marchands au détail les plus importants des États-Unis. Babe Ruth compte plus de 1300 retraits sur trois prises dans sa carrière, mais ses 714 coups de circuit font qu'on ne s'en souvient pas. Thomas Edison n'a jamais abandonné, mais il ne suffit pas de simplement persévérer. Chaque fois qu'une de ses expériences échouait, il examinait la cause de cet échec, tout en continuant à rechercher des solutions. Ses échecs ont affiné sa résilience et sa capacité d'adaptation. Loin de le décourager, ils l'ont motivé à continuer.

Vous seul pouvez vous changer

Si vous manquez de souplesse mentale et que vous ne savez pas vous adapter, il sera essentiel de vaincre cette rigidité. Personne ne peut le faire à votre place. La première chose que vous devrez accepter, c'est que vous seul avez le pouvoir de vous changer vous-même. C'est ainsi que vous amorcerez un véritable changement dans votre personnalité tout entière.

Divisez-vous mentalement en deux personnes: celle que vous êtes actuellement et celle que vous souhaitez devenir. Observez les pensées de peur, d'inquiétude, d'anxiété, de jalousie, ou de haine qui peut-être vous asservissent ou vous emprisonnent. Vous diviser ainsi vous permettra de vous inculquer une discipline. Une partie de vous-même correspond à l'esprit humain qui est à l'œuvre à l'intérieur de vous; quant à l'autre, elle représente l'Infini qui cherche à s'exprimer à travers vous. Tout dépend de la manière dont vous vous percevez.

Un fermier, raconte une légende asiatique, avait décidé d'aller voir un sage de son village pour lui parler de sa vie et de ses malheurs. Ce fermier ne savait plus comment s'en sortir. Il voyait l'avenir avec crainte, et il en était constamment préoccupé. Fatigué de se battre et de vivre dans la misère, il songeait à tout abandonner. On aurait dit qu'aussitôt un problème réglé, un autre se présentait.

Le sage lui demanda de se rendre jusqu'au lac et de lui rapporter un seau d'eau. Il versa ensuite l'eau dans trois marmites, qu'il suspendit chacune à un crochet au-dessus du feu. Bientôt l'eau se mit à bouillir. Dans la première, il déposa une botte de carottes, dans la deuxième, quelques œufs, et dans la troisième, il déposa une poignée de feuilles de thé.

Au bout d'une demi-heure, il retira les marmites du feu. Il ôta les carottes et les plaça dans un bol. Puis, il prit les œufs et les mit dans un autre bol. Et enfin, il versa du thé dans un troisième bol. Se tournant vers le fermier, il lui demanda: « Dis-moi, que vois-tu ? »

« Des carottes, des œufs et du thé », répondit le fermier. Puis, le sage lui dit: « Prends les carottes et dis-moi comment tu les trouves. » Le fermier fit ce qu'on lui demandait et dit: « Les carottes sont molles. » Alors, le sage ordonna au fermier de prendre l'un des œufs et de le briser. Une fois la coquille ôtée, le fermier observa que l'œuf était devenu dur. Finalement, le sage demanda au fermier de prendre un peu de thé. Le fermier, qui s'exécuta, sourit en constatant la riche saveur de la boisson. Il demanda alors au sage : « Que veut dire tout cela ? »

Le sage expliqua que chacun de ces objets avait été confronté à la même adversité… l'eau bouillante. Chacun avait réagi différemment. Les carottes, fermes et dures, avaient été rendues molles et tendres. L'œuf au début était fragile. Sa mince coquille avait protégé son intérieur plus tendre, mais l'eau bouillante avait durci l'intérieur. Les feuilles de thé, par contre, étaient uniques. Elles avaient changé l'eau.

« Lequel de ces trois objets es-tu ? » demanda-t-il au fermier. « Quand l'adversité frappe à ta porte, comment réagis-tu ? Comme la carotte, comme l'œuf ou comme la feuille de thé ? »

Face aux problèmes qui vous assaillent dans la vie, posez-vous la question suivante : « Quel objet suis-je ? Suis-je celui qui, comme la carotte, paraît fort, mais qui, face à la douleur et à l'adversité, se ramollit et s'affaiblit ? Suis-je comme l'œuf, au cœur tendre et à l'esprit fluide, mais qui, à la suite d'une perte d'emploi, d'une rupture, de difficultés financières ou autres, se fige et s'endurcit ? Ou suis-je comme la feuille de thé ? » La feuille de thé change la qualité de l'eau, c'est-à-dire les circonstances mêmes qui provoquent la douleur. Quand l'eau devient chaude, elle émane un parfum et prend une saveur. Si vous êtes comme la feuille de thé, alors c'est que, quand tout va mal, vous changez en mieux et vous modifiez la situation autour de vous. Au plus fort de la crise, quand tout devient noir, devenez-vous une meilleure personne ?

Comment réagissez-vous face à l'adversité ? Êtes-vous une carotte, un œuf, ou une feuille de thé ?

Penser positivement favorise la capacité d'adaptation

Rappelez-vous cette grande vérité: rien ne vous oblige à continuer d'utiliser les mêmes façons de faire ou les mêmes systèmes, ou à réagir machinalement comme avant. Réagissez et réfléchissez autrement. Vous voulez être de ceux qui réalisent des choses. Alors, à partir de maintenant, refusez de vous identifier aux pensées négatives qui vous enfoncent, et adaptez votre façon de penser pour pouvoir résoudre vos problèmes d'une manière nouvelle et différente.

Soyez persévérant

L'histoire de l'un des plus grands hommes d'État américains n'est pas celle d'un succès facile, mais bien d'une persévérance acharnée. Cet homme, à vingt et un ans, a connu un échec commercial. Il a ensuite été défait à l'assemblée de l'État en 1833. Il a remporté l'élection de 1834. En 1835, son amie de cœur meurt. En 1836, il fait une dépression nerveuse. Il est défait à l'élection comme représentant à la chambre en 1838. Il est défait à l'élection en 1840. Il est défait au Congrès en 1843. Finalement, il est élu pour un mandat au Congrès en 1846, pour ensuite être défait en 1848. Il est défait au Sénat en 1855, défait à l'élection de la vice-présidence en 1856, et défait à nouveau au Sénat en 1858. Enfin, en 1860, il devient président des États-Unis. Voilà quelques bribes à peine de la vie d'Abraham Lincoln.

Rien au monde ne saurait remplacer la persévérance. Le talent ne le fera pas. Il n'y a rien de plus courant que de voir des gens talentueux qui n'ont pas réussi. Le génie ne le fera pas. « Génie méconnu » est pratiquement une expression consacrée. L'instruction à elle seule ne le fera pas non plus. Le monde est rempli de diplômés qui vivent dans la pauvreté. Seules la persévérance et la détermination ont un pouvoir absolu.

Tout change dans l'univers. Nous n'y pouvons rien. Les gouvernements changent. Peut-être vous réveillerez-vous un matin en constatant que votre pays est maintenant dirigé par un nouveau président, ou un nouveau roi, ou qu'une révolution a éclaté quelque part. Tout est toujours en mouvement.

Quand un malheur nous frappe, il est tentant d'abandonner et de succomber à la dépression ; cependant, rappelez-vous toujours cette légende du roi Salomon.

Le roi, qui avait le vague à l'âme, demanda à ses conseillers de trouver la bague qui lui était apparue en songe une nuit.

« Lorsque je suis heureux, je crains que cela ne dure pas. Et lorsque je suis triste, je crains que cela dure toujours. Trouvez-moi la bague qui soulagera mes souffrances », ordonna-t-il.

Salomon envoya tous ses conseillers à la recherche de cette bague, et l'un d'eux finit par rencontrer un vieil homme, un joaillier, qui inscrivit sur un simple anneau d'or les quelques mots suivants : « Cela aussi passera. » Quand le roi, recevant la bague, lut l'inscription qui y était gravée, sa tristesse se transforma en joie, et sa joie en tristesse, et puis l'une comme l'autre cédèrent leur place à la sérénité.

Oui, le problème que vous vivez actuellement finira par passer. Votre frustration ne durera qu'un temps. Et il y a une chose que vous et moi pouvons faire quant à notre attitude face à ces changements continuels. Ce n'est pas l'événement comme tel qui compte, c'est ce que nous pensons de cet événement.

Toutes les entreprises ne réussissent pas. La joie de réussir se mêle à l'amertume de la défaite. Si nous savons composer avec l'échec de manière constructive, souvent cet échec se transformera en succès.

Le moment le plus difficile de la carrière de Lee Iacocca fut son congédiement de chez Ford. L'histoire de cet échec transformé en succès, lorsqu'il est devenu chef de la direction de Chrysler, est bien connue. Dans son autobiographie, Iacocca raconte que dès son embauche dans son nouvel emploi, une autre défaite l'attendait, plus dévastatrice encore. Chrysler était sur le bord de la faillite. Une personne de moindre envergure aurait sans doute baissé les bras tout de suite, plutôt que passer d'une situation d'échec à une autre situation d'échec.

Iacocca refusa de capituler. Il fit appel à toutes ses ressources intérieures. S'il avait déjà connu la défaite, cette fois il n'allait pas laisser la situation l'écraser. Il rassembla tout ce qu'il avait de forces, de capacité d'adaptation, d'innovation, d'imagination et de persévérance pour confronter la crise et la surmonter.

Les pensées maîtresses

Nos attitudes sont les éléments intangibles à partir desquels nous formons nos compétences, notre humeur sereine et notre prospérité. Ce sont à travers elles que nous dirigeons notre vie, et en changeant nos attitudes, nous pouvons changer tout le reste. Quelle attitude votre esprit adopte-t-il ? Il s'agit, bien entendu, des pensées maîtresses, susceptibles de provoquer de grandes et merveilleuses choses, des expériences et des résultats extraordinaires. Car lorsque vous changez votre état d'esprit, vous transformez aussi votre corps physique, qui est l'ombre de votre esprit. Votre corps est votre esprit sous une forme condensée. Il vous sera fait selon votre foi.

Ce sont les pensées négatives qui empêchent tant de gens de faire preuve de résilience quand les choses vont mal. Elles empêchent leur esprit subconscient de s'ouvrir, alors que c'est cette ouverture qui leur permettrait d'effectuer les adaptations et les changements nécessaires.

Vos pensées maîtresses vous permettent d'éliminer cette négativité. Vous le pouvez si vous croyez que vous le pouvez. Vous avez en vous le germe de la résilience et vous pouvez la faire croître grâce à la Puissance infinie qui vous fortifie. Tout le monde ou presque sait à quel point il est impossible de combattre une pensée ou une émotion négative dominatrice; mais vous, vous pouvez. Lorsqu'une pensée négative vous vient à l'esprit – peur, ressentiment, condamnation, haine ou n'importe –, occupez-vous-en sur-le-champ. Décapitez-la. Ne la laissez pas prendre de l'expansion et se renforcer, menacer votre territoire, vous vaincre, vous faire contracter des maladies et vous mener à l'échec. Car si le ressentiment grandit dans votre esprit, il se met à vous dominer; puis, il colore tout dans votre vie de la couleur de la peur. Il colore tout ce que vous faites, ce que vous dites, ce que vous pensez, et en plus, il vous empêche d'user de votre imagination pour innover et vous adapter aux nouvelles situations.

On dit que Thomas Edison a tenté de mettre au point l'ampoule incandescente un millier de fois avant d'y parvenir, mais aucune pensée négative ne l'a empêché de continuer à adapter et à raffiner le processus. Comme il a été dit dans ce chapitre, Lee Iacocca s'est servi de sa capacité d'adaptation et sa créativité pour convaincre le Congrès de lui fournir les fonds nécessaires pour sauver Chrysler de la faillite.

Développez vos ressources intérieures

Les hommes et les femmes qui tentent de tirer le maximum de leur vie ne cessent jamais de grandir. Ils sont toujours à cheminer, car leur but ne cesse de s'éloigner à mesure qu'ils acquièrent davantage d'expansion et d'efficacité. Ils ne font que s'arrêter pour faire escale çà et là, histoire de se décharger de ce dont ils n'ont plus besoin, ce qui leur nuit dans leur périple, et puis ils continuent leur chemin. Il en va ainsi pour tout le parcours de la vie.

Si vous voulez avoir accès à vos ressources cachées, stimuler votre croissance et votre pouvoir, vous devez continuellement chercher à vous améliorer vous-même dans un domaine ou un autre:

développer votre intelligence par une observation plus fine, développer constamment vos connaissances, élargir vos horizons sur le plan mental et spirituel, vous dégager de votre propre personne, et contribuer davantage autour de vous. Cessez d'avoir peur du changement. Ayez confiance que vous serez capable de relever des défis en faisant appel à votre imagination.

Le chef de la direction de Burberry, Angela Ahrendts, attribue son succès à son observation et son émulation de chefs de file dans son domaine. Elle affirme que, pour ce qui est de gérer des chiffres, elle a acquis son savoir-faire en s'inspirant de la femme d'affaires Linda Wachner, à la tête du géant Warnaco, et pour l'aspect créateur, de Donna Karan, figure de proue dans le domaine de la mode. Linda était une experte question chiffres, et Donna lui a montré énormément de choses côté design.

À une époque où elle commençait dans sa carrière, Angela avait quitté la compagnie de Donna Karan pour participer à l'ouverture de cinquante boutiques Bendel partout aux États-Unis. Mais au bout de dix-huit mois, le conseil d'administration a annulé le projet, une décision qu'Ahrendts décrit comme « le coup le plus dévastateur de ma carrière ». Elle retomba vite sur ses pieds, cependant, lorsqu'elle fut embauchée chez Liz Claiborne. Au sein de cette entreprise, elle réussit à combiner ses talents de femme d'affaires et de designer pour convaincre l'entreprise de prendre de l'expansion en acquérant Juicy Couture, un pas que les gens à Karan n'avaient pas voulu franchir.

Quand, chez Burberry, une chaîne de boutiques internationale, le chef de la direction depuis longtemps en poste prit sa retraite, Ahrendts fut embauchée pour la remplacer. Grâce à ses concepts innovateurs et à son ouverture face aux nouvelles idées, la compagnie a pu prendre de l'expansion et prospérer.

Lorsque vos problèmes vous tourmentent, pensez à tous ceux qui, comme Angela Ahrendts, sont parvenus à débloquer des trésors de possibilités cachées. Des milliers de personnes sont aujourd'hui de meilleurs hommes et de meilleures femmes, de meilleurs maris, épouses, avocats, médecins, hommes et femmes d'État parce qu'ils ont su relever des défis semblables à ceux de gens comme Angela Ahrendts. Il n'y a pas de meilleur moyen de se découvrir soi-même que de lire un livre inspirant ou d'écouter un grand orateur. Souvent, cela nous remue jusque dans nos entrailles et réveille chez beaucoup d'entre nous de nouveaux élans et une nouvelle détermination, alors que jusque-là, nous avions été endormis, sans savoir que nous pouvions reconnaître et utiliser nos ressources intérieures. Peut-être vous est-il ainsi arrivé, à l'écoute d'un prédicateur ou d'un conférencier éloquent, de découvrir des aspects de votre nature qui, autrement, ne se seraient jamais révélés.

Plus vous cultivez vos facultés, plus profondément vous puisez dans vos ressources, plus votre être caché se révèle, et plus votre vision s'élargira. La vie devient ainsi une perpétuelle marche en avant.

Il y a des gens qui ne réalisent leur potentiel qu'au mitan de la vie. Soudainement, comme s'ils se réveillaient d'un long sommeil, ils se sentent stimulés par une lecture inspirante, une conférence, une prédication, ou encore la rencontre d'un ami – quelqu'un aux idéaux élevés – qui les comprend, qui croit en eux et qui les encourage.

Il y a une différence énorme selon que vous soyez avec des gens qui sont à l'affût de vos talents et de vos capacités, qui croient en vous, qui vous encouragent et qui soulignent vos réussites, ou que vous soyez avec des gens qui n'arrêtent pas de rabaisser vos idoles, de faire voler vos espoirs en éclats, ou qui refroidissent vos aspirations.

Pour illustrer nos propos, prenons l'exemple d'Andrea Wong, présidente et chef de la direction de Lifetime Television. Pour ses parents, dit-elle, il était important, quand elle était petite, qu'elle connaisse des échecs. Cela lui permit en effet d'acquérir beaucoup de force. Quand elle perdit les élections scolaires pour devenir présidente de sa classe, elle apprit à ne pas se laisser abattre et à continuer. Cette expérience, elle la transféra ensuite dans sa carrière dans l'univers frénétique de la production télévisuelle, où pour chaque émission gagnante, il y a un nombre incalculable d'autres émissions qui ne sont jamais diffusées. Quand elle eut l'idée, par exemple, d'importer aux États-Unis l'émission britannique *Dancing with the Stars*, les gens de l'industrie ont cru qu'elle était tombée sur la tête. Mais elle y croyait, et elle persuada le réseau de la diffuser. Cette émission devint l'une des plus regardées cette année-là. Aujourd'hui directrice de son propre réseau, son défi consiste maintenant à faire croître la marque Lifetime, et pour cela, elle compte sur ses efforts continus pour apprendre et s'améliorer, et aussi sur cette confiance qu'elle a commencé à développer lorsqu'elle était enfant, celle de toujours croire en sa capacité de se relever.

Apprenez de vos échecs

Si vous posez la question aux légions de personnes qui ont raté leur vie, un très grand nombre vous diront que, si elles n'ont pas réussi, c'est parce qu'elles n'ont pas eu la chance de vivre dans un environnement stimulant et encourageant, que leurs ambitions n'ont jamais été stimulées, ou qu'elles n'ont pas assez de force pour foncer et transcender leur environnement déprimant, décourageant ou vicieux. La plupart des gens qui se retrouvent en prison ou qui vivent dans des milieux de vie très pauvres illustrent bien l'influence que peut exercer un environnement qui fait appel aux côtés les plus sombres de l'être humain, plutôt qu'à ses côtés lumineux.

Peu importe ce que vous faites dans la vie, arrangez-vous coûte que coûte pour toujours vivre dans une atmosphère où l'on stimule les ambitions, un environnement où vous serez stimulé à vous développer. Restez dans l'entourage des gens qui vous comprennent, qui croient en vous, qui vous aideront à vous découvrir vous-même, et qui vous encouragent à donner le meilleur de vous-même. Cela pourrait faire toute la différence entre réussir brillamment et vivre dans la médiocrité. Restez près de ceux qui cherchent à réaliser quelque chose ou à devenir quelqu'un dans la vie, des gens qui visent haut, qui ont de grandes ambitions. L'ambition est contagieuse. L'esprit qui règne dans votre entourage se communiquera à vous. Les succès remportés par ceux qui, autour de vous, s'efforcent de s'élever, vous encourageront et vous stimuleront à faire mieux si vous n'avez pas connu vous-même beaucoup de succès.

Nicholas Hall sait que le mot échec est un terme relatif. Le mot fait d'ailleurs partie du nom de sa compagnie, StartupFailures.com[3]. Entrepreneur chronique, il est en effet le fondateur de ce site Web populaire qu'il a mis sur pied pour témoigner des réalités du monde de l'entrepreneuriat. Pour réussir, affirme-t-il, il faut savoir retomber sur ses pieds et surmonter le doute de soi. Pour lui, l'échec et la réussite sont très proches, et lui-même connaît aussi bien l'un que l'autre pour les avoir vécus à maintes reprises. Il donne aussi des encouragements et des conseils sur la manière de se remettre sur pied après un échec.

Pour Hall, et il en est intimement convaincu, le seul véritable échec est celui de ne pas essayer. Il affirme également que l'échec fait partie du tableau, que quiconque ayant déjà connu du succès, sur le plan personnel ou professionnel, a nécessairement aussi connu des échecs. Seule la volonté de rebondir, dit-il, donne à une personne la chance de recommencer.

Même lorsque le démarrage d'une entreprise se fait bien, aucun fondateur de sa connaissance n'a jamais pu éviter les échecs répétés, réels ou perçus, qui accompagnent la mise sur pied d'une compagnie… même chez les grands comme Microsoft et Apple ! Il reconnaît que beaucoup parmi ceux qui se lancent en affaires savent bien que l'échec fait partie du processus. Seulement, ils espèrent que cela ne va pas leur arriver à eux.

---

3. NDT : StartupFailures pourrait se traduire par « démarrages ratés ».

L'obstacle le plus important à surmonter pour retomber sur ses pieds est le doute de soi. Toutefois, il faut se dire que l'expérience de retomber sur ses pieds est chaque fois plus facile à accepter, même s'il peut être plus difficile d'une fois à l'autre de vivre l'expérience de l'échec. Tout simplement, il faut voir l'échec comme faisant partie du processus, comme la clé qui nous permet de continuer.

Résumé

- Rien ne vous oblige à continuer d'utiliser les mêmes façons de faire ou les mêmes systèmes, ou à réagir machinalement comme avant. Réagissez et réfléchissez autrement. Vous voulez être paisible, heureux, radieux, en santé, prospère et inspiré. Alors, à partir de maintenant, refusez de vous identifier aux pensées négatives qui vous enfoncent.
- N'ayez pas peur du changement. Ne vous empêchez pas d'agir parce que vous croyez que votre patron ou d'autres ne seront pas d'accord. Soyez prêt à vous adapter, à créer, à modifier, à parfaire vos idées en fonction de la tâche à réaliser.
- Rien au monde ne saurait remplacer la persévérance. Le talent ne le fera pas. Il n'y a rien de plus courant que de voir des gens talentueux qui n'ont pas réussi. Le génie ne le fera pas. « Génie méconnu » est pratiquement une expression consacrée. L'instruction à elle seule ne le fera pas non plus. Le monde est rempli de diplômés qui vivent dans la pauvreté. Seules la persévérance et la détermination ont un pouvoir absolu.
- Lorsqu'une pensée négative vous vient à l'esprit, occupez-vous-en sur-le-champ. Ne la laissez pas vous vaincre. Si le ressentiment grandit dans votre esprit, il se met à vous dominer ; puis, il colore tout dans votre vie de la couleur de la peur.
- Si vous réfléchissez continuellement de manière positive à la façon de résoudre vos problèmes, et que vous alimentez votre

esprit subconscient de pensées favorisant la souplesse et la volonté de vous adapter, vous viendrez à bout de votre peur du changement et vous pourrez de mieux en mieux résister aux pensées négatives.

- Peu importe ce que vous faites dans la vie, arrangez-vous coûte que coûte pour toujours vivre dans un environnement où vous serez stimulé à vous développer. Restez dans l'entourage des gens qui vous comprennent, qui croient en vous, qui vous aideront à vous découvrir vous-même, et qui vous encouragent à donner le meilleur de vous-même. Cela pourrait faire toute la différence entre réussir brillamment et vivre dans la médiocrité.
- Toutes les entreprises ne réussissent pas, mais ne laissez pas l'échec vous détruire. Tout finit par passer. Ce n'est pas l'événement comme tel qui compte, c'est ce que nous pensons de cet événement.

CHAPITRE 7

Venez à bout de l'inquiétude et du stress

L'océan tout entier ne parviendra pas à faire couler un bateau, si petit soit-il, si cette eau n'y pénètre pas. De la même façon, tous les problèmes du monde ne peuvent vous détruire, tant et aussi longtemps que vous ne leur permettez pas de vous atteindre.

L'inquiétude prolongée vous dérobe votre vitalité, votre enthousiasme et votre énergie, vous laissant telle une épave physiquement et mentalement. Dans le monde médical, on dit que l'inquiétude chronique est ce qui se cache derrière bon nombre de maladies, telles que l'asthme, les allergies, les troubles cardiaques, l'hypertension, et beaucoup d'autres trop nombreuses pour être énumérées ici.

L'esprit inquiet est confus et divisé, il amène la pensée dans des divagations sans fin à propos de choses qui bien souvent ne sont pas vraies. Même si bon nombre d'entre nous vivons réellement des problèmes, et c'est le cas lorsqu'un membre de la famille est malade ou a perdu son travail, la plupart du temps l'inquiétude naît de l'indolence, de la paresse, de l'apathie et de l'indifférence. Au moment de vous réveiller le matin, rien ne vous oblige à avoir des pensées d'inquiétude. Vous pouvez décider de penser à l'harmonie, à la beauté, à la paix, à l'action juste, à l'amour et à la compréhension. Vous pouvez chasser les pensées négatives et les remplacer par des pensées positives.

Prenons l'exemple de Steve L., qui s'inquiétait pour sa santé. Après un examen médical complet, son médecin lui déclara que son bilan n'indiquait rien d'anormal physiquement, mais qu'il souffrait d'une névrose d'anxiété. Névrose d'anxiété est l'expression savante pour désigner l'inquiétude chronique. D'ailleurs, le mot « *worry* » (s'inquiéter) a une racine étymologique qui signifie « étrangler » ou « étouffer », ce que Steve se faisait à lui-même.

Il s'inquiétait aussi constamment à propos de l'argent, de son travail, et de l'avenir. Son inquiétude chronique nuisait à sa vision du succès et de la prospérité, et il dépensait énormément d'énergie simplement à s'en faire autant. Il se sentait continuellement fatigué et déprimé.

On lui conseilla de se retirer seul dans un lieu tranquille de trois à quatre fois par jour, et à ces moments, de déclarer solennellement que le Tout-Puissant lui avait donné l'inspiration et l'espoir et que tout ce qu'il lui fallait faire était de se brancher à l'Infini et de laisser l'harmonie, la paix et l'amour de cette source circuler à l'intérieur de lui. On lui proposa de faire la méditation suivante :

> Dieu, ou la Sagesse suprême, m'a donné ce désir. La Toute-Puissance qui est en moi me permet d'être, de faire et d'avoir. Cette Sagesse et cette Puissance me soutiennent et me permettent d'atteindre mes objectifs. Je ne pense plus aux obstacles, aux retards, aux empêchements et à l'échec. Je sais que mes pensées ainsi dirigées raffermissent ma foi et ma confiance, et me rendent plus fort et plus posé, car Dieu ne nous a pas donné l'esprit de la peur, mais celui de la puissance et de l'amour, et de l'intelligence.

Il médita sur ces paroles régulièrement et systématiquement. Ces vérités pénétrèrent son esprit conscient, et son cerveau transmit ces vibrations de guérison partout dans son organisme. Elles pénétrèrent son esprit subconscient et, telle une pénicilline spirituelle, elles détruisirent les bactéries de l'inquiétude, de la peur, de l'anxiété, et de toutes ces pensées négatives. En l'espace d'un mois, il eut à nouveau conscience de la force, de la puissance et de l'intelligence qui lui avaient été données à la naissance. Il surmonta ses inquiétudes en accédant aux profondeurs du subconscient pour y puiser les remèdes spirituels et l'Intelligence infinie qui y étaient enfermés.

Défaites vos inquiétudes en petits morceaux

Andy F., un ingénieur, a raconté un jour qu'il voyait ses inquiétudes comme un problème d'ingénierie. « Quand il m'arrive de faire face à un problème technique au travail, dit-il, je le défais en morceaux. Puis je me dis : "d'où cela vient-il ? que signifie chacun de ces morceaux ? comment pourrais-je l'adapter au problème dans son ensemble ?" Avec les inquiétudes, je me dis : "Ces inquiétudes ont-elles un pouvoir quelconque ? Y a-t-il un principe qui les sous-tend ?" »

Armé de cette pensée froide et rationnelle, et de sa faculté d'analyse logique, Andy défait ainsi ses inquiétudes, tout en réalisant qu'elles sont les ombres de son esprit, fallacieuses et illusoires. Non pas la réalité, mais simplement des ombres de l'esprit.

Or, une ombre n'a aucun pouvoir ! Eh bien, c'est aussi le cas d'une inquiétude, en tant qu'ombre de l'esprit. Elle ne correspond à aucune réalité, elle n'obéit à aucun principe, et elle ne reflète aucune vérité. Ces inquiétudes ne sont pas plus qu'un tas d'ombres sinistres. Éliminez ces ombres en les convertissant en réalités et en vous en occupant concrètement.

Votre corps est le reflet de votre esprit

Les médecins vous diront que beaucoup de leurs patients s'inquiètent tellement à propos des maladies dont ils ne souffrent *pas*, qu'ils en finissent par en éprouver les symptômes. Les médecins nous disent que ces symptômes sont « psychosomatiques ». À l'origine de ce terme, on trouve les racines « *psycho* », ce qui signifie « relatif à l'esprit », et « *somatique* », qui signifie « relatif au corps physique ». Ce que vous pensez dans votre esprit se reflète par une réaction du corps.

Le vice-président d'une importante compagnie d'assurances à Hartford, dans le Connecticut, s'inquiétait de l'état de son cœur. Son meilleur ami, un homme de vingt ans son aîné, venait d'avoir une crise cardiaque et il était certain que lui aussi pouvait en avoir une. Il alla voir un cardiologue, qui lui fit passer un électrocardiogramme, lequel se révéla normal. Son problème, lui dit le médecin, était d'ordre psychosomatique. La crise cardiaque de son ami avait déclenché en lui une inquiétude extrême quant à son propre état de santé cardiaque, et il s'était mis en fait à éprouver des spasmes dans la poitrine et autres symptômes associés aux problèmes cardiaques. Son médecin lui dit que la réponse à son problème ne se trouvait pas dans les manuels de médecine, mais dans son esprit subconscient. Sa prescription : méditer sur la santé, jusqu'à ce que l'idée fausse s'élimine de ses pensées, ou *psyche*. C'est à ce moment que son corps, ou *soma*, réagirait. Il ne lui fallut que quelques semaines. Il mit en pratique la grande loi de substitution en répétant l'idée juste, encore et encore, jusqu'à ce que l'esprit accepte la vérité, ce qui le délivra de ses inquiétudes et lui apporta la sérénité.

L'exercice nécessite un peu de travail, mais vous pouvez le faire. C'est une discipline. Il s'agit de le vouloir. « Je vais surmonter mon inquiétude. Je vais l'affronter en face. Elle est une ombre de mon esprit, et je ne vais accorder aucun pouvoir aux ombres. » Les spasmes émotionnels qu'éprouvait le cadre de la compagnie d'assurances étaient causés par son idée obsessive d'être atteint d'une maladie cardiaque. Ce qui n'était pas le cas. Alors sa guérison fut complète. Il fut guéri de quoi ? D'une fausse croyance dans son esprit.

Le pouvoir est en vous

Chaque fois que la peur ou que l'inquiétude se manifeste à vous, ou chaque fois que vous pensez ne pas être capable de faire quelque chose, recueillez-vous dans un état méditatif, en reconnaissant que l'Infini se trouve à l'intérieur de vous, que Dieu est amour sans limites, Intelligence infinie, Vie infinie, sagesse merveilleuse, pouvoir absolu, harmonie absolue.

Lorsque vous faites appel à Lui, Il vous répond. L'Intelligence infinie répond à vos pensées. Ce type de prière ou de méditation vous apportera une détente complète et calmera votre esprit. Lorsque vous êtes dans cet état d'être, contemplez ce que vous voulez être, faire ou posséder, et l'Esprit infini en vous répondra selon votre foi et la confiance que vous manifestez. Cette foi se transmettra à votre subconscient et rehaussera cette force puissante lorsque viendra le temps de traiter n'importe quel problème qui se présente à vous.

Carlos J. fut pendant des années un dessinateur au service de marketing de la compagnie où il travaillait. Carlos avait acquis un fort sentiment de sécurité dans son travail, car on admirait énormément la clarté et la précision de ses travaux. Cependant, le développement des techniques informatiques rendit peu à peu les compétences d'une personne comme Carlos inutiles. Plutôt que de se plaindre de l'injustice de cette situation, Carlos persuada l'entreprise de lui payer une formation en graphisme informatique. Il mit tous ses efforts à l'apprentissage de ces nouvelles techniques et finit par les maîtriser. Il découvrit que son expérience de dessinateur lui donnait en fait une longueur d'avance en graphisme informatique, et c'est ainsi qu'il devint un expert en la matière et l'un des meilleurs graphistes qui soient.

Ne laissez rien vous troubler, ne laissez rien vous faire peur, rien vous déranger, rien vous mettre en colère. Vous êtes un maître. Vous êtes responsable de votre propre domaine de conception : celui de vos pensées, de vos sentiments, de vos émotions, et de vos réactions. C'est vous qui régnez sur votre propre domaine conceptuel. Quand des pensées négatives se présentent à vous, affirmez ceci : « J'ai en moi la capacité et la force de surmonter cela. Avec l'aide de la Puissance infinie, je serai capable de trouver une réponse à cela. »

Alimentez votre esprit conscient de pensées positives

L'inquiétude et la peur ne peuvent dominer votre vie que si vous leur permettez de le faire. Vous avez le pouvoir de les éliminer de votre vie. Vous avez la Présence à l'intérieur de vous, la force de changer votre vie. Par la prière et la méditation, en vous engageant envers votre être spirituel, en mettant votre confiance dans le Divin, vous allez surmonter vos peurs et vos inquiétudes. Si vous alimentez votre esprit conscient de pensées positives, votre esprit subconscient réagira de manière positive lorsqu'il sera confronté à des problèmes, et il trouvera des solutions qui vous mèneront vers une vie plus heureuse, plus paisible et plus gratifiante.

Si bien des gens échouent, c'est parce qu'ils se demandent constamment comment ils vont finir par s'en sortir, s'ils vont réussir ou non. Cette façon de continuellement remettre le résultat en question crée le doute dans votre esprit, ce qui est fatal à toute réalisation.

Le secret pour réussir quelque chose, au travail ou dans tout autre domaine de la vie, réside dans la concentration. L'inquiétude ou la peur, quelle qu'elle soit, détruit immanquablement la concentration mentale et tue l'imagination. L'une des raisons les plus courantes pour lesquelles les employés sont malheureux au travail est la peur que leur inspire leur patron autoritaire, c'est-à-dire un patron ou une patronne qui menace continuellement ses employés de punition ou de congédiement à la moindre insatisfaction. Il n'est jamais facile de travailler dans de telles conditions, et beaucoup en souffrent sur une base continue. Leur esprit tout entier est occupé par des émotions conflictuelles et il leur est impossible d'être efficaces.

Il est fort peu probable que vous puissiez faire quoi que ce soit pour changer la personnalité de votre patron. Vous pouvez toutefois apprendre à l'accepter tel qu'il est sans pour autant que cela vous épuise. Chaque fois que vous vous surprenez à vous en faire ou à être anxieux par rapport à cette façon de vous traiter, prenez simplement quelques instants pour vous parler intérieurement : « Ce n'est pas ainsi qu'une personne intelligente et capable de réfléchir vit sa vie, ce n'est pas là la vie d'une vraie personne. » Bien entendu, s'il vous est possible de changer de travail au sein de l'organisation, ou d'en trouver un autre ailleurs, faites-le. Mais si cette option n'est pas possible, répétez-vous les paroles suivantes chaque fois que votre patron vous réprimandera : « Je ne vais pas laisser cela ruiner ma vie. Je garderai mon calme intérieur au travail, en sachant que j'effectue ma tâche du mieux possible malgré l'attitude de mon patron. Je ne vais pas laisser cette situation m'abattre. » Ces pensées ne vont peut-être rien changer à la situation, mais elles vous permettront de l'accepter et de rechercher hors du travail des occasions de vous sentir satisfait et de réaliser quelque chose.

Détendez votre corps, calmez votre esprit

Vous venez de recevoir une convocation à la rencontre annuelle d'évaluation de rendement avec votre patron demain matin. Que faites-vous ? Vous allez probablement vous inquiéter de ce que votre patron va vous dire. Vous allez vous rappeler toutes les erreurs que vous avez commises, les échéances que vous avez manquées, ou d'autres problèmes encore. Il se peut que votre esprit subconscient soit ainsi surchargé de pensées négatives qui vous empêcheront de dormir cette nuit-là.

Admettons qu'au lieu de cela, vous soyez au fait des lois qui régissent votre mental et que vous sachiez comment fonctionne votre esprit. Plutôt que de vous en faire pour l'entrevue, vous vous assoyez dans votre fauteuil ou sur votre canapé, et vous mobilisez toute votre attention. D'abord, vous vous détendez. Quand le corps est détendu, l'esprit se calme. Vous vous dites à vous-même : « Mes orteils sont détendus, mes pieds sont détendus, mes muscles abdominaux sont détendus, mon cœur et mes poumons sont détendus, ma colonne vertébrale est détendue, mon cou est détendu, mes mains et mes bras sont détendus, mon cerveau est détendu, mes yeux sont détendus, tout mon être est complètement détendu, de la tête jusqu'aux pieds. »

Une fois bien détendu, votre corps doit vous obéir ; quand vous êtes détendu et que vous avez la foi, votre prière est toujours entendue. Si vous ne vous détendez pas, vous n'obtiendrez aucun résultat. *Détendez-vous et ayez foi.* Lorsque vous détendez votre corps, vous détendez votre esprit. Votre esprit se calme et les pensées se taisent. Alors, que faire pour vous préparer à ce que vous avez toujours perçu comme une épreuve ? Vous devez vous concentrer sur vos bons coups : les réductions de coûts que vous avez réalisées, les innovations que vous avez suggérées, la satisfaction des clients que vous avez servis, et toutes les autres actions positives auxquelles vous avez participé au cours de l'année écoulée. Revoyez tout cela mentalement, comme un film, gardez-le à l'esprit, et vous serez prêt.

Au moment de rencontrer votre patron le lendemain, vous vous présenterez avec une attitude hautement positive. Vos inquiétudes auront cédé le pas à la confiance. Votre patron vous indiquera sans doute les domaines où vous avez à vous améliorer. C'est son travail, et il y a place à amélioration chez chacun d'entre nous. Mais vous accueillerez ses propos comme des suggestions constructives, et non comme une critique. Vous aurez programmé votre subconscient à remplacer les préoccupations et l'inquiétude au sujet de votre travail par l'assurance que vous réussissez bien et que vous êtes disposé à faire encore mieux et que vous êtes capable de le faire.

Vous pensez avoir des problèmes ?

Une vieille légende raconte qu'un homme sage, un mystique, amoureux des mystères de la vie, demanda un jour à tous les peuples de la terre de former un grand cercle. Au centre de ce cercle, ces peuples devaient déposer tous leurs problèmes, récriminations, malentendus, peines, douleurs, manques et limites – tous leurs problèmes de quelque nature que ce soit.

Puis, permission fut donnée à chacun, et en fait ils devaient obligatoirement le faire, de bien observer tout cet amas de douleurs (l'ensemble de tous ces problèmes) et d'en choisir une parmi le lot qu'il voudrait pour lui-même. Un grand silence s'abattit alors sur la foule. Tout le monde resta tranquille sans rien dire.

Après un long moment de réflexion et de délibération, chaque homme et chaque femme s'avança au centre du cercle pour y reprendre son propre problème, et s'en retourna chez lui ou chez elle. Personne, pas un seul d'entre eux, ne choisit de quelque manière que ce soit de prendre sur ses épaules le fardeau, la détresse, l'épreuve ou le tourment d'un autre.

La tentation est si grande de vouloir régler les problèmes des autres. Mais c'est là une tâche fallacieuse, un total gaspillage de notre énergie. Même avec toute la bonne volonté et les meilleures intentions du monde, aussi fort que nous le souhaiterions, nous ne sommes pas compétents pour trouver une solution aux problèmes d'autrui.

Il n'y a que nous, nous-mêmes, qui soyons en définitive les mieux outillés pour gérer notre propre vie, car c'est nous qui créons notre vie. Nous pouvons la changer et l'améliorer en modifiant nos croyances, en nous rappelant qui nous sommes vraiment. Nous devons continuellement nous rappeler d'accueillir ce qui nous a été légué, l'héritage de tout ce qui est bon, vrai et magnifique.

Combattez la déprime

Tout le monde vit de temps en temps des périodes où tout va mal au travail : tâches qui s'accumulent, échéanciers non respectés, impossibilité, quoi qu'on fasse, de rattraper le temps perdu. La déprime s'installe.

Quand vous sentez ce genre d'état vous gagner, concentrez-vous ardemment sur les qualités opposées. Rappelez-vous que vous avez déjà affronté des crises dans votre travail, et que vous les avez surmontées. Entretenez des idéaux de bonne humeur, de confiance, de gratitude, de bienveillance envers tout le monde, et vous serez étonné de voir disparaître rapidement vos ennemis, ceux-là mêmes qui vous rendaient la vie difficile, exactement comme l'obscurité disparaît quand on ouvre les volets pour laisser entrer la lumière. Nous ne chassons pas l'obscurité, mais nous faisons apparaître son contraire, la lumière, qui la neutralise instantanément. Lorsque vous sentez que l'on vous presse de respecter une échéance, que le patron rejette ce que vous avez réalisé dans le cadre d'un projet quelconque, en vous demandant de reprendre votre travail à zéro, quand vous perdez une vente dont vous avez besoin pour respecter votre quota, que tout semble aller de travers et que vous sentez la « déprime » vous envahir, cessez tout ce que vous faites. Faites en sorte de chasser ces ennemis de votre esprit, de les neutraliser, de les tuer, à l'aide des suggestions opposées. Vous savez parfaitement bien qu'une belle pensée joyeuse, peu importe que vous ayez de la difficulté à l'évoquer lorsque vous souffrez, vous apportera bientôt du soulagement. Faites comme si vous étiez de bonne humeur si vous ne l'êtes pas, et cette vertu sera bientôt vôtre.

Si vous êtes une victime de vos états d'âme, allez-y et prenez part activement, avec un réel intérêt, à ce qui se passe autour de vous. Prenez un moment de répit par rapport aux problèmes du boulot. Une petite pause vous aérera l'esprit et vous aidera à penser plus clairement lorsque vous y reviendrez. Soyez heureux, et intéressez-vous à autrui. Tâchez de ne pas trop réfléchir à vos affaires. Vous pouvez le faire en vous impliquant avec entrain dans les projets que vous avez formés avec les amis ou la famille, ou bien dans les projets que d'autres ont formés à votre sujet.

Ne vous concentrez pas sur vos préoccupations immédiates. Souvenez-vous de vos bons coups et de la manière dont vous y êtes arrivé. Rappelez-vous cette tâche difficile que vous avez menée à bien alors que les autres avaient abandonné la partie. Rappelez-vous la manière dont votre patron vous a félicité de votre créativité, de votre diligence et de votre loyauté par le passé. Revoyez vos victoires plutôt que de vous morfondre sur vos échecs. Cela vous libérera l'esprit et vous aidera à développer des approches pour résoudre vos problèmes actuels.

Ne jugez pas l'avenir à partir des petits problèmes qui vous tracassent aujourd'hui. Les nuages noirs qui vous cachent le soleil aujourd'hui ne seront plus là demain. Apprenez à voir la vie en regardant loin vers l'avenir et à voir les choses selon leur juste valeur.

Vous êtes le maître de vos réactions mentales. Vous êtes capable de maîtriser la direction de vos pensées comme bon vous semble, d'orienter vos méditations. Vous êtes un monarque dans votre univers conceptuel. Vous pouvez ordonner à vos sujets – les pensées et les sentiments – selon vos désirs, et ceux-ci doivent vous obéir. Vous êtes le monarque absolu de votre royaume mental, et vous détenez le pouvoir de vous débarrasser de tous vos ennemis.

L'inquiétude et la peur sont de fausses croyances de l'esprit. Les fausses croyances disparaissent lorsque vous refusez de leur donner de l'attention. L'inquiétude sous toutes ses formes est le signal d'alarme de la nature qui vous indique que vous avez tort de croire ce que vous croyez. En pensant différemment, vous vous délivrez de l'inquiétude. Les gens qui sont inquiets s'attendent toujours que les choses tournent mal. Ils vous donneront toutes les raisons possibles pour lesquelles une chose pourrait mal se passer, et pas une seule raison pour laquelle une chose devrait ou pourrait bien se passer. Une telle inquiétude les rend plus faibles et moins capables de relever des défis, puisqu'ils attirent la manifestation exacte des conditions mentales qui sont les leurs.

Lorsque nous imprimons dans notre subconscient cet état d'esprit craintif et inquiet, nous sommes pratiquement assurés de voir un quelconque défi ou une quelconque difficulté se présenter concrètement.

Voici neuf manières de diminuer le stress et l'inquiétude au travail :

1. *Apprenez à vous détendre.* Fixez-vous certaines périodes au cours de votre journée de travail durant lesquelles vous pouvez prendre quelques minutes pour méditer profondément ou effectuer une routine d'exercices de relaxation. Une courte pause aère souvent l'esprit et vous aide à penser plus clairement lorsque vous retournez à vos tâches.
2. *Allez faire une promenade.* S'il vous est possible de vous absenter de votre bureau ou de votre poste de travail, allez faire une promenade. Sortez de l'immeuble. Promenez-vous dans les environs ou dans l'aire de stationnement. Prenez un bol d'air frais. Si vous devez rester dans l'immeuble, marchez à l'intérieur. Sortir de l'endroit associé au stress contribue souvent à diminuer ce stress.
3. *Croyez en vous-même.* Ne laissez pas la pression ou la critique venant d'autrui contrôler vos émotions.
4. *Explorez votre spiritualité.* Chaque fois que vous sentez le stress vous envahir, faites appel à vos convictions religieuses ou spirituelles pour vous guider vers une tranquillité d'esprit.

5. *Poursuivez vos apprentissages.* L'expérience de l'apprentissage continu vous permet de rester mentalement alerte, ouvert d'esprit et stimulé.
6. *Créez-vous un réseau.* Évitez les stress importants en vous assurant de la présence d'amis ou de coéquipiers qui peuvent vous soutenir quand les choses vont moins bien.
7. *N'acceptez que les engagements qui sont importants dans le cadre de votre travail.* Déclinez poliment les projets qui vous prennent trop de temps et vous drainent de votre énergie.
8. *Recherchez de nouvelles manières d'utiliser votre imagination.* En redéfinissant votre manière d'exécuter les tâches routinières, vous les rendez moins ennuyantes et stressantes. Lorsque vous élaborez de nouvelles approches pour vous acquitter de nouvelles tâches, vous en diminuez la charge de stress.
9. *Accueillez les changements.* Considérez-les comme de nouveaux défis plutôt que des menaces au maintien du *statu quo*.

Résumé

- Lorsque vous vous en faites pour votre travail, vous broyez souvent du noir pour bien des choses qui n'arriveront jamais, et vous diminuez votre vitalité, votre enthousiasme et votre énergie.
- Si vous avez l'habitude de vous inquiéter pour quelque chose, il se peut que vous attiriez cela.
- L'inquiétude et la peur sont de fausses croyances de l'esprit. Les fausses croyances disparaissent lorsque vous refusez de leur donner de l'attention. L'inquiétude sous toutes ses formes est le signal d'alarme de la nature qui vous indique que vous avez tort de croire ce que vous croyez. En pensant différemment, vous vous libérez de l'inquiétude.

CHAPITRE 8

Vaincre la peur

Lorsque vous êtes confronté à une peur hors de l'ordinaire, portez votre attention sur ce que vous désirez dans l'immédiat. Soyez habité par ce désir. En faisant cela, votre confiance s'en trouvera raffermie et vous serez plus encouragé. La puissance infinie de votre esprit subconscient agit en votre nom. Elle ne connaît pas l'échec. Vous pouvez donc ressentir la paix et vous sentir rassuré. La peur de l'échec même crée l'expérience de l'échec.

Nous nous inquiétons, pour la plupart d'entre nous, de problèmes qui surviennent au travail ou dans notre vie personnelle, problèmes que, comme nous l'avons dit dans le chapitre précédent, nous pouvons apprendre à gérer. Il arrive parfois, cependant, que les problèmes représentent un trop lourd fardeau et que nous soyons tout simplement incapables de les confronter. La peur a pris la place de la confiance dans notre esprit subconscient.

La peur est la plus répandue de toutes les affections mentales parmi celles qui se reflètent d'une manière à ce point désastreuse sur l'organisme humain. Elle s'exprime à des degrés divers, de l'état d'alarme extrême, de frayeur ou de terreur, jusqu'au sentiment diffus d'appréhension générale, d'impression de malheur imminent. Mais d'une expression à l'autre, il s'agit de la même chose : une sensation paralysante qui touche le cœur même de la vie, et qui peut produire, par l'intermédiaire du système nerveux, une grande variété de symptômes morbides, à n'importe quel endroit du corps.

La peur ressemble à du dioxyde de carbone que l'on introduirait dans l'atmosphère d'une personne. Elle entraîne une asphyxie mentale, morale et spirituelle, et parfois la mort – une mort d'énergie, une mort des tissus, une mort de la croissance quelle qu'elle soit.

On ne compte plus les gens qui souffrent de cette forme de peur diffuse qui leur fait craindre un malheur imminent. Cette peur les hante, même dans leurs moments de plus grand bonheur. Elle empoisonne leur bonheur, de telle sorte qu'ils ne peuvent jamais vraiment prendre aucun plaisir ou réconfort dans quoi que ce soit. Elle est le spectre du banquet, le cadavre dans le placard. Elle s'inscrit dans chaque aspect de leur vie, et se montre sous son jour le plus évident dans leur timidité excessive, leur comportement effacé et leur attitude embarrassée.

Nous avons souvent peur que certaines décisions prises par nous dans le cadre de notre travail n'entraînent un échec quelconque, une critique de la part de notre patron, une rétrogradation, ou même un congédiement. Il en résulte, sur le plan physique, des maux de tête, des ulcères, et des problèmes émotifs. De toutes les émotions, la peur compte parmi celles qui nous rendent le plus malheureux au travail, qui nous empêchent d'avancer dans notre carrière et même qui causent notre renvoi.

La peur peut prendre toute la place

L'inquiétude, l'anxiété, la colère, la jalousie et la timidité sont les premiers symptômes de la peur. Si on ne les reconnaît pas et qu'on ne s'en occupe pas, ils se métastaseront en peur. La peur est une cause majeure de mécontentement et d'inefficacité, et plus que toute autre émotion, c'est elle qui fait en sorte que les gens deviennent des poltrons et des ratés, et de les confiner à une vie de médiocrité.

Une personne qui a peur ou qui a l'impression que les choses vont mal tourner travaillera de manière bien peu efficace. La peur étouffe l'originalité, elle empêche d'oser des choses et d'avoir de l'audace. Elle tue l'individualité et affaiblit tous les processus mentaux. On ne peut rien faire de grand quand on a peur ou qu'on a l'impression qu'un danger nous guette. La peur est toujours indicatrice de faiblesse et de couardise. Elle assassine les années, sacrifie le bonheur et les ambitions, ruine des carrières.

La peur réprime l'action mentale normale, et à cause d'elle, une personne sera incapable d'agir avec sagesse lorsqu'une situation d'urgence se présente; en effet, quiconque est paralysé par la peur ne peut penser clairement et agir sagement. Quand la mélancolie et le découragement s'emparent de vous, quand la peur d'échouer vous habite totalement et que vous êtes hanté par le spectre de la pauvreté et que votre famille souffre, avant même de vous en rendre compte vous attirez toutes ces choses que vous craignez tant.

Il n'y a aucune raison d'avoir peur. Répétez cette phrase encore et encore. Peu à peu, votre esprit subconscient l'acceptera. Et votre subconscient considérera cela comme vrai, puisque votre esprit conscient le considère comme vrai. Tout ce que votre esprit conscient croit vraiment, votre esprit subconscient le magnifie et le rend concret. N'ayez aucun doute ou incertitude. Le subconscient le sait lorsque vous êtes sincère. Il sait reconnaître une croyance véritable; et alors il y répond. Si, au lieu de vous abandonner à la peur, vous persistez à voir la prospérité dans votre esprit, à adopter une attitude optimiste et pleine d'espoir, et que vous menez vos affaires en étant systématique, économe et visionnaire, les véritables échecs seront rares, comparativement parlant.

Transformez vos pensées et passez de la peur à la foi

Il nous est possible de supprimer aisément la peur; il suffit de penser différemment. La peur déprime, supprime, étrangle. Si on la laisse faire, elle transformera une attitude positive et créatrice en une attitude non productive et négative, et cela peut tuer toute forme de réalisation. La peur, surtout lorsqu'elle est devenue habituelle, a pour effet d'assécher la source même de la vie. Si on la remplace par la foi, l'effet produit sur le corps et le cerveau sera exactement l'inverse. La foi élargit, révèle ce qui est naturel, nourrit les cellules d'une abondance de vie, et accroît les capacités mentales.

La peur fait des ravages dans l'imagination, qui fait naître toutes sortes d'images horribles. La foi représente son antidote parfait, car là où la peur ne voit qu'obscurité et ombres, la foi voit le soleil derrière les nuages. La peur méprise et s'attend au pire ; la foi élève et s'attend à ce qu'il y a de mieux. La peur est pessimiste ; la foi est optimiste. La peur prédit toujours l'échec ; la foi prédit le succès. La peur de la pauvreté ou de l'échec n'existe pas quand l'esprit est dominé par la foi. Le doute ne peut pas exister en présence de la foi. La foi est au-dessus de l'adversité, quelle qu'elle soit.

Andrew L. était un violoniste très talentueux. Il était le meilleur de l'orchestre à l'école secondaire, et ses professeurs l'encourageaient à poursuivre une carrière de musicien professionnel. Andrew ne voyait aucun problème à jouer dans l'orchestre comme il savait si bien le faire ou encore comme soliste devant un petit auditoire. Il arriva un jour que l'orchestre de l'école fut choisi pour avoir l'honneur de jouer un concerto de violon de Beethoven dans une grande salle de concert. On demanda à Andrew de jouer la partie soliste. Pendant les répétitions, il joua magnifiquement bien, mais le soir du concert, devant un auditorium rempli à craquer, Andrew resta figé. Il avait tellement peur qu'il ne put jouer une seule note et qu'il fallut le raccompagner dans les coulisses.

À partir de ce moment-là, Andrew refusa de jouer. Il finit par choisir une autre carrière, mais toujours il rêva de vivre de la musique. Andrew aurait-il pu sauver sa carrière musicale ? Bien sûr que oui. D'autres hommes et d'autres femmes avant lui ont réussi à maîtriser le trac et sont devenus de grands acteurs, musiciens, chanteurs et orateurs. Ils ont refusé de laisser une défaite, ou même plusieurs, avoir raison d'eux. Ils ont eu foi en eux-mêmes.

Une foi puissante est un atout important, car il n'y a pas d'inquiétude dans la foi ; elle voit au-delà des tracas temporaires, de la discorde, du trouble ; elle voit le soleil derrière les nuages. Elle sait que les choses finiront par être justes, parce qu'elle voit le but qui est invisible avec les yeux.

Surmonter la peur

Pour pouvoir surmonter la peur, nous devons d'abord comprendre ce qui nous fait peur. Il s'agit toujours d'une chose qui ne s'est pas encore produite – elle n'existe pas. Les ennuis sont une chose imaginaire à laquelle nous pensons, et qui nous effraie lorsque nous songeons à toutes ses manifestations possibles.

La plupart des gens, par exemple, ont peur de marcher sur une surface étroite située en hauteur. Si cette zone étroite se trouvait sur le sol, ces gens pourraient marcher dessus sans jamais mettre un pied à l'extérieur de ses limites, et sans penser qu'ils pourraient perdre l'équilibre. La chose la plus dangereuse dans le fait de marcher sur une telle surface est la peur de tomber. Les gens qui ont la tête froide ne ressentent tout simplement pas la peur. Ils ne permettent pas à l'idée d'un danger possible d'avoir le dessus sur eux, mais conservent toute leur puissance physique parfaitement sous contrôle. L'acrobate, pour pouvoir effectuer la plupart des tours qu'il réalise devant un auditoire ébahi, doit seulement vaincre sa peur.

Prenons l'exemple d'une peur bien courante, celle de perdre son emploi. Les gens qui se rendent la vie misérable en s'inquiétant de cette possible infortune n'ont pas perdu leur emploi. Ils n'ont pas été touchés. Ils ne courent aucun danger de manquer de quoi que ce soit. La situation est donc satisfaisante. Au moment où ils se font congédier, si cela arrive, il est à ce moment-là trop tard pour s'inquiéter qu'une telle situation se produise, et tout le temps passé à s'inquiéter avant cela l'aura été en pure perte, n'aura rien apporté de bon. Au contraire, ces gens auront épuisé leurs forces pour trouver un autre emploi maintenant nécessaire. La chose qui les inquiétera alors sera sans doute de ne pas trouver un autre emploi. Et s'ils se trouvent un nouvel emploi, toute cette inquiétude aura été pour rien. Il n'y a aucune raison de s'inquiéter d'une situation quel que soit le moment. L'objet d'une inquiétude est toujours une situation imaginaire placée dans le futur.

Lorsque vous cherchez à vaincre vos peurs, poursuivez votre réflexion pour chacune d'elles, jusqu'à sa conclusion logique et persuadez-vous qu'au moment où vous en parlez, les choses dont vous avez peur n'existent pas en dehors de votre imagination. Qu'elle se concrétise ou pas, votre peur vous fait perdre du temps, de l'énergie, et, de fait, elle vous affaiblit mentalement et physiquement. Cessez de vous inquiéter, tout comme vous cesseriez de consommer un aliment ou une boisson que vous savez pertinemment vous avoir causé un malaise par le passé. Si vous devez vous inquiéter d'une chose, que ce soit des effets désastreux de l'inquiétude : cela vous aidera peut-être à trouver une solution.

Si ce qui vous fait peur, c'est d'échouer sur le plan personnel, alors plutôt que de penser à votre petitesse et à votre faiblesse, à votre manque de préparation en vue de cette grande tâche que vous devez réaliser, et à la certitude que vous allez tout faire rater, pensez à la force et aux compétences que vous possédez, aux occasions où, dans le passé, vous avez réussi quelque chose de semblable, et à la manière dont vous allez vous servir de vos expériences passées pour relever le défi qui vous attend, faire ce que vous devez faire de manière triomphante et vous préparer en vue d'un prochain projet plus important encore. Avec une attitude comme celle-là, que vous la manifestiez consciemment ou non, vous irez toujours plus haut. Ce même principe de chasser la peur par une avalanche de pensées pleines d'entrain, pleines d'espoir et de confiance peut s'appliquer à tous les types de peur qui, de jour en jour et d'heure en heure, nous assaillent.

> Il ne sera pas suffisant de simplement vous persuader que votre peur est imaginaire tant que vous ne vous serez pas exercé à rejeter les suggestions de peur, et à lutter contre toute forme de pensée qui mène à la peur. Cela signifie que vous devez toujours être aux aguets et alerte mentalement. Dès qu'une pensée de danger imminent ou d'inquiétude commence à se former, ne vous y complaisez pas, ne la laissez pas prendre de l'ampleur jusqu'à ce qu'elle devienne énorme et noire. Pensez plutôt aux actions affirmatives et positives que vous pouvez poser.

Si la peur peut vous débiliter, le geste de surmonter la peur peut, au contraire, vous inciter à réaliser de grandes choses. Prenons l'exemple de ce jeune étudiant en médecine qui devait participer à une épreuve de course à pied. Le jour de l'épreuve, il pleuvait et il ventait beaucoup, et la peur l'avait rendu livide. On dirait plus tard qu'il avait l'air d'un homme condamné à mort ou torturé. Assis en face de lui dans le train, son coach avait peur lui aussi en voyant le temps qu'il faisait, mais garda ses réflexions pour lui-même. Le coureur craignait que le vent, qui venait de se lever, ne le retarde d'une seconde, critique, à chacun des quatre tours du circuit. Le coach connaissait les dommages que ce genre de doute pouvait causer chez un athlète, alors il rassura le coureur en lui disant que bien sûr il avait les jambes qu'il fallait pour faire ce qu'il devait faire… à condition, évidemment, d'être suffisamment motivé, de savoir suffisamment pourquoi on veut le faire. Il dit à son coureur apeuré que son esprit pouvait surmonter n'importe quelle difficulté, et qu'il connaissait un grand athlète en Irlande qui avait remporté une course difficile sans s'entraîner ni adopter de régime approprié, ne comptant que sur sa volonté de courir. Et si, demanda le coach, cette course était ta seule chance ? Le coureur dirait plus tard qu'il avait eu besoin d'entendre le coach lui dire qu'il pouvait le faire. Il avait juste eu besoin d'entendre sa voix de stentor lui dire ce qui, espérait-il, était sa conviction intime, à savoir qu'il pouvait relever ce plus grand des défis malgré les conditions de la météo. Le coach, Fritz Stampfl, écrirait plus tard que le plus grand atout d'un coureur, hormis sa forme physique, était un cerveau froid et calculateur allié à la confiance et au courage. Il devait le savoir : il venait de donner à Roger Bannister le courage de battre le record de quatre minutes pour l'épreuve du *mile*.

Prenez le contrôle de votre esprit

Nous devons apprendre à contrôler nos pensées, nos sentiments et nos réactions. Nous ne devons pas laisser la peur prendre les décisions à notre place. Nous devons prendre le contrôle et dire à nos peurs : « C'est moi qui suis le maître, c'est moi qui décide de mes pensées, je n'ai pas peur de prendre cette décision. » Dites à votre esprit ce sur quoi porter votre attention, et vous serez comme un employeur qui ordonne à ses employés d'exécuter ses directives.

Vous devez prendre le contrôle de votre propre esprit ; ne pas autoriser les autres à le gouverner à votre place. Les credo, les dogmes, les traditions, la superstition et la peur sont ce qui gouverne l'esprit de la personne ordinaire. Le plus grand désert du monde n'est pas le Sahara, c'est l'esprit de la personne ordinaire. Trop de gens ne sont pas maîtres de leur propre esprit ; ils ne font aucun effort pour réfléchir par eux-mêmes. Chez eux, ils laissent leur esprit être dirigé par les têtes fortes de la famille, ou, au travail, par l'opinion du patron ou de collègues à la tête forte. Évitez que cela ne vous arrive. Faites en sorte que votre esprit subconscient puisse résister à la domination d'autrui et affirmez vos capacités à contrôler votre propre destinée.

Observez attentivement vos peurs

Le directeur des ventes d'une multinationale s'est confié un jour en disant qu'à l'époque où il avait commencé sa carrière de vendeur, il devait faire cinq ou six fois le tour du pâté avant d'avoir assez de courage pour rencontrer un client.

Sa superviseure, qui était à la fois chevronnée et perspicace, lui dit un jour ceci : « N'aie pas peur du monstre qui se cache derrière la porte. Il n'y a pas de monstre. Tu es la victime d'une fausse croyance. »

La superviseure poursuivit en disant qu'elle-même, dès qu'elle commençait à ressentir la peur, elle n'hésitait pas à l'affronter. Elle la regardait bien en face, droit dans les yeux. Et lorsqu'elle faisait cela, chaque fois elle voyait la peur reculer et s'évanouir complètement.

La patronne de Sarah M., Agnès, était tyrannique. Elle microgérait continuellement tous ses subalternes. La critique facile, elle ne les félicitait jamais pour leurs bons coups, ni même les reconnaissait. Sarah détestait aller au travail et se mettait littéralement à trembler lorsque Agnès s'approchait d'elle.

Elle remarqua que Rebecca, une collègue, ne semblait jamais impressionnée par les diatribes d'Agnès. Sarah lui demanda comment elle arrivait à demeurer si sereine dans de telles conditions. Rebecca dit : « Au début, quand je suis arrivée ici, j'étais terrifiée par Agnès et j'ai bien failli démissionner. Mais j'avais besoin de ce boulot. J'ai décidé que ni Agnès ni personne n'avait le pouvoir de ruiner ma vie, à moins que je les laisse faire. J'ai réalisé que la seule personne qui pouvait me faire sentir malheureuse, c'était moi. Si je laisse Agnès me faire sentir inférieure, je serai inférieure. Alors quand elle me fait des remontrances, ça me rentre par une oreille et ça me sort par l'autre. Je ne laisse pas son attitude négative avoir une influence sur moi, je me concentre sur les belles choses de ma vie. Je fais juste opiner du bonnet et dire « oui, madame », et je continue mon travail. Essaie-le. Ça ne se fera pas tout de suite, mais après un certain temps, les invectives d'Agnès te couleront dessus comme sur le dos d'un canard. »

Sarah suivit les conseils de Rebecca. Le milieu de travail ne changea pas, mais la manière dont elle le percevait et sa façon d'y réagir firent en sorte de rendre son boulot plus tolérable.

L'inspiration transforme la défaite en victoire

Peut-être le passé vous a-t-il amèrement déçu. Quand vous y pensez, vous avez peut-être l'impression d'avoir raté votre vie, ou, au mieux, de vous être débrouillé tant bien que mal dans une piètre existence. Peut-être n'avez-vous pas réussi là où vous l'aviez escompté ; vous avez peut-être essuyé des pertes financières alors que vous aviez prévu faire des profits. Ou bien vous avez perdu des amis et des membres de votre famille de qui vous étiez très proche. Peut-être avez-vous fait faillite, ou bien la banque a-t-elle repris votre maison parce que vous étiez incapable de payer l'hypothèque, ou parce que vous avez été malade et incapable de travailler. Un accident grave vous a peut-être donné l'impression de ne plus pouvoir être capable de rien faire. C'est peut-être avec un grand découragement que vous voyez la nouvelle année arriver. Et pourtant, en dépit de toutes ces infortunes, si vous refusez de vous laisser vaincre, la victoire vous attend plus loin sur votre route.

Il n'y a aucune raison de vous sentir inférieur si vous manquez de courage et que vous craignez d'affronter le monde simplement parce que vous vous êtes trompé ou que vous avez commis un impair, parce que votre entreprise a fait faillite, parce que vous avez perdu votre maison à cause d'un quelconque malheur, ou parce que vous avez connu un problème impossible à éviter.

Voici comment on mesure son courage : Quelles ressources aurez-vous gardées intérieurement une fois que tout ce qui est extérieur à vous-même aura disparu ? Si vous tombez à genoux, que vous baissez la tête en admettant votre défaite, vos ressources sont minimes. Mais si vous bombez le torse et que vous regardez devant vous, refusant de vous avouer vaincu ou de perdre foi en vous-même, si battre en retraite est pour vous une chose méprisable, vous montrerez que vous êtes plus grand que la perte que vous avez subie, plus grand que votre fardeau, plus grand que n'importe quelle défaite.

Peut-être direz-vous que vous avez échoué trop souvent, qu'il ne sert à rien d'essayer, qu'il est impossible que vous réussissiez, que vous êtes tombé trop souvent pour même tenter de vous relever encore une fois. Absurde ! L'échec n'existe pas pour une personne dont l'esprit reste invaincu. Peu importe si l'heure est tardive, peu importe que vous ayez échoué souvent, vous pouvez encore réussir. Tous les jours, dans les journaux, dans les biographies qui sont publiées, ou dans notre propre environnement, nous voyons des hommes et des femmes racheter leurs échecs passés, se réveiller de la stupeur engendrée par le découragement, et faire face à nouveau à la vie avec courage.

Si vous avez en vous cette capacité de gagner, si vous avez du cran et du nerf, vos infortunes, vos pertes et vos défaites vous stimuleront et vous rendront plus fort. « C'est la défaite, a dit le révérend Henry Ward Beecher, qui fait de la pierre un silex, et du cartilage, le muscle, et qui nous rend invincibles. »

Nous devons nous relever, encore et encore, et faire de toute défaite un triomphe. C'est là le secret du succès de tous ceux qui ont vécu avec courage et noblesse.

Combien de fois nous disons-nous, lorsque nous sommes en situation de crise, lorsque nous sommes confrontés à un obstacle que nous pensons être une terrible calamité, que cela, peut-être, va nous ruiner si nous ne pouvons l'éviter ? Nous avons peur de ne pouvoir réaliser nos ambitions comme nous le voudrions, ou que notre vie, peut-être, soit détruite. Nous redoutons avec horreur le choc qui, croyons-nous, va nous submerger, à mesure que la menace se rapproche sans que nous puissions y faire quoi que ce soit.

Pour certains, tout va pour le mieux dans leur vie, peut-être jusqu'à ce qu'ils atteignent l'âge mûr. Tout ce temps, ils accumulent des biens, ils se font des amis et ils se bâtissent une réputation, et il semble que leur caractère soit fort et leur vie, en équilibre. Puis, un problème surgit, la faillite de leur entreprise, une panique quelconque, ou une crise majeure qui leur fait perdre tout ce qu'ils possèdent. Et les voilà totalement dépassés par les événements. Ils se désespèrent, se découragent, perdent la foi et la capacité d'essayer à nouveau – ils perdent tout. La peur s'insinue profondément dans leur subconscient et domine leur personnalité.

Laissez tout tomber, s'il le faut, mais ne vous laissez pas aller. Ne succombez pas à la peur. Remplacez-la par l'espoir. Il faut vous y accrocher de toutes vos forces. Vous êtes tellement plus grand que toute espèce d'échec matériel qui pourrait survenir dans votre vie que cela ne prendrait que bien peu de place dans le grand livre de votre existence, un simple accroc dans votre carrière – ennuyeux, certes, mais sans grande importance.

Résumé

- La peur et l'inquiétude que nous ressentons attirent dans notre vie exactement ce que nous craignons. Lorsqu'elle devient une habitude, la peur nuit à notre santé, réduit notre espérance de vie et nous empêche d'être efficaces. Doute et peur signifient échec ; la foi est optimiste, la peur, pessimiste.
- La foi représente son antidote parfait, car là où la peur ne voit qu'obscurité et ombres, la foi voit le bon côté des choses, le soleil derrière les nuages. La peur méprise et s'attend au pire ; la foi élève et s'attend à ce qu'il y a de mieux. La peur est pessi-

miste ; la foi est optimiste. La peur prédit toujours l'échec ; la foi prédit le succès.

- Éliminez de votre pensée toutes les fausses croyances, les préjugés et les superstitions. Ordonnez à votre esprit et à vos pensées d'accepter sincèrement que ce que vous recherchez existe déjà dans l'Esprit infini, et tout ce que vous avez à faire est de le définir mentalement et émotionnellement et cela se concrétisera.
- Trop de gens ont peur d'utiliser leurs facultés mentales. Au travail, ils laissent leur esprit être dirigé par l'opinion du patron ou de collègues à la tête forte. Évitez que cela ne vous arrive. Faites en sorte que votre esprit subconscient puisse résister à la domination d'autrui et affirmez vos capacités à contrôler votre propre destinée.
- Vous êtes tellement plus grand que toute espèce d'échec matériel qui pourrait survenir dans votre vie. Peu importe les revers de fortune, les déceptions et les échecs que vous subissez, vous serez toujours plus grand que tout cela. Ne perdez jamais votre sérénité.

CHAPITRE 9

Développez votre puissance créatrice

L'imagination est votre plus puissante faculté mentale. Imaginez ce qui est beau et de rapport agréable. Vous êtes ce que vous imaginez être.

À l'origine de la créativité se trouve l'imagination. Nous parlons d'une imagination disciplinée, contrôlée et dirigée. Imaginer quelque chose consiste à concevoir cette chose, à l'imprimer dans votre esprit subconscient. Tout ce qui s'imprime dans le subconscient s'inscrit sur l'écran de l'espace comme une forme, une fonction, une expérience et un événement. Si vous souhaitez réussir, vous devez d'abord vous imaginer en train de réussir. Si vous souhaitez devenir riche, vous devez d'abord vous imaginer être riche.

Quand le monde autour de vous affirmera que « cela est impossible, cela ne peut se faire », la personne imaginative dira : « Cela est fait ». L'imagination est capable de pénétrer les profondeurs de la réalité et de révéler les secrets de la nature.

Faites confiance à votre imagination

Un grand industriel raconta un jour comment il avait commencé dans une toute petite boutique. « J'avais pris l'habitude, dit-il, de rêver d'une grande compagnie possédant des succursales à la grandeur du pays. » Régulièrement et en suivant un ordre bien précis, ajoute-t-il, il se représentait dans son esprit les bâtiments immenses, les bureaux, les usines et les boutiques, sachant que par l'alchimie de l'esprit, il pouvait se construire tout l'univers dont ses rêves étaient faits. Il prospéra et se mit à attirer à lui, grâce à la loi universelle de l'attraction, les idées, le personnel, les amis, l'argent et tout ce dont il avait besoin pour développer son idéal.

Alors, cet homme mit véritablement son imagination au travail, il vécut en pensant ainsi jusqu'à ce que son imagination fabrique une réalité à partir de ses idées. « Il est tout aussi facile, dit-il pour conclure, de s'imaginer réussir que de s'imaginer échouer, et c'est bien plus intéressant. »

Qu'importe ce que vous concevez, vous pouvez en faire une réalité. Vous imprégnez votre subconscient de l'image de cette idée, de cet idéal. L'âme, disaient les anciens, peut voir ce qui est invisible dans votre esprit. Où se trouve l'invention ? Où se trouve la nouvelle pièce de théâtre ? Où se trouve votre invention secrète en ce moment ? Cela se trouve dans votre esprit. Cela existe réellement. Cela a une forme, un contour, une substance dans une autre dimension de l'esprit. Croyez que cela est vôtre dès maintenant, et vous le recevrez.

L'imagination : le germe de l'action

Voici un bel exemple de la façon dont l'imagination d'un homme fut à l'origine d'une des compagnies les plus prospères qui soient, celui d'Howard Schultz, l'homme derrière Starbucks. Il faut un visionnaire, un homme d'une trempe solide et d'une confiance inébranlable pour faire d'un nouveau concept un succès commercial.

Schultz fut embauché comme directeur des ventes au détail et du marketing chez Starbucks, alors une petite entreprise de distribution de café qui exploitait quelques points de vente à Seattle. Il avait vingt-neuf ans et venait de se marier. Sa femme et lui avaient quitté New York quand il avait accepté le poste.

Environ une année plus tard, Schultz se rendit en Italie faire des achats pour le compte de la compagnie. Comme il se promenait dans Milan, il remarqua à quel point le café occupait une place importante dans la culture italienne. Une journée de travail type commence invariablement par une riche tasse de café que l'on savoure accoudé au comptoir d'un bar-café. Après le travail, amis et collègues se rencontrent de nouveau autour d'un café pour se détendre avant de rentrer à la maison. La vie sociale des Italiens tournait autour du café. Schultz imagina des endroits semblables en Amérique. Il n'existait rien de tel à cette époque. Mais il avait le sentiment que ce genre d'endroits aurait du succès, étant donné la qualité supérieure du café Starbucks.

Schultz visualisa des centaines de cafés Starbucks dans toutes les villes américaines. Des lieux où les gens d'affaires s'arrêteraient en route pour le travail, et où ils iraient après le boulot pour se détendre. Où les clients des magasins pourraient s'arrêter entre deux courses. Où les jeunes gens viendraient se rencontrer en amoureux, au lieu d'aller prendre un verre. Où l'on se rendrait en famille pour prendre des rafraîchissements avant ou après une sortie au cinéma.

Schultz en fit une obsession. Il était déterminé à bâtir une chaîne nationale de cafés inspirés des bars-cafés italiens, mais les propriétaires de Starbucks hésitaient. Leur domaine était la vente en gros de café en grains ; les restaurants qu'ils possédaient ne représentaient qu'une petite partie de leurs opérations.

Voulant mettre son objectif en marche, Schultz quitta Starbucks et créa une nouvelle compagnie. En 1986, il ouvrit son premier café, à Seattle, qui connut un succès immédiat. Schultz en ouvrit bientôt un deuxième à Seattle, et un troisième à Vancouver. L'année suivante, il acheta le distributeur Starbucks, tout en adoptant le même nom pour son entreprise. Au tournant du siècle, Starbucks était devenue l'un des piliers de la société américaine, et s'était étendue à des dizaines de pays dans le monde.

Richard D., un homme d'affaires de Los Angeles, avait subi d'importantes pertes financières. Il pria en espérant être guidé vers les étapes à suivre pour aller de l'avant dans sa vie. Il eut le sentiment très fort qu'il devait se rendre dans le désert. Une fois là-bas, pendant qu'il réfléchissait, une idée lui vint à l'esprit. Il parla de cette idée avec une vieille connaissance qui dirigeait un cabinet de courtage immobilier prospère à Los Angeles. Il lui parla de l'immense potentiel que représentait à ses yeux cet endroit désert. Il voyait les gens quitter Los Angeles pour aller vivre plus à l'est dans ce qui n'était alors qu'un désert. Dans son imagination, il les vit construire des maisons, des hôpitaux et des écoles dans cet endroit. Son ami l'embaucha comme représentant – dans le but de promouvoir le développement de ce territoire désertique. Le succès suivant, il fut invité à devenir partenaire du cabinet, et aujourd'hui cet homme est devenu multimillionnaire dans le domaine de l'immobilier.

Croyez et vous recevrez

Votre esprit subconscient est doué d'une intelligence et d'une sagesse qui ne manquent jamais de venir à votre secours en cas d'urgence ; il suffit de lui en faire la demande directement. Il existe de très nombreux témoignages de scientifiques qui, par exemple, ont vu leurs prières exaucées alors qu'aucun autre moyen ne leur aurait permis d'obtenir une réponse.

Nikola Tesla, un brillant scientifique spécialiste de l'électricité et qui a conçu des innovations spectaculaires, raconte que lorsqu'une idée lui venait pour une nouvelle invention, il la développait dans son imagination en sachant que son esprit subconscient la reconstruirait et lui révélerait sous une forme consciente tous les éléments nécessaires à sa fabrication concrète. Examinant en silence toutes les améliorations possibles, il s'occupait rapidement de corriger les défauts et il était capable de remettre au technicien le produit exactement tel qu'il l'avait imaginé. « Invariablement, dit-il, l'invention fonctionnait comme je l'avais imaginé. En vingt ans, il n'y a jamais eu une seule exception. » Son esprit subconscient lui donnait la réponse pour chacune de ses inventions.

Platon enseignait que toute chose existe sous la forme d'une idée ou d'une image mentale avant qu'elle puisse se concrétiser. Il existe de fausses idées, et des idées vraies, une bonne et une mauvaise manière de penser. Une idée fausse ou fallacieuse peut se manifester physiquement sous la forme d'une maladie. L'idée de Robert Fulton se manifesta sous la forme d'un bateau à vapeur, et celle de Samuel Morse, sous la forme du télégraphe. Une usine ou un grand magasin représente la pensée d'un entrepreneur condensée en une manifestation objective.

C'est du royaume de l'imagination qu'est née la télévision, la radio, le radar, les jets supersoniques, et autres inventions du monde moderne. Votre imagination est le coffre aux trésors de l'infini, qui livre par le truchement de votre esprit subconscient tous les précieux joyaux de la musique, de l'art, de la poésie et de l'invention. Il vous est possible d'observer des ruines anciennes, par exemple, un ancien temple, ou une pyramide, et de reconstruire les annales du passé depuis longtemps révolu. Dans l'enceinte d'une vieille église en ruines, vous pouvez aussi apercevoir une ville plus contemporaine, ressuscitée dans toute sa beauté et sa gloire d'antan.

Prenez un moment pour penser à quelque éminent architecte de talent. Imaginez-le construire dans sa tête une cité moderne et magnifique destinée aux personnes âgées, dans laquelle on retrouve plusieurs piscines, un aquarium, des centres récréatifs, des parcs, etc. Il lui est possible de construire en pensée le palais le plus extraordinaire jamais conçu. Il peut visualiser les immeubles entièrement terminés et érigés avant *même* d'avoir livré ses plans aux ingénieurs. La richesse de son imagination crée une richesse extérieure, pour lui-même et pour la multitude.

Vous êtes l'architecte de votre avenir. Observez, si vous le voulez, un gland, et avec votre œil intérieur, faites naître une forêt magnifique où coulent des ruisseaux et des rivières. Donnez-lui des habitants de toutes les espèces; mettez vos arcs dans la nue[4]. Vous pourriez observer un désert et le voir se réjouir et s'épanouir comme une rose. Les gens doués d'intuition et d'imagination trouvent de l'eau dans le désert, et ils créent des villes là où d'autres avant eux ne voyaient que du sable et des régions sauvages.

Ce que vous imaginez comme étant vrai existe dans votre esprit, et si vous restez fidèle à votre idéal, un jour cette chose se concrétisera. Le Maître architecte en vous projettera sur l'écran des choses visibles, ce que vous pouvez imprimer dans votre esprit.

Imaginer pour stimuler la créativité

Mario A., un jeune chimiste, travaillait pour le compte d'une entreprise qui depuis un certain temps essayait de fabriquer une certaine teinture, sans toutefois y parvenir. Dès qu'il fut embauché, on lui confia la tâche de la concevoir à son tour. Sans tenir compte des échecs répétés entourant la conception de cette teinture, il synthétisa le composé sans difficulté.

Stupéfiés, ses supérieurs voulurent connaître son secret. Sa réponse fut qu'il s'était imaginé avoir trouvé la solution. Il dit ensuite – ses supérieurs voulant en savoir davantage – qu'il avait vu clairement dans son esprit le mot « A-N-S-W-E-R » (réponse) écrit en lettres rouges étincelantes; puis, il avait créé un espace vide sous les lettres, sachant que pendant qu'il imaginait la formule chimique sous les lettres, son esprit subconscient s'occuperait de le remplir. La troisième nuit, il fit un rêve dans lequel la formule complète,

4. NDT: L'auteur fait allusion à un passage de l'Ancien Testament (« J'ai mis mon arc dans la nue ») (Gen 9,13), dans lequel Dieu rétablit son alliance avec les hommes après le Déluge.

ainsi que la technique pour fabriquer le composé, lui apparut clairement. C'est ainsi que ce jeune chimiste obtint une merveilleuse promotion à un poste de direction dans l'entreprise.

Ayez foi jusqu'au bout, que votre foi soit totale à chacune des étapes du parcours, sans relâche jusqu'à la fin, en sachant dans votre cœur que vous obtiendrez le résultat que vous voulez, parce que vous l'avez vu. Ayant vu et perçu le résultat, vous aurez fait en sorte qu'il se concrétise.

Développez la puissance de votre imagination

La créativité n'est pas l'apanage des artistes, des inventeurs ou des entrepreneurs. Nous possédons tous ce pouvoir à l'intérieur de nous. Il faut tout simplement le développer et le ramener à la surface. Voici quelques suggestions qui vous aideront à y parvenir:

1. Imaginez-vous en train de faire ce que vous aimez et prenez note de ce que vous ressentez en le faisant; des merveilles se produiront au travail et dans votre carrière.
2. Ayez l'image mentale de vous-même comme d'un être complet et parfait, avec une belle carrière, habitant une belle maison avec votre famille heureuse et joyeuse. Continuez sans relâche à entretenir cette image mentale et voyez les miracles en résulter.
3. Imaginez que vos apports en vue de la réalisation des objectifs de l'entreprise ou du service où vous travaillez, sont reconnus par la direction, et imaginez que l'on vous félicite de votre réussite.
4. Si vous concentrez votre esprit sur certaines situations vécues au travail alors même que vous êtes temporairement absent de votre poste, il arrivera souvent que des solutions se présentent, complètes et prêtes à être appliquées, sans que vous n'ayez eu à fournir le moindre effort pour les trouver.

5. Visualisez mentalement les étapes que vous devez franchir pour gravir les échelons de votre carrière, ou développer l'entreprise que vous souhaitez créer. Que votre vision soit claire, réelle, naturelle, spectaculaire et passionnante. Votre esprit subconscient acceptera ce que vous imaginez et ressentez, et fera en sorte de le concrétiser.

Edward Harriman a imaginé un chemin de fer traversant l'Amérique. Avec une plume et du papier, il en a tracé le parcours imaginaire d'un bout à l'autre du continent. L'image qu'il avait en tête, il l'a soutenue de sa foi et de sa confiance. Elle a révolutionné l'industrie et le commerce et donné du travail à des millions de personnes, en plus d'être à l'origine de bien des fortunes incommensurables, dont la sienne.

Imaginez la réalité de votre désir dès maintenant, et soyez-en le protagoniste dans votre imagination. Votre action intérieure doit correspondre à votre action telle qu'elle serait concrètement une fois votre rêve réalisé.

Ne cessez jamais d'exercer votre créativité

Ne laissez pas la peur du rejet vous empêcher de proposer des solutions imaginatives. Gary F. réfléchissait à une idée qui lui était venue pour accroître la productivité grâce à un simple changement dans la méthodologie employée. Devrait-il en parler à son patron ? La dernière fois qu'il avait fait une suggestion, son superviseur avait rejeté l'idée en disant que ça ne fonctionnerait jamais. Comme ça, sans lui donner l'occasion d'expliquer de quoi il s'agissait. Alors à quoi bon cette fois-ci ?

Il est facile de céder au découragement, mais si vous ne laissez pas continuellement les idées surgir en vous, ce sont vos propres capacités créatrices que vous allez réfréner. La capacité d'innover s'affine par une utilisation continue de ses dons créateurs. Les gens ont tendance à se censurer eux-mêmes en s'inquiétant de ce que les autres vont penser de leurs idées. L'autocensure est bien plus grave que la critique des autres, car elle s'infiltre dans votre subconscient et vous fait vous sentir inadéquat. Bien sûr que vous allez vous tromper; que vous allez faire des suggestions qui ne donneront rien; que votre patron et même vos collègues vous tourneront en ridicule. Ne laissez rien de tout cela vous freiner dans vos élans. Einstein, Edison, Whitney et Watt se sont tous fait moquer d'eux, et souvent. Laissez surgir ces idées créatrices.

Aiguisez votre créativité

Il y a bien des manières de développer sa créativité. Commencez par étudier les différentes méthodes qui existent, puis posez-vous la question à savoir comment vous pourriez faire une meilleure utilisation de votre imagination pour parfaire ces méthodes. Voici certaines approches qui vous permettront d'aiguiser votre puissance créatrice.

1. *L'observation.* On n'a pas besoin d'avoir des idées complètement nouvelles pour être créateur. L'observation de ce qui se trouve autour de vous et l'application, dans un contexte différent, de ce que vous savez déjà est tout aussi créatrice qu'une innovation totale.

   Stan L., un gestionnaire chez Hooper Steel à Las Vegas, remarqua un jour qu'à mesure que les stations d'essence devenaient des « libres-services », et donc n'offraient plus le service de vidange d'huile ou de lubrification, les centres de lubrification rapide se sont mis à pousser comme des champignons pour compenser la perte. Stan y allait d'ailleurs pour sa voiture, très satisfait de la qualité et de la rapidité du service qu'il y recevait.

Pendant des années, Hooper Steel avait envoyé ses camions au département de service du concessionnaire quand venait le temps de procéder à la lubrification des véhicules. Il fallait pour cela envoyer deux personnes chez le concessionnaire (une qui conduisait le camion et une autre avec sa voiture pour les ramener à l'atelier), laisser le camion chez le concessionnaire toute la journée, puis retourner chercher le camion, là encore en monopolisant le temps de deux personnes.

« Pourquoi ne pas faire appel à un centre de lubrification rapide pour les camions ? » se dit Stan. Résultat : en envoyant un seul chauffeur au centre de lubrification rapide, et en lui demandant d'attendre sur place une vingtaine de minutes, le temps que le camion soit traité, Stan fit économiser à son entreprise la somme d'environ 1600 $ par mois en frais remboursables et en temps perdu. En plus, le camion pouvait être utilisé une bonne partie de la journée.

2. *La modification.* Pouvez-vous modifier un produit ou un concept pour en faire quelque chose de différent ? Les fondateurs de « Think Big » modifièrent certains produits standards pour en faire des versions plus grandes. Leurs produits géants les plus populaires, du crayon aux blocs de messages téléphoniques, en passant par les animaux et le mobilier, ont créé de tout nouveaux marchés dans les domaines de la publicité, de la décoration et des objets de nouvelle génération.
3. *La substitution.* Il arrive souvent que l'on puisse remédier à des problèmes d'efficacité ou autres en mettant une technologie à jour. Mais dans bien des cas, il arrive qu'on résolve plus facilement et plus efficacement les problèmes grâce à l'imagination. Marlène A., responsable des services administratifs chez Mass. Mailers, avait de la difficulté à conserver son personnel, vu la nature extrêmement ennuyeuse et routinière du travail, qui consistait à insérer des brochures et des échantillons dans des enveloppes. Par ailleurs, ce n'était pas une tâche que l'on pouvait

confier à des machines. Non seulement le taux de roulement entraînait de grandes dépenses, mais Marlène n'était jamais certaine d'avoir assez d'employés pour répondre aux besoins. Elle se dit un jour que si un employé ordinaire pouvait trouver ce travail monotone, peut-être ce travail conviendrait-il à une personne intellectuellement déficiente intéressée à assumer de nouvelles responsabilités. Elle contacta un établissement local œuvrant auprès de personnes handicapées intellectuellement, entreprit des discussions avec les travailleurs sociaux de l'endroit, et prit des dispositions pour accueillir au travail un petit groupe d'hommes et de femmes. Cette nouvelle approche lui permit d'embaucher des ouvriers qui aimaient leur travail et qui devinrent des employés précieux et fiables.

4. *L'élimination.* Les conséquences entraînées par la paperasserie sont l'une des plus grandes sources de gaspillage et d'augmentation des coûts. Lorsqu'une entreprise grandit, la tendance à bureaucratiser le travail, avec la prolifération de formulaires et de rapports qu'elle suscite, peut parfois entraver la productivité. Ces formulaires sont-ils tous vraiment nécessaires ?

   Gil W. bouillait. Voilà qu'il devait remplir un autre de ces formulaires destinés aux représentants. Comment pouvait-il être sur le terrain à vendre des produits avec autant de paperasse à remplir ? Lorsqu'il s'en plaignit à sa directrice des ventes, celle-ci haussa les épaules en lui disant qu'on avait besoin de ces renseignements « là-haut ». Gil recueillit tous les formulaires à remplir, les plaça côte à côte et entreprit d'analyser l'information qui y était requise. Il devint évident qu'une bonne partie des renseignements se répétait d'un formulaire à l'autre. Au lieu de rouspéter, Gil conçut un nouveau formulaire facile à remplir et permettant d'obtenir toute l'information nécessaire à l'équipe de gestion. Non seulement la tâche du représentant fut rendue ainsi beaucoup plus aisée, mais cela permit à l'entreprise d'épargner beaucoup de temps et d'argent. Autre avantage : la compagnie entreprit de revoir l'ensemble de ses formulaires, ce qui entraîna l'élimination de nombreux autres rapports désuets et inutiles.

5. *L'adaptation*. Exercer sa créativité, ce n'est pas seulement avoir des idées totalement originales. Souvent, les gens créateurs adaptent des solutions qui ont fonctionné pour d'autres – dans des contextes pas forcément identiques – pour régler un problème donné.

   Le service de limousine North Jersey offre un service de transport entre diverses villes du New Jersey et les principaux aéroports de la région de New York. Or, il arrivait souvent que leur clientèle régulière se plaigne du temps nécessaire pour effectuer une réservation. Chaque fois, il fallait décliner nom, adresse, numéro de téléphone, numéro de carte de crédit, et autres renseignements. L'un des dirigeants de la compagnie comptait parmi les clients d'une grande maison de commandes postales. Il remarqua qu'une fois sa première commande entrée, on ne lui avait plus jamais demandé autre chose que ce qu'il désirait commander. Il apprit que cette maison avait établi une base de données dans laquelle tous les renseignements concernant un client donné avaient été consignés, et que dès qu'un consommateur téléphonait, immédiatement son nom s'affichait sur l'écran d'un terminal, en même temps que son dossier. North Jersey appliqua ce système, faisant ainsi passer de trois minutes à vingt-cinq secondes le temps nécessaire pour effectuer une réservation.

Ce ne sont là que quelques exemples de la manière dont on peut stimuler sa créativité. En poussant plus loin votre imagination, en élargissant vos horizons, en divergeant des approches conventionnelles, vous pouvez faire preuve de plus d'inventivité, résoudre des problèmes difficiles, et initier et mettre en œuvre de tout nouveaux concepts passionnants. Non seulement votre entreprise y trouvera son compte, mais vous aurez vous-même la grande satisfaction d'avoir réalisé quelque chose en voyant vos idées se concrétiser avec succès.

Malheureusement, cette créativité, dont l'exercice est si aisé lorsqu'elle est nourrie, a été bloquée chez bien des gens, et cela dès l'enfance. Professeurs, parents et même les patrons par la suite, auront adopté une attitude exagérément analytique et conformiste qui, trop souvent, a empêché l'expression du flot créateur, comme un feu rouge sur la voie routière. « Ne fais pas ça », « C'est contre la politique de la compagnie », « Nous n'avons jamais fait les choses comme ça ». Au lieu de chercher des raisons pour ne pas tenter d'appliquer de nouvelles idées, faites preuve d'ouverture d'esprit. Passez au vert. Explorez ces idées davantage. Pensez plus loin que ce qui est évident.

Toutes les idées ne donneront pas forcément des résultats, et certaines même ne vaudront pas la peine d'être explorées davantage. Cependant, si au moins vous leur donnez de l'espace, et que vous en parlez à d'autres, vous aurez ainsi l'occasion de voir si elles sont viables. Si votre idée devait ne pas être retenue, tâchez de savoir pourquoi. Ne vous découragez pas. Souvent, l'idée, aussi bonne soit-elle en apparence, ne peut être appliquée dans le contexte précis, ou bien n'arrive pas à un moment opportun. Cela ne veut pas dire qu'elle n'est pas bonne. Ne voyez pas cela non plus comme un affront personnel. C'est l'idée qui est rejetée, pas vous.

La créativité peut raviver une entreprise moribonde

Il existe de multiples exemples de sociétés qui étaient sur le point de faire faillite et qui ont été non seulement sauvées, mais qui ont trouvé un nouvel essor grâce à la créativité de leurs dirigeants.

Pendant plus de quarante ans, la société Pitney Bowes (PB) a contrôlé la totalité du marché du courrier affranchi à la machine. Près de la moitié du courrier postal américain était traitée par les machines de la compagnie. Mais le service postal du pays mit fin à ce monopole. Des compétiteurs aux idées innovatrices prirent le dessus et décimèrent la part de marché de Pitney Bowes.

Heureusement, l'un des dirigeants, Fred Allen, fut promu au poste de chef de la direction et entreprit de revoir Pitney Bowes sous un angle plus global. Il avança que PB devait se considérer non seulement comme une société vendant des machines à affranchir, mais aussi comme une entreprise de technologie et de services de messagerie en général. Allen voyait que l'époque était maintenant aux télécopieurs et aux photocopieurs, des produits susceptibles de bénéficier de l'expertise de la société, de même que de sa réputation dans le domaine des ventes et du service. La nouvelle vision donna des résultats, et à la fin des années 1980, la moitié ferme des revenus de PB dérivait de produits qui n'avaient été introduits que trois années ou moins auparavant. La mise en œuvre de cette vision créatrice qu'avait eue Fred Allen permit à la société d'établir une nouvelle stratégie de marketing, et de concevoir des produits de bureau calculant le temps à la minute près, ce dont la nouvelle vague d'entreprises avait besoin.

D'autres grandes sociétés sont demeurées des chefs de file parce qu'elles ont eu le courage de réévaluer, de revoir, de redéfinir et de rediriger leurs stratégies de mise en marché. La chaîne d'épicerie Kroger, par exemple, a revu et amélioré tout son système pour pouvoir mettre sur pied des supermarchés, ce qui a permis à la chaîne de devancer ses principaux concurrents. Abbott, le grand fabricant de médicaments, a damé le pion à la concurrence de l'industrie pharmaceutique en concentrant ses activités sur l'aspect diagnostique et les produits nutritionnels utilisés en milieu hospitalier.

Avant de réussir, ces entreprises se sont souvent heurtées à la résistance de certains directeurs ou autres dirigeants. Fred Allen ne perdit jamais espoir. Il avait foi que son imagination, sa créativité et l'audace dont il faisait preuve en mettant ses concepts en pratique donneraient les résultats miraculeux qu'il avait escomptés.

Quand vous êtes dans le doute, pensez aux réalisations de leaders comme Fred Allen. Enchâssez dès maintenant dans votre esprit les images mentales, les idées et les pensées qui vous rendent plus fort, qui vous mettent en paix avec vous-même, qui vous inspirent, qui vous font prospérer et vous procurent des bienfaits. Il est vrai que vous devenez ce que vous imaginez être. Pour refaire votre monde, il suffit de laisser aller votre imagination. Faites confiance aux lois qui régissent votre esprit pour concrétiser ce qui est bon pour vous, et vous vivrez dans l'abondance de tout ce que la vie peut offrir.

Résumé

- Tout le monde peut exercer sa créativité. Il n'est pas nécessaire d'être Edison ou Bill Gates pour innover. Vous avez en vous la capacité d'aller plus loin dans votre imagination. Il n'en tient qu'à vous de la développer.
- Vous avez la faculté d'imaginer le résultat final, et par cela vous pouvez contrôler n'importe quelle circonstance ou condition. Si vous souhaitez concrétiser un rêve, un désir, une idée ou un projet, formez dans votre esprit l'image mentale de sa réalisation. Ayez continuellement à l'esprit l'image de ce désir déjà réalisé. Elle s'infiltrera ainsi dans votre esprit subconscient et elle ne pourra pas faire autrement que de se manifester.
- Votre imagination peut donner forme à n'importe quelle idée ou à n'importe quel désir. Vous pouvez imaginer l'abondance là où il y a un manque, l'efficacité là où l'inefficacité existe, et la croissance là où la stagnation règne à sa place.
- Observez ce que d'autres sociétés ont fait dans une situation semblable. Adapter des approches qui ont donné des résultats ailleurs vous permettra peut-être de régler votre problème.
- Servez-vous de votre imagination. Recherchez, dans les aspects de votre travail ou de votre entreprise, les éléments susceptibles d'être améliorés. Ne craignez pas d'essayer de nouvelles approches. Vous connaîtrez peut-être quelques revers, mais si vous aiguisez votre puissance créatrice, vous pouvez réussir tout ce que vous entreprenez.

CHAPITRE 10

Brisez vos mauvaises habitudes

Peu importe les mauvaises habitudes que vous ayez acquises ou les faiblesses que vous désiriez éliminer, vous trouverez en vous-même le moyen d'y remédier. Qu'il s'agisse d'une habitude dommageable ou d'une de ces petites choses nuisibles d'une quelconque façon, vous pouvez vous en débarrasser. Vous pouvez transformer vos faiblesses en forces, vous pouvez vaincre tous les ennemis de votre succès et de votre bonheur en appelant à votre secours votre divinité, cette puissance sublime qui habite de manière latente au cœur de votre être.

Nous avons tous nos petites habitudes. Nous avons tendance à toujours faire les choses d'une certaine manière chaque fois que l'occasion se présente. Une « habitude » peut se définir comme une « accoutumance », une « coutume », une « manière habituelle » ou une « façon naturelle ». Certaines habitudes ou certains rituels sont d'une grande utilité. Ils établissent une tradition ou une routine, permettant ainsi de favoriser l'efficacité et d'assurer un certain ordre dans la vie, de lui donner un sens. Hélas ! certaines habitudes peuvent aussi nous enfermer dans des carcans et nuire à notre ouverture d'esprit. Les habitudes sont une manière de vivre – des schémas que nous suivons parce que nous sommes habitués de les suivre. Certaines sont bonnes, d'autres, mauvaises. Les habitudes que nous formons dans le cadre de notre travail sont souvent ce qui fait la différence entre un résultat médiocre et un excellent rendement. Dans ce chapitre, nous allons examiner comment les habitudes se forment et comment nous pouvons éliminer les mauvaises habitudes, les remplacer par des bonnes, et de manière générale, comment faire pour acquérir des schémas de comportement qui nous mènent au succès.

Former de bonnes habitudes

Pour construire un caractère dominant, créateur et positif, il faut la répétition assidue de gestes positifs et de pensées créatrices, jusqu'à ce que ces processus mentaux soient devenus des habitudes. Nous nous construisons un caractère ou bien fort, ou bien faible, en fonction de nos habitudes de pensée. Si notre attitude mentale est celle de la confiance en soi, de l'assurance, et de l'esprit de décision, nous allons devenir forts et créateurs; si nos pensées se tournent vers le doute, l'hésitation, l'incertitude, la méfiance, l'effacement de soi, le dénigrement et l'autoaccusation, nous allons devenir négatifs et inefficaces. Il suffit simplement de savoir de quel côté nos pensées se dirigent de manière habituelle.

Nous entendons souvent dire que le succès ou l'absence de succès est une question de chance et de circonstances. C'est vrai, il arrive que cela y soit pour quelque chose, mais la plupart du temps, ce sont les habitudes que nous formons et que nous nous appliquons à conserver qui déterminent l'orientation que nous allons prendre. Rien ne nous oblige à choisir la mauvaise direction. Tout ce que nous avons à faire, c'est de suivre nos affinités, notre passion, nos appétits normaux, notre inertie mentale, et l'habitude fera le reste. Une habitude ne prend jamais de repos, que nous soyons éveillés ou endormis; elle reste continuellement attachée, comme par des fils invisibles, à nos pensées, à notre caractère. Pour le meilleur et pour le pire, l'habitude est en train peu à peu de prendre le contrôle de ce que nous sommes. Ce que nous faisons aujourd'hui par un effort de volonté, nous le ferons plus facilement demain, et encore plus facilement après-demain.

Le meilleur moyen de développer de bonnes habitudes consiste à cultiver la qualité opposée du défaut ou de l'imperfection quelconque que nous serions tentés de vouloir éliminer directement. Persévérez dans ce sens, et ce que vous souhaitez voir disparaître disparaîtra graduellement. Tuez le négatif en cultivant le positif.

Vouloir passionnément quelque chose de plus haut et de meilleur est l'antidote le plus efficace que l'on puisse trouver pour contrer les penchants moins enviables dont on souhaite se débarrasser. Quand on acquiert l'habitude générale de toujours aspirer à quelque chose de plus haut et de meilleur, les qualités et les habitudes indésirables s'effacent peu à peu ; elles meurent faute d'avoir été nourries.

Briser les mauvaises habitudes

Éliminer une habitude prise de longue date n'est pas chose facile. Mais cela – et quel que soit l'âge de la personne – peut se faire, comme en témoignent des milliers d'hommes et de femmes qui ont réussi à vaincre des habitudes qui avaient presque détruit leur carrière et peut-être même ruiné leur vie.

Le problème, chez la plupart des gens qui souhaitent se débarrasser d'une habitude néfaste ou en créer une qui soit favorable, c'est qu'ils n'ont pas conscience de la force latente qui les habite et qu'ils n'invoquent pas de manière assez prononcée leur être plus élevé et plus puissant. Ils ne déploient pas à moitié la puissance de leur esprit subconscient, ce grand levier que Dieu nous a donné pour que nous puissions nous élever à son image. Leurs résolutions sont faibles et fragiles. Ils n'y mettent pas assez de vigueur et de cran.

Une excellente façon de faire disparaître une mauvaise habitude consiste à ne lui donner aucune nourriture. Ne soyez pas tendre avec une mauvaise habitude, ne tentez pas non plus de la briser petit à petit. Attaquez l'ennemi de front et avec confiance. Suivez la méthode suggérée par le professeur William James pour vous délivrer du pouvoir d'une vieille habitude et en former une nouvelle.

« Nous devons prendre soin, dit-il, de nous arracher à notre vieille habitude en y allant d'une initiative aussi déterminée et franche que possible. Nous devons provoquer toutes les circonstances possibles qui raffermiront notre motivation juste. Nous devons assidûment faire en sorte d'encourager, par ce que nous décidons de faire, la nouvelle orientation. Nos engagements doivent rendre l'ancienne incompatible. Nous devons développer notre résolution en faisant appel à tout ce qui peut nous aider. »

La seule manière d'arrêter est d'arrêter et de prendre fermement la résolution de vous distancer pour de bon de la chose qui vous fait du mal. Si vous vous engagez sérieusement envers votre résolution, en brûlant tous les ponts derrière vous, cet engagement même fera émerger en vous de puissantes ressources cachées dont vous ne soupçonniez peut-être même pas l'existence. Mais si vous laissez la porte ouverte à la moindre possibilité de retraite, que vous croyez que, peut-être, lorsque la tentation de reprendre la mauvaise habitude devient trop forte, vous allez y revenir ne serait-ce qu'un tout petit peu, alors vos chances de maîtrise sont réduites.

Ce n'est pas une chose facile à faire dans le contexte du travail, où bon nombre des « mauvaises habitudes » font partie intégrante de la manière dont vous traitez les problèmes. Souvent, certaines méthodes que vous avez employées ont réussi tant et si bien que vous croyez qu'elles réussiront chaque fois. Elles deviennent votre manière « habituelle » de faire les choses. Mais les circonstances changent et ce qui fonctionnait dans le passé peut ne plus être aussi efficace. Bien des gens s'entêtent à faire les choses selon leurs habitudes. « Ça fonctionnera ainsi parce que cela a toujours fonctionné ainsi. » Les gens intelligents reconnaissent qu'une approche habituelle n'est pas toujours le meilleur moyen de traiter un problème ; ils s'en éloignent et cherchent de nouvelles approches.

Prenons l'exemple de ce professeur de MBA dont une chaîne nationale de détaillants avait retenu les services pour mettre sur pied et administrer un programme de formation à l'intention des gérants. Ses séances de formation avaient été élaborées selon les techniques qu'il avait employées avec succès à l'université. Il ne mit pas longtemps à se rendre compte qu'il faisait fausse route avec ses nouveaux élèves.

Au bout de quelques séances, le professeur et le directeur chargé de la formation dans l'entreprise se rencontrèrent pour discuter du peu de progrès réalisé. « Ces hommes et ces femmes, dit le directeur, sont des gens actifs et s'ennuient vite quand on leur donne des cours magistraux. »

« Mais, répondit le professeur, c'est là ma façon d'enseigner. Un cours magistral est d'ailleurs la seule manière de couvrir toute la matière dans le temps imparti. C'est une méthode qui a toujours donné de bons résultats. Ils vont s'y habituer. »

Le directeur n'était pas d'accord. « Vous devez les faire participer davantage. Le style d'enseignement universitaire ne fonctionnera pas dans ce cas-ci. »

Le professeur réfléchit longuement à la question. Il avait développé ce qui, à son avis, était un style d'enseignement intéressant, parfois même enlevant, qui lui avait valu maintes fois des éloges. Changer son style, c'était sortir de ses habitudes confortables. Il résolut tout de même de tenter une autre approche. Il se retiendrait, même s'il savait qu'il serait difficile de résister à la tentation de faire un cours magistral, et ferait participer la classe davantage.

La matière de la séance suivante fut le processus d'embauche. Au lieu d'entreprendre le cours qu'il avait préparé, il commença par demander aux gérants quels étaient leurs problèmes au moment de recruter et de sélectionner de nouveaux employés. L'un après l'autre, les élèves lui parlèrent de leurs méthodes, de ce qui avait fonctionné et échoué, et de ce qui les préoccupait à ce chapitre. Le professeur fut tenté de répondre par un long discours académique, mais se rappela sa résolution de laisser les élèves participer. À sa grande joie, l'un après l'autre, les gérants parlèrent de leur expérience, souvent en apportant leur aide aux autres participants tandis qu'ils parlaient de leurs succès et qu'ils se mettaient mutuellement en garde contre certains problèmes qui s'étaient présentés. Le professeur ponctua leurs témoignages de brèves remarques, récapitulant ce qui avait été dit. À la fin de la séance, pratiquement tout ce qui avait été prévu au programme du cours magistral avait été vu, et la classe était partie impatiente de revenir à la séance suivante.

Le professeur dit ensuite au directeur de la formation que cet exercice avait été le plus difficile de toute sa carrière, à savoir de ne pas dominer la classe en exposant ses propres idées, mais parce qu'il l'avait fait, la rencontre avait été des plus enrichissantes, aussi bien pour lui que pour les élèves.

La procrastination

L'une des mauvaises habitudes les plus courantes au travail est celle qui consiste à remettre au lendemain.

« "Demain, demain, pas aujourd'hui", disent les gens paresseux. »

Les gens qui remettent à plus tard ne sont pas forcément paresseux. La plupart des gens le font. Nous avons tendance à reporter jusqu'à la dernière minute les choses que nous n'aimons pas faire ou que nous avons peur de faire. Il est possible que nous n'aimions pas ce que nous devons faire, que nous préférions faire autre chose, mais souvent, si nous remettons une tâche à plus tard, c'est que nous craignons d'échouer.

On voit partout des gens de grand talent qui ne donnent pas leur pleine mesure ou sont pris à faire un travail médiocre à cause de l'influence contraignante et décourageante de la peur. Dans tous les domaines on trouve des gens compétents dont les efforts sont annulés et les capacités à réaliser des choses, pratiquement ruinées par le développement de ce monstre qui, avec le temps, fait de la personne la plus déterminée un être irrésolu, et de la plus capable, quelqu'un de timide et d'inefficace.

Il n'y a rien comme le moment présent. Aucune force, aucune énergie n'existe si ce n'est dans l'instant présent. Souvent l'énergie que l'on gaspille à remettre au lendemain est la même que celle que l'on utilise pour exécuter cette tâche. Et combien plus difficile et désagréable à faire est, aussi, le travail que l'on a remis à plus tard ! Une tâche que l'on aurait pu faire avec plaisir et enthousiasme devient une corvée lorsqu'elle a été retardée pendant des jours ou des semaines.

Une tâche faite promptement n'est plus une corvée. Retarder l'exécution d'une tâche équivaut généralement à ne rien faire – les « je vais le faire » se transforment en « je ne l'ai pas fait ». Faire quelque chose, c'est comme planter une graine : si on ne s'en occupe pas au bon moment, c'est trop tard, la saison est passée. L'été de l'éternité n'est pas assez long pour rendre à maturité le fruit d'une action retardée.

Les gens qui agissent toujours promptement, même si cela veut dire faire parfois des erreurs, connaîtront du succès, alors que ceux qui remettent tout au lendemain, même si leur jugement est plus sûr, subiront des échecs.

Voici quelques suggestions pour venir à bout de la procrastination.

- La procrastination, ce n'est pas seulement ne pas être capable de respecter les échéances, c'est ne pas être capable de commencer. Alors, commencez ! Rappelez-vous les paroles de Benjamin Franklin : « Ne remettez pas à plus tard ce que vous pouvez faire aujourd'hui. »

- Mettez de côté votre peur de faire quelque chose de nouveau ou de différent. Absorbez-vous dans votre travail et agissez.
- Lorsque vous êtes devant un projet complexe, ne vous laissez pas dépasser par l'ampleur de la tâche. Divisez le travail en plus petites parties plus faciles à gérer. Établissez un échéancier pour chacune de ces parties.
- Faites ce qui vous inspire le plus de crainte, ou que vous aimez le moins, au moment où vous êtes le plus reposé et que vous avez le plus d'énergie.
- Fixez-vous des cibles intérimaires. Il peut être difficile de se motiver à commencer un projet qui ne portera ses fruits que dans un avenir lointain. En vous fixant des cibles intérimaires pour chacune des étapes du projet, vous aurez la satisfaction de constater vos progrès à mesure que vous avancez.
- Commencez n'importe où. Si vous ne savez pas par quel bout amorcer un projet difficile, plutôt que de ressasser les choses continuellement, allez-y d'une hypothèse préliminaire et lancez-vous. Le seul fait d'y travailler vous stimulera intellectuellement. Si l'hypothèse en question ne mène nulle part, recommencez. Il est préférable de faire bouger les choses que de rester continuellement au neutre.
- Lorsque vous avez un projet spécial en dehors de vos occupations habituelles, il est tentant de le remettre à plus tard, « quand j'aurai du temps libre ». Consacrez un peu de temps chaque jour à ce projet.
- Récompensez-vous lorsque vous terminez à temps une tâche que vous auriez habituellement remise à plus tard.

Reconnaissez vos points faibles

Si vous avez acquis une mauvaise habitude quelconque qui vous empêche d'avancer, qui vous nuit dans votre travail, voici des paroles que vous pouvez vous dire et qui vous aideront grandement à renforcer votre pouvoir d'y faire obstacle: «Je sais que cette chose (dites de quoi il s'agit) m'empêche d'aller de l'avant. Je ne suis pas aussi efficace que je le devrais; je ne réfléchis pas aussi bien, je ne peux pas contrôler mon esprit aussi bien que je le pourrais si ce point faible ne m'entravait pas.

«Je méprise ces habitudes qui m'empêchent d'aller de l'avant et qui ont tendance à faire de moi un raté. Je sais que je dois changer cette habitude, sinon j'en serai l'esclave encore davantage, et mes chances de m'en délivrer en seront d'autant réduites.»

Parlez-vous ainsi à voix haute chaque fois que vous êtes seul et vous serez étonné de voir combien rapidement cette suggestion audible affaiblira l'emprise exercée par cette habitude. En peu de temps vos petites discussions avec vous-même vous raffermiront tant dans votre engagement que vous serez en mesure d'éradiquer complètement votre point faible.

Wally L. était l'un de ces patrons pour qui avoir l'air d'être totalement en contrôle de son service était une chose très importante. Il supervisait douze techniciens, tous compétents, mais dont il avait toujours besoin de vérifier et revérifier le travail après – et même pendant – chacune de leurs affectations. Le taux de roulement du personnel de son service étant bien au-dessus de celui des autres unités, son patron le convoqua pour en discuter.

— Wally, en regardant les entrevues de départ, nous avons remarqué que les gens qui quittent ton service se plaignent tous de la même chose. Ils t'en veulent de microgérer leur travail. Le personnel que tu embauches est compétent. Il faut que tu les laisses faire leur travail.

— Mais, répondit Wally, c'est moi qui suis responsable du travail effectué par mon service. Si je ne les surveille pas de près, je ne fais pas mon travail.

— Wally, les employés compétents doivent pouvoir faire leurs tâches sans que quelqu'un soit constamment en train de surveiller ce qu'ils font. Je suis responsable de ton travail, mais je ne suis pas là à surveiller chacun de tes gestes, je te fais confiance. Tu dois avoir confiance dans le personnel qui travaille pour toi.

— Mais si je les laisse tranquilles, je ne serai pas là pour récupérer à temps les erreurs commises et les corriger, ou peut-être que je ne les verrai pas du tout.

— Il y a d'autres moyens de garder le contrôle sans faire de microgestion. Il existe des techniques qui te permettent de déléguer le travail de manière efficace. Tâche de les apprendre et de les appliquer.

Il lui expliqua plusieurs d'entre elles, lesquelles sont décrites en détail au chapitre 11.

Wally réfléchit longuement à tout cela. Il avait peur de relâcher son emprise, mais il savait que cela devait être fait.

Wally trouva la tâche difficile. Quand la tentation de surveiller de près ce que faisait un technicien le reprenait, il se disait intérieurement : « Ne fais pas ça. Tu dois lui faire confiance. »

Avec le temps, il réussit avec chacun des techniciens à bâtir la relation de confiance nécessaire, en reconnaissant que, s'il y avait bien quelques erreurs commises de temps en temps, celles-ci étaient rapidement décelées par le technicien lui-même à l'occasion des vérifications de contrôle, puis corrigées. Pour Wally, le travail devint plus facile, et la tension dans son service diminua. Le taux de roulement tomba à zéro et Wally put consacrer du temps à développer les tâches qui lui incombaient.

Emily R. faisait toujours tout rapidement. Même à l'école, elle se hâtait de faire ses travaux en classe et à la maison, impatiente de terminer pour aller jouer. Quand elle décrocha son premier emploi comme préposée à l'entrée de données, elle adopta la même approche. Elle était toujours la première à terminer une tâche, mais souvent son travail devait être repris à cause du trop grand nombre d'erreurs qu'il contenait. Sa superviseure l'avertit de ralentir et de faire plus attention, mais les choses ne s'améliorèrent pas, la vieille habitude de tout faire rapidement étant difficile à briser. Après un certain temps, sa patronne la mit en probation. « Emily, lui dit-elle, tu es brillante, mais ton habitude de faire passer la vitesse avant la précision va toujours t'empêcher de faire du bon boulot. Si tu ne t'améliores pas, nous allons devoir nous passer de tes services. » Elle lui suggéra, pour sa prochaine tâche, de se concentrer exclusivement sur la précision, sans du tout se préoccuper de la vitesse.

Emily fut secouée. Elle aimait son travail, mais pour elle, être rapide était une source de fierté. Elle résolut d'essayer de briser cette habitude. Quand elle entreprit la tâche suivante, elle alla doucement au début, mais bientôt elle recommença à travailler vite. Puis, s'arrêtant d'un coup net, elle vérifia le travail qu'elle avait accompli jusque-là, et constata que la première partie avait été exécutée avec une précision parfaite, mais que la deuxième partie, celle qu'elle avait faite rapidement, contenait plusieurs erreurs. Elle corrigea les erreurs et poursuivit son travail.

« Cette mauvaise habitude, se dit-elle, me désavantage grandement dans mon travail ; à cause d'elle je m'expose au ridicule, et je me compare défavorablement aux autres. Je sais que je suis plus habile que bien d'autres dans le service qui en font beaucoup plus que moi. À présent, je vais me débarrasser de cette chose qui détruit mes perspectives d'avenir. Je vais me délivrer de ce besoin urgent de faire passer la vitesse avant la précision, peu importe si c'est difficile. »

Il fallut à Emily plusieurs semaines pour finalement programmer son subconscient à accepter sa résolution de ralentir et de se concentrer sur la précision. Résultat : son rendement se classa parmi les meilleurs de son service.

N'esquivez pas la vérité

Admettez vos mauvaises habitudes. N'esquivez pas la question. Il vous sera impossible de surmonter une mauvaise habitude si vous refusez de l'admettre.

Vous vivez dans une prison psychologique que vous avez vous-même fabriquée. Vous êtes lié par ce qui influence vos croyances, vos opinions, votre éducation et votre environnement. Comme tout le monde ou presque, vous avez vos petites habitudes. Votre manière de réagir comme vous le faites résulte de conditionnements.

Vous pouvez inscrire dans votre esprit conscient l'idée d'améliorer vos habitudes de travail, de telle sorte que cette idée atteigne les profondeurs de votre subconscient. C'est à ce moment-là que vous comprendrez mieux comment votre esprit fonctionne. Vous allez découvrir que vous possédez des ressources intérieures illimitées qui peuvent vous aider à raffermir votre énoncé et vous démontrer la vérité à vous-même.

Si vous souhaitez ardemment vous délivrer de ce qui freine l'expression de vos capacités, alors vous êtes déjà à 51 pour cent guéri. Quand le désir d'abandonner une mauvaise habitude est plus fort que l'envie de la poursuivre, vous serez stupéfait de découvrir que vous n'êtes qu'à un cheveu de vous en débarrasser pour de bon.

Quelle que soit la pensée que vous avez ancrée dans votre esprit, l'esprit la magnifiera. Occupez votre esprit au concept de succès et de réalisation. Concentrez votre attention sur cette nouvelle voie. Ce faisant, vous allez faire naître des sentiments qui peu à peu s'imprègnent du concept de succès et de réalisation. Quelle que soit l'idée que vous faites ainsi passer du côté des émotions, votre subconscient l'acceptera et fera en sorte de la manifester.

Résumé

Briser une mauvaise habitude n'est jamais chose facile, mais cela peut se faire. Voici dix suggestions qui devraient vous aider à vous délivrer des schémas de comportement qui vous empêchent jusqu'à maintenant d'être l'homme ou la femme que vous voulez être vraiment :

1. *Choisissez l'habitude que vous souhaitez modifier*. Ciblez une habitude qui non seulement vous dérange, mais aussi vous empêche d'atteindre vos buts. Choisissez un comportement autosaboteur sur lequel concentrer votre insatisfaction et que vous pourrez transformer de manière constructive.
2. *Évaluez le problème*. Après avoir ciblé une habitude, déterminez ce que vous faites au juste et ce que vous voulez faire en réalité. Briser un gros problème en éléments moins gros est plus facile à gérer.
3. *Établissez un objectif exigeant mais réalisable, ainsi qu'un échéancier*. Un objectif doit être exigeant tout en étant réalisable ; si vous établissez comme il faut et graduellement votre horizon d'action, vous devriez pouvoir atteindre vos objectifs.
4. *Préparez-vous à faire le deuil de la perte d'une habitude*. Dans le cours de votre programme de changement d'habitude, ou même avant de l'entreprendre, ne vous étonnez pas si vous ressentez un vif, sinon un profond sentiment de perte. Il se peut que la satisfaction de trouver des erreurs lorsque vous faites de la microgestion, ou bien l'euphorie de finir avant tout le monde, même aux dépens de la précision, vous manquent. Mais avec le temps, votre esprit subconscient va s'ajuster et vous ne ressentirez plus cette perte.
5. *Consultez un coach ou un psychothérapeute*. Recherchez l'expérience et la sagesse d'un ami, d'un mentor ou d'un psychothérapeute professionnel pour vous guider dans cette phase de démarrage. Il ou elle vous aidera à fixer des objectifs, vous donnera des conseils et du soutien lorsque vous aurez à gérer les émotions inconfortables qui ne manqueront sûrement pas d'émerger, vous proposera des solutions et vous encouragera à continuer lorsque vous retomberez dans vos vieilles habitudes.
6. *Passez à l'action*. Agissez ! Faites le premier pas. Très vite vous saurez ce que vous êtes et n'êtes pas capable de faire, et vous aurez une idée des ressources disponibles. Vous allez très certai-

nement en apprendre sur ce qu'il faut savoir pour survivre, sur les compétences que vous devez acquérir et le soutien qui vous sera nécessaire.

7. *Joignez-vous à un groupe de personnes* qui cherchent à abandonner cette même habitude ou qui souhaitent en développer une nouvelle. Quand plusieurs personnes se rencontrent pour atteindre un objectif similaire, le soutien dont une personne peut bénéficier auprès des autres s'en trouve enrichi. N'hésitez pas à vous renseigner sur des groupes tels que Alcooliques Anonymes, qui visent à contrer un problème particulier.
8. *Allez-y avec méthode.* Modifier un comportement est un processus évolutif qui souvent se présente en trois phases distinctes : 1) se libérer de l'ancien comportement, 2) effectuer le changement, et 3) maîtriser le nouveau comportement. La première phase implique de reconnaître le comportement autosaboteur et de commencer à lâcher prise. Au cours de la deuxième phase, on tente d'acquérir de nouvelles habiletés, de nouveaux outils, de nouvelles ressources, et de s'adonner à de nouvelles activités positives. S'il est vrai que la première étape est déprimante, celle du milieu peut parfois provoquer un état anxieux, à mesure que vous mettez maladroitement de nouvelles connaissances en pratique. La dernière étape survient lorsque, par essais et erreurs, et à force de vous pratiquer, vous parvenez à maîtriser la nouvelle habitude. Le changement semble plus naturel.
9. *N'abandonnez pas !* L'un des pièges qui accompagnent la modification d'un comportement et qui nous séduisent tant est la progression rapide que l'on connaît parfois au début du processus. Et puis arrive un plateau. N'abandonnez pas. Ne soyez pas trop optimiste en observant quelques victoires rapidement acquises, ou encore trop démoralisé par quelques revers. Il est naturel que les choses progressent par vagues et ressacs… de tomber et d'ensuite se relever et continuer sa marche.

Réussir, c'est nous relever une fois de plus que nous sommes tombés, c'est faire preuve de courage une fois de plus que nous avons laissé la peur nous dominer, c'est faire confiance une fois de plus que nous avons été anxieux.

10. *Poursuivez dans votre voie.* Poursuivre dans la voie que vous avez choisie, surmonter les obstacles qui se dressent en cours de route, fait partie intégrante du processus d'apprentissage. Il faut toute une vie pour défaire, refaire et maîtriser une séquence d'apprentissage complexe qui s'enracinera profondément.

DEUXIÈME PARTIE

Obtenir la coopération et le soutien des autres

Ne pensez pas en mal de quiconque, car en faisant cela vous vous empoisonnez vous-même. Pour vous entendre avec autrui, c'est l'amour qui est la réponse. L'amour est le respect de la divinité de l'autre.

Votre réussite au travail dépend souvent des autres : les personnes qui travaillent au sein de votre organisation, telles que vos patrons, vos subalternes et vos collègues, ou bien, parfois, des gens hors de l'organisation, tels que les clients ou les consommateurs.

Vous aurez à motiver les membres de votre personnel, vos directeurs, et même vos clients et vos fournisseurs, afin qu'ils travaillent avec vous à atteindre les objectifs fixés. Pour ce faire, vous devrez aiguiser vos compétences en communication et votre capacité à persuader les autres d'accepter vos idées. Vous devrez apprendre à composer avec les personnes difficiles, à exprimer votre désapprobation sans être désagréable, à optimiser votre temps, et, de manière générale, à devenir un leader efficace.

Dans les chapitres qui suivent, vous allez apprendre comment parvenir à tout cela en maximisant la puissance de votre subconscient, afin d'obtenir la coopération et la collaboration des hommes et des femmes avec qui vous interagissez sur la route du succès.

CHAPITRE 11

Devenez un leader

Vous ne serez jamais un bon leader à moins que vous n'ayez la conviction d'être un leader. Vous devez instiller dans votre esprit subconscient deux conditions très simples : croire que ce que voulez peut arriver, et croire que cela va arriver.

Tous ceux qui réussissent ne sont pas des leaders. Mais tous les bons leaders sont des gens qui réussissent. Non seulement ils obtiennent les résultats qu'ils souhaitent sur le plan personnel, mais ils inspirent les autres à faire de même. Ils ne font pas que jouir des fruits de leur réussite, ils s'efforcent aussi d'aider les autres à connaître le succès.

Il est généralement admis, et cela depuis des temps immémoriaux, que le leadership est une qualité innée, et non acquise. C'est effectivement cette idée qui servit de fondement au système féodal et à la monarchie absolue. Même en Amérique, où les gens d'humble condition se sont élevés à des postes supérieurs, beaucoup ont encore l'impression qu'ils sont nés avec les traits de caractère qui ont fait d'eux des leaders.

Sur le marché du travail, dans la majorité des organisations, les échelons supérieurs de la hiérarchie sont occupés par des hommes et des femmes qui y ont été promus. Ces personnes sont-elles toutes des « leaders naturels » ? L'expérience montre que la réponse à cette question est « pas forcément ».

Les gens accèdent à des postes de leadership et de responsabilités pour plusieurs raisons : l'ancienneté, une élection (dans le cas du secteur public), le népotisme, ou la supériorité du rendement. Comme ils ne sont pas sélectionnés en fonction de leurs qualités ou de leur expérience de leader, il faut leur apprendre à le devenir. L'obtention d'un poste supérieur ne garantit aucunement le succès en matière de leadership. Les gens doivent apprendre à être des leaders. Pour ce faire, ils étudient les techniques de leadership et lisent des livres qui les inspirent, participent à des conférences et mettent en pratique ce qu'ils ont appris.

Les caractéristiques des grands leaders

Si les grands leaders du passé et d'aujourd'hui possèdent certaines caractéristiques particulières qui les distinguent, il n'en demeure pas moins que certains aspects de leur personnalité se ressemblent. À mon avis, les leaders exceptionnels possèdent les qualités suivantes :

1. *Les grands leaders repèrent, forment et inspirent des disciples enthousiastes.* Peu d'entreprises, commerciales ou autres, peuvent survivre et s'épanouir sans le concours des personnes qui s'occupent de mettre en application les programmes établis par leur leader. D'une génération à l'autre, quel que soit le pays, quel que soit le domaine de la vie, ce sont ces gens qui ont mené des armées à la victoire, inspiré de grandes œuvres artistiques, et mis sur pied des sociétés prospères et des organisations dynamiques. Le summum de l'art pour un leader est de savoir prendre la mesure d'autrui, les jauger, estimer leurs forces et écarter leurs points faibles.

   Les leaders s'entourent de gens qui possèdent les talents qu'ils n'ont pas eux-mêmes, qui peuvent compenser leurs points faibles et leurs défauts avec force et compétence. En combinant ainsi leurs forces, ils peuvent agir efficacement. Pour ce faire, un bon leader doit souvent savoir brasser son organisation et même s'effacer.

Pour bien illustrer notre propos, prenons l'exemple de Sean Perich, fondateur de Bakery Barn, fabricant de biscuits protéinés. En moins de cinq ans, la société réussit, sous sa direction, à atteindre un chiffre d'affaires de six millions de dollars, grâce à la vente du produit dans des centres de conditionnement physique et les magasins d'alimentation 7-Eleven. Mais aux environs de 2005, l'ascension de Bakery Barn se heurta à un plateau, obligeant Perich à revoir la composition de son équipe, lui compris. La société s'était tournée vers de nouveaux produits, en accord avec les idées de Perich, qui n'étaient jamais remises en question. L'équipe de la haute direction (formée surtout de membres de la famille) avait suffi à la tâche au début, mais il reconnaissait maintenant que ni lui ni eux n'avaient l'expérience culinaire ou administrative qu'il fallait pour sauver l'entreprise. Il fallait du sang neuf. Alors, il embaucha un contrôleur financier à temps plein et entreprit une série d'entrevues afin de trouver un président. Il mit également sur pied une équipe de trois personnes pour faire de la recherche et développement, pour favoriser une prise de décisions de gestion fondée sur des connaissances plus objectives et au fait des découvertes récentes.

Ce changement de cap, audacieux et difficile, fut aussi celui que dut prendre un fondateur de société au profil beaucoup plus haut, à savoir David Neeleman, ancien chef de la direction de JetBlue, un transporteur aérien « sans frou-frou ». S'il demeura présent à titre de président du conseil, Neeleman comprit qu'il ne possédait pas les compétences de gestion nécessaires pour faire progresser JetBlue. Cela ne voulait pas dire qu'il n'était pas un grand visionnaire et grand entrepreneur. Au contraire, cette décision fut la preuve qu'il l'était, et bien plus encore : un vrai leader.

2. *Les grands leaders concentrent leurs efforts.* Les grands leaders savent ce qu'ils veulent et concentrent leurs efforts en vue d'atteindre leurs objectifs. Les gens qui n'apprennent pas tôt dans la vie à concentrer leurs efforts, à centraliser le pouvoir, ne réussiront jamais à obtenir de grands succès dans quoi que ce soit. Les gens qui possèdent le pouvoir d'unifier les choses, dont chacun des efforts vise un seul objectif central, ceux-là parviendront au sommet. Ils comprennent que ce n'est pas la quantité de travail que l'on peut faire en une fois qui compte, mais plutôt la persévérance. C'est l'effort que l'on fournit à long terme, régulièrement et indéfectiblement, qui finit par nous faire remporter la bataille.
3. *Les grands leaders ont vécu et surmonté de grandes difficultés.* L'adversité peut détruire certaines personnes, mais tous les grands leaders l'ont affrontée, et s'en sont relevés grandis. Robert Fulton, l'inventeur du bateau à vapeur, subit plusieurs échecs. Quand son navire, qu'on avait surnommé « Fulton's Folly[5] » pour se moquer, réussit enfin à effectuer un premier voyage, le transport maritime en fut révolutionné. Helen Keller, devenue aveugle et sourde quand elle était bébé, a surmonté son handicap et est devenue une écrivaine et une éducatrice respectée et adulée.

En 1971, un avocat réservé et sans prétention du nom de Darwin E. Smith, est devenu le chef de la direction de l'entreprise où il travaillait, Kimberly-Clark, une société traditionnelle de fabrication de papier, alors en déclin. L'action de K.-C. avait beaucoup chuté au fil des ans. Parmi les dirigeants d'alors, au moins un ne se gêna pas pour rappeler à Smith qu'il n'était pas exactement qualifié pour diriger la compagnie, mais cela n'empêcha pas le nouveau chef de la direction de radicalement transformer Kimberly-Clark, la faisant passer d'une marque de

5. NDT : littéralement, « la folie de Fulton ».

commerce banale à l'une des plus importantes sociétés du secteur des produits à base de papier sur le plan mondial. Smith avait grandi dans la pauvreté, une expérience qui lui permit de ne pas se laisser abattre. Deux mois après sa nomination, on lui diagnostiqua un cancer ; il ne lui restait plus qu'une année à vivre. Cette épreuve le renforça encore davantage dans sa détermination. Il programma son subconscient à croire qu'il pouvait vaincre la maladie, et écarta toutes les pensées et les peurs associées à l'échec. Il refusa de se laisser aller à mourir. Il continua de se rendre au travail pendant ses traitements de radiothérapie, et non seulement il parvint à se refaire une santé, mais il réussit à reconstruire son entreprise.

Darwin Smith était toutefois surtout admiré dans le monde des affaires pour l'une de ses premières décisions à titre de dirigeant d'entreprise, à savoir celle de vendre les usines à papier. Lui et son équipe avaient décidé que le secteur du papier couché n'était pas celui où devait se diriger dorénavant Kimberly-Clark. Non, l'entreprise devait plutôt se lancer dans l'industrie très compétitive des produits de papier destinés à la consommation, laquelle, soit pousserait la compagnie vers un avenir florissant, soit allait la détruire pour de bon. La presse des affaires qualifia cette décision de stupide, et sur Wall Street, l'action de la compagnie subit une déconfiture. Mais Smith tint bon. Vingt-cinq ans plus tard, Smith avait battu ses concurrents à plates coutures, et aujourd'hui la société figure parmi les chefs de file de l'industrie. Pour expliquer son succès, Smith dit simplement qu'il n'a jamais cessé de croire ni en lui ni dans la viabilité de son entreprise.

4. *Les grands leaders sont plus exigeants envers eux-mêmes qu'envers autrui.* Pour réussir, il ne suffit pas d'affirmer sincèrement votre volonté et d'avoir confiance en vous, il faut aussi inspirer les autres à vous faire confiance. Cependant, cette confiance n'est, pour une grande part, que le reflet de votre propre confiance en

vous-même, l'effet que produit sur eux votre personnalité à vous. C'est par conséquent votre propre attitude d'esprit qui permet de faire naître cette confiance chez les autres. En vous affirmant avec sincérité, vous produisez un effet de contagion. Chaque personne qui entre en contact avec vous en est touchée, en particulier les gens sur qui vous avez un ascendant, que ce soit à titre de professeur, d'orateur, d'avocat, de représentant, de marchand, d'employé potentiel, ou autre. Il y a quelque chose de presque magique dans la manière dont une attitude de confiance influence les gens. Adoptez cette attitude et vous serez étonné de voir combien elle aura tôt fait de rayonner sur les autres, d'accroître leur confiance en vos capacités à réaliser ce que vous voulez faire.

Ne perdez jamais confiance en vous-même. Si parfois vous venez à douter de vos capacités et de vos forces, relisez le chapitre 2, et renforcez la puissance de votre subconscient pour vous aider à retrouver votre confiance en vous.

5. *Les grands leaders ne craignent pas de prendre des décisions difficiles*. Qu'il s'agisse de gérer un pays ou une société commerciale, chaque jour le leader doit faire face à des problèmes pour lesquels il doit prendre des décisions. Dans certains cas, il y a suffisamment de temps pour y réfléchir et évaluer l'ensemble des circonstances entourant le problème, mais bien souvent il faut décider sans attendre. Un bon leader doit savoir prendre de telles décisions.

L'un des exemples les plus frappants à cet égard est celui de Tylenol, lorsqu'en 1982, sept personnes sont décédées après avoir consommé le produit, intentionnellement contaminé par du cyanure, un poison mortel. Les Laboratoires McNeil, une division de Johnson & Johnson, les fabricants des comprimés Tylenol, agirent sur-le-champ. Ils firent enlever tous les produits des tablettes et détruisirent tous les stocks. Plus important encore, des membres de la haute direction se présentèrent à la télévision pour expliquer la situation et assurer la population que les produits Tylenol ne seraient en aucun cas remis sur le marché tant que toutes les mesures n'auraient pas été prises pour s'assurer de leur emballage sécuritaire.

Le résultat immédiat fut catastrophique. La part de marché chuta de 35 à 8 pour cent seulement. Mais parce que les leaders de McNeil et de J&J avaient agi rapidement, non seulement les parts de marché furent reconquises, mais en un an, elles passèrent à des niveaux records.

Un autre exemple de décision difficile et impopulaire prise par un chef d'entreprise est celui de Charles R. « Cork » Walgreen, qui prit la direction des pharmacies Walgreen en 1975. À cette époque, il y avait dans la plupart des pharmacies un espace réservé à la restauration où l'on pouvait prendre un goûter rapide au comptoir, ce qui représentait une source appréciable de revenus. Pour Cork Walgreen, la croissance des chaînes de restauration rapide avait rendu désuète l'exploitation d'un restaurant dans la pharmacie ; l'avenir de la société reposait, décida-t-il, sur la vente de produits et non sur la restauration. Ce fut une décision controversée, la société possédant alors cinq cents comptoirs-lunch. En outre, le lien qui unissait la compagnie à ce service n'était pas tant financier qu'affectif, puisque l'instauration de ce service datait de l'époque du grand-père de Cork, et il fallut beaucoup de détermination de la part de Cork Walgreen pour mettre fin à ces activités. La décision de Cork finit par rapporter, puisque Walgreen figure aujourd'hui parmi les entreprises les plus profitables de son secteur – et que les comptoirs-lunch ont pratiquement disparu des pharmacies.

6. *Les grands leaders ont une vision, et la conviction la plus intime qu'ils réussiront à la concrétiser.* Tous les grands leaders du monde ont eu un jour une vision. Ils ont su ce qu'ils voulaient réaliser, ont visualisé le résultat, et ils ont consacré toute leur énergie et mis tout leur cœur à la concrétisation de cette vision. Plus important encore, ils ont vraiment cru en leur propre capacité à le faire. Une telle conviction leur a donné la force de poursuivre leurs objectifs.

Le chef de la direction d'American Express, Ken Chenault, avait dû faire face à bien des surprises et des détours dans sa vie, mais rien d'aussi énorme que l'événement qui eut lieu de l'autre côté de la rue où étaient situés les bureaux du siège social d'American Express le 11 septembre 2001. Pour lui, cette tragédie fut une expérience formatrice qui s'ajouta à celles qui avaient contribué à parfaire ses compétences de leader, déjà extraordinaires. Chenault sut voir l'aspect le plus évident dans l'événement du 11 septembre, à savoir qu'il s'agissait d'une crise, et que cette crise serait vue par beaucoup comme un obstacle majeur dans l'évolution de son leadership. Il avait confiance en ses capacités et cela lui permit de faire appel à ses talents de leader. D'accord pour dire que les expériences les plus enrichissantes semblent toujours se présenter sous forme de crise, Chenault affirme qu'il est essentiel, à de tels moments, de se servir des qualités qui importent vraiment et de se concentrer sur elles, de le faire non pas inconsciemment, mais consciemment. Le leader se place alors en position avantageuse. Tout le monde, dit-il, peut faire le choix conscient d'être un leader. Le type de leaders exceptionnels avec lesquels Chenault veut travailler est celui qu'il décrit comme « des gens engagés à la fois sur le plan émotionnel et rationnel ».

7. *Les grands leaders ont de l'ambition pour eux-mêmes, pour leur entreprise et pour leurs gens.* Qu'importe que vous soyez pauvre ou non, que votre situation soit humble ou non, regardez vers le haut. Ne craignez pas de viser trop haut. Gardez votre regard fixé sur votre étoile. Laissez les autres se moquer de vous s'ils le veulent, mais ne les laissez pas vous faire quitter votre étoile des yeux. C'est parce qu'ils ont su fixer leur étoile que les grands hommes et les grandes femmes de l'histoire se sont distingués.

Mary Kay Ash, la fondatrice de Cosmétiques Mary Kay, affirme que son succès est attribuable à l'ambition qu'elle a toujours eue d'atteindre le sommet. Sa carrière dans le domaine de la vente a commencé quand elle s'est jointe à Stanley Home Products, une compagnie de marketing porte-à-porte. Elle fait souvent la remarque que durant sa première année, le succès était loin d'être au rendez-vous et qu'elle fut près de tout abandonner. Jusqu'à ce qu'elle assiste à son premier séminaire de ventes chez Stanley.

« C'est à cette occasion, raconte-t-elle, que j'ai vu cette belle grande femme svelte se faire couronner reine, pour avoir remporté un concours organisé par l'entreprise. J'ai décidé à ce moment-là que ce serait moi la reine l'année suivante – ce qui semblait un exploit impossible. Je suis toutefois allée voir le président pour lui dire que j'avais l'intention d'être la prochaine reine. Il ne s'est pas moqué de moi, au contraire il m'a regardée droit dans les yeux et, tout en tenant ma main dans les siennes, il m'a dit : "Quelque chose me dit que vous le serez". Ces quelques mots m'ont littéralement soutenue, et l'année d'après, c'était moi la reine. »

Mary Kay lança sa propre entreprise en 1963 dans un local de moins de cinquante mètres carrés à Dallas, avec l'aide de sa famille, d'épargnes personnelles de cinq mille dollars, et à peine neuf représentantes. Au cours des années qui suivirent, sous son leadership, la société poursuivit une croissance continue. Son engagement envers son propre succès et celui de son entreprise fit de Mary Kay une inspiration pour ses représentantes, qui n'hésitaient pas comme elle à se fixer des objectifs élevés et à travailler dur pour les atteindre. En 2007, l'organisation Mary Kay comptait plus d'un million de représentantes indépendantes, générant un chiffre de ventes brutes d'une valeur de deux milliards quatre cents millions de dollars.

L'art de déléguer

Parmi les principales choses nécessaires pour connaître du succès comme leader, il faut vouloir et savoir comment déléguer la prise de décision à des subalternes. De trop nombreux gestionnaires hésitent à le faire. Les leaders qui réussissent reconnaissent qu'ils ne peuvent pas tout faire. Ils embauchent et forment les personnes les plus habiles qu'ils peuvent trouver et leur permettent de prendre des décisions dans le cadre de leur champ de compétences, de telle sorte qu'ils puissent employer leur propre temps à des tâches de plus haut niveau.

La plupart des gestionnaires ont plus de travail qu'ils ne disposeront jamais de temps pour le faire au cours d'une journée normale de travail. Pour que ce travail soit fait, ils doivent en déléguer une partie à des subalternes.

Déléguer signifie attribuer à un subalterne certains devoirs ou tâches, ainsi que le pouvoir et l'autorité nécessaires pour s'en acquitter. Il ne s'agit pas seulement de confier aux subalternes les parties moins intéressantes d'un travail. Déléguer de manière efficace exige que des aspects importants du travail soient confiés. Cela ne fait pas que libérer le dirigeant afin qu'il puisse s'occuper de tâches plus importantes, mais aussi, cela permet au subalterne de profiter de l'expérience qui lui est offerte.

Il arrive souvent que des chefs d'entreprise me disent qu'ils sont si habitués de s'occuper de certaines tâches – qu'ils font bien – qu'ils sont réticents à les confier à d'autres. Comme l'un d'entre eux m'a déjà dit : « Je me retrouve à surveiller de près tout ce que font mes employés pendant qu'ils travaillent. Je ne suis tout simplement pas à l'aise de déléguer. »

La première étape à franchir consiste à reconnaître que, même si vous pouvez faire le travail plus rapidement et peut-être mieux que vos subalternes, votre temps est beaucoup trop précieux pour le gaspiller à vous occuper de choses moins importantes. Voici quelques directives qui vous permettront de déléguer en toute confiance.

- *Choisissez des personnes capables.* Assurez-vous, lorsque vous choisissez vos subalternes clés, que ces personnes sont non seulement capables de faire le travail pour lequel vous les avez embauchées, mais qu'elles ont le potentiel d'être formées en vue d'occuper des postes plus élevés qui exigent de plus grandes responsabilités.
- *Exprimez clairement et avec concision ce que vous déléguez.* Pour vous assurer que le subalterne comprenne bien ce que vous attendez de lui ou d'elle, ne faites pas que poser la question : « Est-ce que tu comprends ? » La plupart des gens vous répondront simplement : « Oui. » Peut-être comprennent-elles vraiment ; peut-être qu'elles comprennent, mais que leur interprétation de ce que vous voulez diffère de la vôtre ; ou alors, peut-être qu'elles ne comprennent pas du tout, mais qu'elles sont trop embarrassées pour l'avouer. Posez des questions précises sur ce que le subalterne entend faire en s'acquittant de la tâche que vous lui avez confiée.
- *Établissez des points de contrôle.* Un point de contrôle est un moment que vous choisissez pour vous arrêter et examiner ce qui a été fait, et vérifier si des erreurs ont été commises – et le cas échéant, les corriger. Cela est crucial, car si on ne découvre les erreurs importantes qu'à la dernière minute, le problème sera beaucoup plus difficile à régler. Un point de contrôle n'est pas une inspection faite à l'improviste. Le subalterne sait exactement quand chacun des points de contrôle aura lieu et ce qu'il est censé avoir réalisé à ce moment-là. Avoir des points de contrôle ne signifie pas que vous manquez de confiance envers votre subalterne. Dites à vos gens dès le départ que vous avez confiance en eux et insistez sur le fait que les points de contrôle ont été conçus pour les aider, pas pour les surveiller. Les points de contrôle leur permettent de mesurer eux-mêmes leur progrès.
- *Donnez à vos subalternes les outils et l'autorité nécessaires pour que la tâche puisse se faire.* S'il faut, pour exécuter la tâche, dépensez

certaines sommes d'argent, prévoyez dans votre mandat le budget nécessaire et l'autorité dont aura besoin la personne pour dépenser cet argent, de telle sorte qu'elle n'ait pas à vous demander la permission chaque fois. S'il faut, pour exécuter la tâche, embaucher du personnel supplémentaire, ou demander à certains employés de faire des heures supplémentaires, donnez à la personne l'autorité pour le faire. De cette façon, vous ne serez pas continuellement interrompu dans votre travail pour vous occuper de ces questions.

- *Apportez votre aide quand on vous le demande.* Contrairement à ce que l'on pourrait croire, il ne s'agit pas d'une contradiction. Vous déléguez pour diminuer l'ampleur de vos propres tâches en ce qui a trait au domaine confié. Si vous proposez votre aide, n'encouragez-vous pas ainsi les interruptions ? Pour minimiser le temps que vous y consacrerez, demandez que le subalterne qui vous présente un problème vous propose aussi une solution. Le subalterne devra ainsi y réfléchir, et bien souvent cela suffira pour qu'il trouve lui-même comment régler le problème sans avoir besoin de vous demander conseil. Et si c'est le cas, vous passerez beaucoup moins de temps à vous occuper du problème.

Sachez où se situent vos forces et vos limites

Avant de pouvoir entrer dans la course et de prendre place dans l'allée des gagnants, vous devez d'abord et avant tout avoir défini votre objectif, une cible haut placée et qui sollicite votre indéfectible attention, et vous devez aussi avoir du courage, du cran et de la détermination pour vous y accrocher coûte que coûte, peu importe ce qui se dressera sur votre passage pour vous empêcher d'avancer.

Vous ne serez jamais un bon leader à moins d'avoir l'intime conviction que vous pouvez l'être. Vous devez instiller dans votre esprit subconscient deux conditions très simples : croire que ce que vous souhaitez *peut* arriver, et croire que cela *va* arriver.

Il se dégage des paroles que l'on prononce à voix haute une puissance que les mêmes mots répétés mentalement n'ont pas. Les mots que l'on dit s'impriment avec plus de force dans l'esprit. Nous sommes nombreux à être davantage impressionnés par un discours ou une prédication que par la lecture du même texte sur papier. Nous nous rappelons les paroles entendues, alors que nous oublions le texte imprimé froid et objectif qui véhicule la pensée jusqu'au cerveau. La parole fait une impression plus durable sur l'être intérieur.

Nous pouvons parler à cet être intérieur ou à notre esprit subconscient, tout comme nous le ferions avec un enfant, et nous savons par expérience qu'il entendra nos suggestions et qu'il les appliquera. Nous sommes constamment en train de transmettre des suggestions ou des commandements à notre esprit subconscient. Nous ne le faisons peut-être pas de manière audible, mais nous le faisons en silence, mentalement. Inconsciemment nous lui donnons des conseils, nous faisons des propositions, nous tentons de l'influencer dans une certaine direction.

En nous adressant à nous-mêmes de manière consciente, audible, à cœur ouvert, nous constatons que nous pouvons très concrètement influer sur nos habitudes, nos motivations, et notre mode de vie. En fait, les possibilités d'exercer ainsi une influence sur le caractère et sur le déroulement de la vie sont pratiquement sans limites.

Commencez par dresser par écrit la liste des qualités qui définissent une personne au caractère solide, courageux, qui réussit, et les caractéristiques opposées, celles qui font d'une personne un être faible, timide, qui ne réussit pas. Puis, observez-vous en tâchant de voir où vous vous situez dans chacune des listes. Nommez chacune des caractéristiques à voix haute : foi, courage, confiance en soi, ambition, enthousiasme, persévérance, concentration, initiative, bonne humeur, optimisme, application, etc. Demandez-vous si vous possédez ces merveilleuses qualités, ou si vous avez tendance à pencher vers leurs contraires.

Ne craignez pas d'affronter vos points faibles, ou de désigner vos défauts par leur nom. Amenez-les à la lumière, voyez-les comme ils sont, et ensuite, passez à l'attaque. Vous ne pouvez pas vous permettre d'être moins que ce que Dieu a prévu pour vous, d'être moins que ce que vous avez l'impression de devoir et de pouvoir être, de voir votre vie gaspillée par un quelconque défaut que vous pouvez corriger.

Une fois que vous avez passé ces caractéristiques en revue, posez-vous les questions plus générales qui suivent, toujours en vous visualisant et en vous adressant à vous-même par votre nom :

« Vincent, qu'es-tu venu faire ici sur cette terre ? Ta présence signifie quoi dans le monde ? Quel message ta vie, ta carrière, apporte-t-elle au monde ? Que signifie ta présence dans l'entreprise, dans l'organisation, ou la communauté ? »

« Camille, qu'incarnes-tu ? Que représentes-tu ? T'en acquittes-tu avec patience, persévérance, détermination, sans rouspéter, te plaindre ou te dérober ? »

Posez-vous la question suivante : « Suis-je en train de rêver de cette grande chose que je vais réaliser demain, ou suis-je simplement en train de m'occuper des petites choses que je peux faire aujourd'hui ? »

Procédez ainsi à un examen de vous-même, jusqu'à ce que vous ayez une bonne idée de ce que vous êtes, que vous ayez évalué avec justesse qui vous êtes, jusqu'à ce que vous sachiez quels sont vos forces et vos points faibles, jusqu'à ce que vous puissiez voir clairement les choses qui vous font obstacle, ce qui chez vous est en défaut et qui vous handicape. Vos points faibles diminuent la moyenne de vos capacités de 10, 20, 50 ou même 75 pour cent. Ensuite, passez à l'attaque et combattez vigoureusement vos ennemis, les ennemis de votre succès, de votre efficacité, de votre bonheur. Affirmez constamment, avec force, que vous les maîtrisez, qu'ils sont impuissants à dominer votre vie et à ruiner votre carrière.

Faites participer votre esprit subconscient

En ayant ainsi avec vous-même un discours franc et ouvert, vous serez en mesure de modifier votre nature dans son ensemble, et de révolutionner votre carrière. Qu'il s'agisse de foi, de courage, d'initiative, de bonne humeur – qu'importe ce qui vous fait défaut –, manifestez la qualité que vous souhaitez posséder, affirmez de manière positive que vous la possédez déjà, exprimez-la chaque fois que cela est possible, concentrez-vous sur cette qualité, et vous serez étonné de voir combien rapidement vous pourrez l'acquérir.

Nous devons dire à notre esprit subconscient exactement ce que nous voulons. Nous devons le diriger de telle sorte qu'il nous aide à atteindre nos buts. Quand vous savez ce que vous désirez au plus profond de votre cœur, votre esprit subconscient vous y conduira sans faute. Mais il doit savoir que vous souhaitez atteindre ce but de manière sincère, ardente et constante, et que vous ne le laisserez pas tomber au profit d'autres souhaits, idées et lubies du moment, conflictuels ou contradictoires.

Votre puissance se déploie de l'intérieur ou elle ne se déploie pas. Soyez vous-même. Écoutez votre voix intérieure. Il y a place à l'amélioration dans toutes les professions, tous les métiers et tous les secteurs d'activité. Le monde a besoin de gens qui peuvent faire les choses autrement et mieux. N'allez pas croire, parce que personne n'a encore songé à votre projet ou à votre idée, ou parce que vous êtes jeune et inexpérimenté, que vous n'allez pas obtenir d'entrevue. La personne qui a quelque chose de neuf et de valable à offrir au monde sera entendue et on la suivra. Si vous avez une forte individualité et que vous osez exprimer vos idées et proposer vos méthodes bien à vous, si vous ne craignez pas d'être vous-même, que vous n'êtes pas la copie de quelqu'un d'autre, alors vous obtiendrez rapidement de la reconnaissance.

Il vous sera impossible d'émerger tant que les mots « destin », « impossible » et « doute » feront partie de votre vocabulaire. Vous ne pouvez pas devenir fort tant que vous avez la conviction d'être faible, ou être heureux tandis que vous vous apitoyez sur vos malheurs et vos infortunes.

Engagez-vous envers ce que vous voulez réaliser

L'une des façons les plus efficaces de vous motiver consiste à vous engager fermement envers ce que vous souhaitez réaliser. Quand les choses vont mal, quand les obstacles semblent infranchissables, quand le découragement se pointe le nez, votre engagement vous motivera à continuer.

La seule manière de développer votre puissance est de déterminer tôt dans la vie de ne jamais laisser passer l'occasion de la manifester. Ne reculez jamais devant quoi que ce soit qui vous permettra d'acquérir plus d'autodiscipline, une meilleure formation, et davantage d'expérience. Qu'importe que cela soit désagréable, obligez-vous à le faire. Il n'y a rien de tel que les responsabilités pour accroître l'habileté. Le poste est exigeant ? Cela ne fait rien, assumez-en les responsabilités et donnez-vous la consigne de faire ce travail mieux que quiconque auparavant.

Les leaders doivent tracer leur propre chemin, se tailler leur propre place, sinon ils ne feront jamais grande impression sur le monde. C'est l'originalité qui frappe l'esprit, qui attire l'attention. Si vous voulez être un leader, ne suivez personne. N'imitez personne. Ne faites pas les choses simplement comme tout le monde l'a déjà fait, mais plutôt de manière nouvelle et ingénieuse. Montrez aux gens de votre secteur que les précédents ne vous impressionnent pas, et que vous allez établir votre propre programme.

Ne craignez pas de vous faire confiance. Ayez foi en votre propre capacité à faire les choses de manière originale. Quoi que vous fassiez, faites-le en cultivant un esprit d'indépendance.

Résumé

- Vous ne serez jamais un bon leader à moins d'avoir l'intime conviction que vous pouvez l'être. Vous devez instiller dans votre esprit subconscient deux conditions très simples : croire que ce que vous souhaitez *peut* arriver, et croire que cela *va* arriver.
- Parmi les principales choses nécessaires pour connaître du succès comme leader, il faut vouloir et savoir comment déléguer la prise de décision à des subalternes. De trop nombreux gestionnaires hésitent à le faire. Les leaders qui réussissent reconnaissent qu'ils ne peuvent pas tout faire. Ils embauchent et forment les personnes les plus habiles qu'ils peuvent trouver et leur permettent de prendre des décisions dans le cadre de leur champ de compétences, de telle sorte qu'ils puissent employer leur propre temps à des tâches de plus haut niveau.
- N'allez pas croire, parce que personne n'a encore songé à votre projet ou à votre idée, ou parce que vous êtes jeune et inexpérimenté, que vous n'allez pas obtenir d'entrevue. La personne qui a quelque chose de neuf et de valable à offrir au monde sera entendue et on la suivra.
- Ne craignez pas d'affronter vos points faibles, ou de désigner vos défauts par leur nom. Amenez-les à la lumière, voyez-les comme ils sont, et ensuite, passez à l'attaque. Vous ne pouvez pas vous permettre d'être moins que ce que Dieu a prévu pour vous, d'être moins que ce que vous avez l'impression de devoir et de pouvoir être, de voir votre vie gaspillée par un quelconque défaut que vous pouvez corriger.

- Si vous voulez être un leader, ne suivez personne. N'imitez personne. Ne faites pas les choses simplement comme tout le monde l'a déjà fait, mais plutôt de manière nouvelle et ingénieuse. Montrez aux gens de votre secteur que les précédents ne vous impressionnent pas, et que vous allez établir votre propre programme.

CHAPITRE 12

Créez une équipe dynamique

Souhaitez aux autres ce que vous souhaitez pour vous-même. Voilà la clé des rapports humains harmonieux.

Le monde du travail a radicalement changé depuis les dix dernières années, un changement qui jamais ne s'est poursuivi de manière aussi rapide depuis la Révolution industrielle. Les choses seront sans doute appelées à changer d'une manière encore plus spectaculaire au cours des prochaines décennies.

Dans le passé, toutes les décisions étaient prises par la haute direction, décisions qu'elle communiquait suivant un système plus ou moins hiérarchisé jusqu'aux travailleurs à la base de la pyramide. Cette façon de faire a été remplacée, comme nous l'avons vu et comme nous aurons l'occasion de le voir encore, par un système organisationnel où l'on s'attend que les membres de tous les niveaux participent à tous les aspects des activités de l'organisation. Aujourd'hui, les choses se font en équipe – c'est-à-dire des groupes de personnes, habituellement dirigés par un chef d'équipe, qui ensemble planifient, mettent en œuvre et vérifient le travail.

La quintessence d'une équipe, c'est son engagement collectif. Sans cet engagement, les membres du groupe fonctionnent comme des individus ; engagés, ils deviennent une unité puissante qui fonctionne comme un tout.

Dans une équipe idéale, chaque membre effectue ses tâches de manière à compléter celles de ses coéquipiers, et ainsi permettre à l'équipe d'atteindre le but qu'elle s'est fixé. Grâce à cette collaboration, le tout devient plus grand que la somme de ses parties.

Un excellent exemple de cela est celui d'une équipe de soins chirurgicaux. Chacun des membres de l'équipe – le chirurgien, l'anesthésiste, les infirmières et les autres techniciens – effectue ses tâches propres de manière experte. Lorsqu'une telle équipe fonctionne bien, les interactions entre les différentes personnes sont fluides. Tous se sont engagés envers un seul but : le bien-être du patient.

Il y a quantité d'exemples du même type dans tous les domaines : les sports d'élite, la recherche médicale, la lutte contre les incendies et tous les secteurs liés aux activités commerciales.

Gérez votre équipe

Si, en matière de gestion de personnel, votre philosophie se résume à dire : « Tu fais les choses à ma manière, ou c'est dehors », mieux vaut vous préparer à revoir du tout au tout votre vision des choses. Le chef d'équipe n'agit pas comme un tyran de la vieille école. Il ou elle est un facilitateur chargé de mettre sur pied et de coordonner une équipe intelligente et motivée en vue de réaliser quelque chose. Il se concentre sur le développement des compétences et la coordination des efforts déployés par les membres de cette équipe intelligente et motivée.

N'agissez pas comme un patron, mais comme un leader

Pour créer une équipe dynamique et motivée, vous devrez cesser de penser comme un « patron ». Les patrons prennent des décisions et donnent des ordres. Un chef d'équipe coordonne un groupe d'adultes qui savent réfléchir par eux-mêmes et qui ensemble font face aux problèmes auxquels ils sont exposés. Un bon chef d'équipe fait en sorte de créer un climat de travail où les membres de l'équipe sont encouragés à analyser eux-mêmes les problèmes, à proposer des solutions et à participer à la prise de décision. Voyons comment un chef d'équipe peut faire cela.

- Il s'assure que les membres de l'équipe connaissent la vision et la mission de l'organisation et de l'équipe, et qu'elles se concentrent sur le respect de celles-ci.
- Il est un communicateur expert et reconnaît que la communication se fait dans les deux sens. Il est important que le leader puisse bien faire comprendre ce qu'il pense et ce qu'il veut aux membres de son équipe, mais il est tout aussi important qu'il soit ouvert à leurs idées et à leurs suggestions.
- Il vise le développement des compétences et des capacités des membres de l'équipe. Un bon leader prend le temps de déterminer quelles sont les forces et les faiblesses de chacun des membres de l'équipe, et aide ces derniers à améliorer leur rendement. Il les encourage à se perfectionner de manière continue et recommande des moyens – à l'interne ou à l'externe – susceptibles de les aider à se parfaire comme individu et comme membre de l'équipe.
- Il travaille avec les membres de l'équipe à l'établissement de normes de rendement claires, atteignables et mesurables, et met en œuvre les moyens qui permettent aux membres de l'équipe de connaître leur rendement.
- Il motive et inspire les membres de l'équipe sur le plan individuel par des témoignages de reconnaissance, des éloges et des récompenses. Il motive et inspire l'équipe par des discours d'encouragement, une reconnaissance de l'équipe, et en créant un climat d'enthousiasme.

Appliquez la «règle d'or»

«Fais aux autres ce que tu voudrais que l'on te fasse.» Cette règle d'or est commune à toutes les grandes religions, sous une forme ou sous une autre. On dit souvent qu'elle est l'essence de toute religion. Quand on lui a demandé de résumer la Torah à un seul enseignement, le grand sage juif Hillel, qui vécut cent ans avant Jésus, répondit ceci: «Ce que tu ne voudrais pas que l'on te fît, ne l'inflige pas à autrui.» Les psychologues modernes réitèrent cette règle comme étant le principal facteur du développement de relations interpersonnelles saines.

Quel est le rapport entre suivre la règle d'or et devenir un bon chef d'équipe? Hillel répond aussi à cela: «Si je ne suis pas pour moi, qui le sera? Si je suis seulement pour moi, que suis-je?». Oui, Dieu nous a donné la capacité de posséder des richesses et de vivre dans l'abondance. Il est de notre devoir de nous servir de nos talents et de saisir les occasions qui nous sont données, comme il est de notre devoir de prendre soin non seulement de nous-mêmes, mais aussi des autres.

Le principe de réciprocité, ou règle d'or, est un élément commun à tous les grands systèmes philosophiques ou religieux. Les mots employés pour en parler diffèrent, mais l'intention reste la même: nous devons donner aux autres, leur permettre et désirer pour eux les mêmes libertés de croyance, de culte, de réalisation et d'acquisition que celles que nous souhaitons pour nous-mêmes.

Quand nous adoptons cette attitude et que nous en faisons notre code de conduite – notre principe directeur –, elle devient une force d'influence dynamique et le moteur de notre vie quotidienne. Elle est le trésor de sagesse qui réside au plus profond de notre être, un guide, une direction donnée par le cœur et l'âme, et qui existe chez tous les hommes et toutes les femmes.

Nous devons programmer notre esprit subconscient à accepter que nous ne sommes pas seulement pour nous, mais partie intégrante d'une équipe, et que chaque membre de cette équipe est un partenaire, une personne, qui assume et accepte la responsabilité du succès de l'équipe et qui veut contribuer, à sa juste mesure, à l'effort et à l'attitude qui sont nécessaires pour y parvenir.

Lorsque nous accordons aux autres la parfaite liberté de penser, de parler et de prendre des décisions selon ce qu'ils pensent et ressentent dans leur cœur, c'est à nous que nous accordons cette liberté. Dans ce partenariat, nous donnons au moins autant que nous nous attendons à recevoir.

Ce qu'il faut pour être un bon coéquipier

Comme nous l'avons dit plus tôt, un chef d'équipe n'est pas le patron de l'équipe, mais celui qui est à la tête d'un groupe d'égaux. Tous les membres de l'équipe doivent travailler ensemble à l'atteinte des objectifs fixés par l'équipe. Pour réussir comme équipe, il faut d'abord bien travailler sur le plan individuel. On s'attend que tous les membres donnent un excellent rendement. Mais l'excellence en soi n'est pas suffisante. Il faut beaucoup plus pour devenir un bon coéquipier. Voici quelques indications qui pourront vous aider.

- *Participez pleinement aux discussions d'équipe et pratiquez l'écoute active.* Apportez votre contribution chaque fois qu'il y a une discussion. Même si vous n'avez aucune idée originale à proposer, n'hésitez pas à commenter les suggestions des autres membres et à poser des questions pertinentes. Offrez votre soutien. Proposez votre aide.
- *Soyez votre propre source de motivation*. Établissez des objectifs personnels en lien avec la mission de l'équipe. Apportez votre contribution au moment d'établir les objectifs d'équipe. Vous allez devoir travailler pour les atteindre, alors vous devriez avoir votre mot à dire au moment de les déterminer.

- *Allez vers la nouveauté.* Ne craignez pas de prendre des risques. C'est ainsi que vous progresserez. Rappelez-vous la tortue : elle est parfaitement en sécurité à l'intérieur de sa carapace, mais si elle veut avancer, elle doit allonger le cou et sortir la tête.
- *Portez votre regard par-delà l'équipe.* Étudiez la culture de l'entreprise. Soyez au courant de son énoncé de mission et assurez-vous de le comprendre. Mesurez le degré de rendement de l'équipe par rapport aux objectifs établis par le service et l'organisation. Réfléchissez à la manière dont votre travail s'inscrit dans l'ensemble de l'entreprise.
- *Soyez sensible aux autres points de vue.* Écoutez le point de vue des autres membres de l'équipe. N'hésitez pas à exprimer le vôtre même si vous êtes le seul à penser différemment. Affirmez ce en quoi vous croyez, mais ne vous entêtez pas. Soyez prêt à faire des compromis pour obtenir un consensus.
- *Sachez jouer en équipe.* Coopérez. Ne faites compétition à personne. Soutenez vos coéquipiers. Aidez-les à s'épanouir en leur communiquant de l'information, en vous chargeant de tâches difficiles, et en formant les nouveaux membres ou en prenant auprès d'eux le rôle de mentor. N'hésitez pas à féliciter les coéquipiers qui ont fait un bon travail. Montrez votre appréciation envers les membres qui ont été particulièrement utiles, à vous ou à l'équipe.
- *Connaissez vos coéquipiers.* Connaissez leurs forces et leurs limites. Sachez quels sont les buts et les ambitions qu'ils poursuivent. Connaissez leurs idiosyncrasies et leurs bêtes noires. Cela rendra votre collaboration plus facile et plus agréable.
- *Augmentez votre confiance en vous.* Relisez le chapitre 2 et mettez en application ce que vous avez appris. Aussi, lisez des livres et des articles qui vous proposent des moyens de vous améliorer. Observez-vous. Soyez au fait des aspects chez vous qui ont besoin d'être travaillés. Par exemple, si vous êtes timide, suivez une formation qui vous permettra d'acquérir plus d'assurance ; si vous êtes un piètre orateur, ou malhabile comme rédacteur, suivez des cours pour vous améliorer dans ce sens.

- *Ne laissez pas les conflits nuire à l'avancement de l'équipe.* Si vous et un de vos coéquipiers avez du mal à vous entendre, ou qu'un conflit plus grave vous oppose, tâchez de trouver une solution aussi rapidement que possible. Ne laissez pas les choses s'envenimer. Une fois le conflit réglé, n'y pensez plus. N'ayez aucun ressentiment. « Ce qui est du passé appartient au passé. »
- *Apprenez à effectuer d'autres tâches dans l'équipe*. Formez-vous en vue de pouvoir effectuer le travail d'autres membres de l'équipe. Vous augmenterez ainsi votre valeur au sein de l'équipe, puisque cela vous permettra de faire des remplacements en cas de besoin, ou au moment des périodes de pointe, ou en d'autres circonstances.
- *Vérifiez périodiquement vos progrès.* Revoyez périodiquement vos objectifs personnels et d'équipe. Évaluez les progrès accomplis par rapport à l'objectif fixé. Soyez prêt à prendre les mesures qui s'imposent pour corriger les problèmes qui nuisent à l'avancement du travail.

Le concept d'équipe est basé sur le principe selon lequel tous les membres travaillent ensemble à l'atteinte des résultats souhaités. Cela signifie que tous les membres de l'équipe font tout ce qu'il faut pour que le travail soit fait. Cela comprend effectuer une tâche que vous n'aimez pas, aider les membres plus lents à se rattraper, et mettre de côté vos projets préférés afin d'aider l'équipe à conserver le cap sur les tâches prioritaires.

L'importance de la confiance

La base de n'importe quelle relation, au travail ou hors du travail, est la confiance. Si les membres de l'équipe ne font pas confiance à leur chef ou à l'un ou à plusieurs des autres membres, l'équipe ne parviendra jamais à décoller.

Le succès ou l'échec d'un chef d'équipe dépend du degré de confiance qu'il inspire à son équipe. Si les gens vous font confiance, tout ce que vous dites obtiendra une oreille attentive. Si les gens ne vous font pas confiance, alors la majorité de ce que vous direz entrera par une oreille et ressortira par l'autre.

La confiance est une chose qui se perd très facilement. Le chef d'équipe fait une promesse qu'il ne tient pas, et voilà la confiance qui disparaît. Un membre garde secrète une information dont d'autres membres ont besoin : plus personne ne fera confiance à ce membre de l'équipe.

Retrouver la confiance n'est pas facile. Si le manque de confiance se situe parmi les membres de l'équipe, le chef d'équipe peut s'impliquer pour tenter de réparer les choses. En revanche, si c'est le chef d'équipe qui a perdu la confiance de son équipe, il faudra un effort extraordinaire pour que la relation de confiance puisse se rétablir.

Les hommes et les femmes qui méritent d'être vos collaborateurs doivent se faire confiance, avoir foi en leur propre capacité à penser avec originalité. S'ils ont quelque potentiel que ce soit, leur habileté à se faire confiance le fera ressortir.

Quoi que vous fassiez, encouragez les membres de votre équipe à cultiver un esprit d'indépendance dans l'exécution de leurs projets. Donnez-leur la chance de s'exprimer dans le cadre de leur travail. Au lieu de n'être qu'un des rouages de l'engrenage, encouragez-les à penser par eux-mêmes et à mettre en œuvre leurs propres idées, autant que faire se peut, même lorsqu'ils travaillent pour quelqu'un d'autre.

Il n'est pas facile de changer

Changer votre façon de travailler n'est souvent pas une chose facile. Vous devez pour cela changer radicalement votre manière de voir votre travail – et vous-même. Personne n'aime vraiment modifier ses façons de faire. Vous êtes habitué à faire vos tâches d'une certaine façon, et cela vous procure un certain confort. Les modifier vous oblige à sortir de votre zone de confort. Toutefois, aucun progrès ne peut être accompli sans inconfort. Vous devez plonger profondément dans votre esprit subconscient et le nettoyer de toutes les vieilles habitudes, pour ensuite y établir les nouvelles façons de faire.

Le processus est ardu, mais il en vaut largement la peine. Voici quelques-uns des avantages que vous en retirerez :

1. *Votre emploi.* C'est aussi simple que cela. Si l'entreprise s'écroule, vous perdrez votre emploi. Si l'entreprise prospère, non seulement vous aurez un emploi, mais vous verrez aussi les occasions d'avancement se présenter. Dans le monde hautement compétitif d'aujourd'hui, si une entreprise veut réussir – et même survivre –, elle doit changer. Cependant, aucune société ne pourra changer à moins que tous ceux qui en font partie ne contribuent à ce changement. Accepter le changement, c'est contribuer à une petite échelle à maintenir la viabilité de l'entreprise. Soutenir le changement avec enthousiasme, c'est contribuer à augmenter la capacité de votre entreprise à faire face à la concurrence.
2. *Votre croissance personnelle.* L'environnement du travail d'équipe exige des membres de cette équipe qu'ils utilisent leur intelligence, leur créativité et leurs compétences dans leur travail. Maintenant, ce sera souvent la première fois que vous aurez à exprimer au travail vos opinions et vos idées, et à contribuer ainsi à la manière de faire les choses. Cela vous stimule intellectuellement, et vous encourage à parfaire vos propres connaissances. Chaque fois que vous remportez du succès, votre confiance en vous s'accroît. Lorsque vous subirez des revers – et il y en aura –, vous pourrez accroître votre résilience, qui vous permet d'accepter l'échec et d'en tirer les leçons, en vous concentrant sur les succès passés plutôt que de vous faire du mauvais sang au sujet de cet échec.

- *Votre carrière.* Si votre but est de grimper les échelons de la hiérarchie organisationnelle, le travail d'équipe vous permettra d'acquérir l'expérience de leadership qu'il vous faut. Vous participerez à la tenue des réunions, à la direction de projets, et à la formation de collègues et aux activités de mentorat. À mesure que vous obtiendrez de la reconnaissance, vous attirerez l'attention des dirigeants de plus haut niveau. Au moment de former de nouvelles équipes, vous serez prêt à jouer le rôle de leader.

Vaincre la résistance au changement

Il n'y a pas que vous qui pourriez résister au changement ; passer des groupes de travail au travail d'équipe pourrait susciter une résistance chez bien d'autres au sein de votre entreprise. La plupart des gens résistent au changement et trouveront n'importe quelle excuse pour continuer à faire les choses comme à l'ordinaire.

Il arrive souvent que lorsqu'on leur demande de changer leur manière de travailler, les gens réagissent en disant : « Mais, nous avons toujours fait les choses ainsi. » Pour accepter le changement, il faut convaincre les membres de l'équipe des avantages que leur apportera ce changement.

Les gens diront aussi, pour justifier le maintien d'une certaine façon de faire, qu'il « ne faut pas tenter de réparer quelque chose qui fonctionne bien », ou tout autre dicton du même genre.

Il est évident que bon nombre des processus, méthodes et manières de faire fonctionnent bien. Changer pour changer n'est pas une voie à suivre. L'idée est que même si le processus en question « fonctionne », il est important de l'examiner pour savoir s'il ne pourrait pas être amélioré et ainsi augmenter d'autant son efficacité au moment de le convertir en activité d'équipe.

Aucune conversion vers le travail d'équipe ne pourra fonctionner à moins que la haute direction ne soit convaincue de son importance et qu'elle ne l'appuie totalement.

Les superviseurs immédiats craindront peut-être de voir leur rôle diminuer, ou leur poste aboli, et il est possible qu'ils perçoivent ce changement de rôle comme une rétrogradation.

Passer de superviseur à chef d'équipe ne se fait pas du jour au lendemain. Il faut du temps et ce n'est pas toujours facile. Il est important de bien faire comprendre aux superviseurs en quoi cette transition peut les avantager. Ils doivent obtenir l'assurance qu'en déléguant certaines de leurs fonctions, cela leur permettra de consacrer plus de temps à l'amélioration des processus en général, d'entreprendre de nouveaux projets, et d'élargir l'éventail des possibilités que leur offre leur emploi. Si vous instillez cette assurance dans leur esprit conscient, leur esprit subconscient va l'absorber et s'ajuster, et les aider à accepter les changements nécessaires.

Faites de la conception de tâches une affaire d'équipe

Une équipe se compose de personnes aux compétences diverses qui, mises ensemble, permettent d'atteindre les objectifs que l'équipe s'est fixés. La répartition des tâches doit être claire et correspondre à l'orientation de l'équipe. Tous les membres de l'équipe doivent savoir où ils s'inscrivent dans le tableau global et comment, ensemble, ils seront en mesure de réaliser beaucoup plus que s'ils travaillaient chacun dans leur coin.

Le chef d'équipe, en procédant à la conception de tâches pour l'équipe, doit tirer profit du savoir-faire et de l'expérience de chacun des membres. Les objectifs d'équipe sont plus susceptibles de donner des résultats lorsqu'ils sont déterminés par l'équipe au complet, et il en va de même pour la conception de tâches – c'est-à-dire les processus et les méthodes que l'on utilise pour atteindre ces objectifs.

Le vieux dicton selon lequel « deux têtes valent mieux qu'une » peut s'étendre à « trois têtes valent mieux que deux », et ainsi de suite. Si nous pouvons mettre à profit les capacités intellectuelles d'autrui et les associer aux nôtres, nous aurons de meilleures chances de succès.

Travailler en étroite collaboration avec les membres de l'équipe et avec des spécialistes en dehors de votre champ d'expertise vous donne non seulement l'occasion de faire des apprentissages (de part et d'autre), mais aussi vos interactions avec le groupe peuvent vous stimuler dans vos propres réflexions ; cela aiguise votre créativité. Cela renforce la puissance de votre subconscient qui vous permet de prendre des décisions plus innovatrices et sages.

Il arrive assez souvent que les idées d'une personne fassent jaillir une étincelle chez une autre. Nous avons, sur le plan cérébral, le potentiel de créer des pensées sans limites. Cette puissance cérébrale se situe en grande partie au plus profond de notre subconscient, et elle n'attend qu'un signe pour se révéler. Lorsqu'un groupe discute d'une situation donnée, des idées surgissent de l'esprit subconscient d'un des membres du groupe lorsque celui-ci entend parler un autre membre. N'importe quelle idée peut faire naître dans l'esprit d'une autre personne une autre idée qui germera à son tour ; à mesure que chaque personne exprime ses pensées et ses idées, chacun des autres participants absorbe, adapte et façonne ces idées qui passent par son propre cerveau, et l'effort de collaboration entraîne une nouvelle façon de penser qui n'aurait jamais pu naître toute seule.

La collaboration vivifie l'enthousiasme

Les gens qui participent à une prise de décision s'engagent envers le succès que cette décision engendrera. Le fait qu'ils aient été parties prenantes du processus de décision leur donne un « droit de propriété » sur le programme. Or, rien n'est plus puissant que le sentiment d'appartenance pour générer l'enthousiasme. L'esprit se répète sans cesse : « C'est mon projet. Il doit réussir. »

C'est ce qui est conçu dans l'esprit qui détermine le résultat. Quand les gens font vraiment preuve d'enthousiasme, cela se voit dans l'éclat de leurs yeux, dans leur personnalité alerte et vibrante. Cela se voit dans la verve qui les habite. L'enthousiasme fait toute la différence dans l'attitude d'une personne envers les autres, envers son travail, envers le monde. C'est ce qui fait la grande différence dans la façon d'apprécier la vie.

Michelle Peluso, chef de la direction chez Travelocity, l'agence de voyages en ligne qui connaît beaucoup de succès, s'assure de s'entourer d'équipes enthousiastes pour la soutenir, et pour cela elle voit à ce qu'elles restent engagées dans leur travail. Sa philosophie : les gens vont au travail parce qu'ils croient aux personnes qui les entourent et à ce qu'elles représentent toutes : leurs pairs, leurs collègues et la conviction que leur entreprise est utile à sa clientèle.

Mme Peluso fait participer son personnel de diverses manières : elle envoie chaque semaine un message par courrier électronique décrivant les efforts de Travelocity pour faire passer l'expérience du client avant tout. Elle demande à ses employés de nommer un ou une collègue qui reflète les valeurs centrales de la compagnie, et fait de cette personne et de son travail l'objet d'une attention particulière. Elle encourage les membres de l'équipe à prendre l'habitude de discuter entre eux, pas seulement de s'occuper d'un problème. Elle entretient des liens directs avec toutes ses équipes en organisant des rencontres où chacun apporte son goûter, et où tout le monde est le bienvenu, en plus d'être disponible pour converser avec ses employés. Chaque trimestre, elle se rend dans les différents bureaux pour discuter de manière ouverte des finances de la compagnie, de sa position concurrentielle, et d'autres sujets, ce qui a le don d'impressionner les membres de l'équipe qui aiment savoir que leurs efforts donnent des résultats.

Favorisez la croissance de vos coéquipiers en leur confiant des responsabilités

Les responsabilités sont très utiles pour accroître la puissance. Là où il y a des responsabilités, il y a croissance. Les gens qui ne sont jamais amenés à occuper des postes de responsabilités ne développent jamais la force qu'ils possèdent réellement. N'ayant jamais eu l'obligation de planifier les choses pour eux-mêmes, ils n'ont jamais développé leur pouvoir d'exprimer leur originalité, leur inventivité, leur initiative, leur indépendance, leur capacité à dépendre d'eux-mêmes, leur courage et leur endurance. Le pouvoir de créer, de faire des alliances, de répondre aux urgences, le pouvoir qui vient à force de continuellement faire appel à ses propres forces dans des situations difficiles, d'ajuster les moyens en fonction de la fin, cette force vive ou ce pouvoir qui met au même niveau la personne et les grandes crises de la vie d'une nation ou d'une entreprise, ne se développe que par des années de formation pratique passées à assumer de grandes responsabilités.

Résumé

- La quintessence d'une équipe, c'est son engagement collectif. Sans cet engagement, les membres du groupe fonctionnent comme des individus ; engagés, ils deviennent une unité puissante qui fonctionne comme un tout.
- N'agissez pas comme un patron, mais comme un leader. Pour créer une équipe dynamique et motivée, vous devrez cesser de penser comme un « patron ». Les patrons prennent des décisions et donnent des ordres. Un chef d'équipe coordonne un groupe d'adultes qui savent réfléchir par eux-mêmes et qui ensemble font face aux problèmes auxquels ils sont exposés.

- Un bon leader fait en sorte de créer un climat de travail où les membres de l'équipe sont encouragés à analyser eux-mêmes les problèmes, à proposer des solutions et à participer à la prise de décision. La clé du succès réside dans la participation.
- Changer vous oblige à sortir de votre zone de confort. Toutefois, aucun progrès ne peut être accompli sans inconfort. Vous devez plonger profondément dans votre esprit subconscient et le nettoyer de toutes les vieilles habitudes, pour ensuite y établir les nouvelles façons de faire.
- La base de n'importe quelle relation, au travail ou hors du travail, est la confiance. Si les membres de l'équipe ne font pas confiance à leur chef ou à l'un ou à plusieurs des autres membres, l'équipe ne parviendra jamais à décoller.

CHAPITRE 13

Exprimez votre appréciation sincère

Chacun d'entre nous veut être aimé et apprécié. Chacun a besoin de sentir qu'il est important dans le monde. Prenez conscience du fait que d'autres autour de vous connaissent leur véritable valeur. Comme vous, ils ressentent la dignité d'être une expression du principe de vie unique qui anime tous les êtres. À mesure que vous ferez cela consciemment et en toute connaissance de cause, ces gens en seront fortifiés, vous serez aimé à votre tour, et on vous témoignera de la bienveillance.

Il faut se hâter de donner crédit chaque fois que cela est mérité. Et cela veut dire, entre autres, savoir apprécier, et être courtois et poli. Chaque jour nous voyons des exemples du peu de manières dont les gens font preuve, individuellement ou comme famille. Confucius avait raison de dire que la pratique des principes moraux commence chez soi. Il n'est pas rare d'entendre des remarques telles que « Peu importe ce que je fais, ce n'est jamais assez. Jamais une marque d'appréciation ou un mot de remerciement. »

La question se pose donc de soi : Combien de fois vous arrive-t-il, à vous, de dire : « Merci, je t'apprécie. Je pense que tu es un élément précieux dans notre équipe » ? Si vous voulez entendre ces paroles vivifiantes, il serait sage de commencer par les dire vous-même à d'autres – et cela, tous les jours jusqu'à ce que vous vous sentiez à l'aise, c'est-à-dire en pensant vraiment ce que vous dites. Mise en application, la règle d'or est l'appréciation en action.

Trop souvent nous tenons nos employés et nos collègues de travail pour acquis. Nous croyons d'emblée qu'ils savent que nous les apprécions et nous sommes abasourdis lorsqu'ils démissionnent pour s'en aller ailleurs.

Au moment de l'entrevue de départ de Tony E., lorsqu'il a laissé son emploi chez Building Maintenance Company, on lui a demandé ce qu'il avait aimé le plus et le moins dans la compagnie. Tony a répondu que malgré un bon salaire et de bons avantages sociaux, il n'avait jamais eu l'impression de faire partie du groupe. « J'ai toujours eu l'impression aux yeux des autres de n'être qu'un simple rouage dans l'engrenage, dit-il. Pendant les neuf mois où j'ai travaillé dans le service, j'ai fait plusieurs suggestions, offert de prendre en charge des projets supplémentaires, et j'ai essayé d'appliquer des approches créatives à certaines des tâches qu'on m'a confiées. Mon patron n'a reconnu aucune des contributions que j'aurais pu apporter. »

Si la société avait reconnu les capacités de Tony et témoigné son appréciation en discutant de ses suggestions et en lui montrant combien la société appréciait son travail, elle aurait pu garder un employé très précieux.

Montrez votre appréciation

William James, le grand psychologue américain, a déclaré que le besoin le plus ardent et le plus profond chez un être humain était celui d'être apprécié. Nous oublions souvent, au quotidien, dans nos rapports personnels ou au travail, d'exprimer notre appréciation à ceux qui rendent notre réussite possible.

Nous avons tendance à chercher quelque chose à critiquer plutôt que faire des compliments. Montrer son appréciation non seulement rend les interrelations au travail beaucoup plus plaisantes, mais cela crée un esprit de coopération et de collaboration dans l'équipe. Toute l'équipe est alors beaucoup plus réceptive lorsque vous voulez la persuader d'aller dans le sens que vous proposez.

Faites-vous un point d'honneur d'avoir, pour le moins, des rapports amicaux et, de manière optimale, des rapports chaleureux et étroits avec l'ensemble de vos collègues de travail. L'une des manières d'y parvenir consiste à leur montrer votre appréciation pour les efforts qu'ils déploient dans tout ce qu'ils font pour vous aider.

Pour de nombreux cadres d'entreprise, une hausse de salaire ou un boni est un geste suffisant pour indiquer son appréciation au travail. Bien entendu, les travailleurs, lorsqu'ils font du bon travail, s'attendent à une gratification concrète, mais l'argent seul n'est pas assez.

Un homme d'affaires du Maryland m'a raconté un jour comment il avait fait plus. Un de ses employés avait l'habitude de donner un rendement supérieur comparativement aux autres, et cela de manière constante. Sa contribution allait bien au-delà des tâches qui lui étaient assignées. Au moment de distribuer les bonis, l'homme d'affaires versa à l'employé un boni plus important qu'aux autres, mais comme l'argent ne parvenait pas à exprimer ce qu'il ressentait, il lui écrivit un mot personnel qu'il joignit au chèque de boni. Dans sa lettre, il le remerciait et lui disait à quel point il était important pour la compagnie. Plus tard, cet employé le remercia en lui disant que cette lettre l'avait ému aux larmes et qu'il la chérirait pour le restant de ses jours.

Une année, au marché d'alimentation Stew Leonard's, à Norwalk, dans le Connecticut, pendant la cohue qui précédait la fête de Thanksgiving, plusieurs des employés de bureau remarquèrent les longues files d'attente aux caisses, et, sans qu'on le leur demande, désertèrent leur poste habituel pour aller aider les caissiers à emballer les marchandises, contribuant ainsi à désengorger les files.

Stew, le propriétaire, résolut de faire quelque chose de spécial pour souligner la contribution de ces employés. Une fois passée la période d'achalandage, il remit à chacun un magnifique chandail sur lequel était brodée l'inscription « Stew Leonard ABCD Award » (le prix ABCD Stew Leornard), où « ABCD » voulait dire « Above and Beyond the Call of Duty[6] ». En soulignant ainsi la contribution d'employés qui avaient effectué leurs tâches au-delà des attentes, non seulement il leur témoignait sa reconnaissance, mais il laissait savoir à tout le monde (les employés, leurs collègues et leurs superviseurs, en plus des clients) qu'il appréciait l'effort supplémentaire fourni.

Pourquoi les gens négligent-ils de témoigner leur appréciation ?

On croit souvent que dire « merci » est une manière tacite de témoigner son appréciation. Parfois, on considère que l'appréciation n'est pas nécessaire, la personne ayant « simplement fait son travail ». Il arrive aussi qu'une personne ne veuille pas exprimer son appréciation parce qu'elle aurait ainsi l'impression qu'il s'agit d'un signe de faiblesse ou croit que cela va refléter ses propres faiblesses à elle. Une telle personne se dira inconsciemment : « Si je dis à cette personne qu'elle a fait du bon travail, elle (et d'autres) aura peut-être l'impression que je lui suis inférieur. » Cette conclusion n'est pas fondée. Tous les grands de ce monde ont à maintes reprises exprimé leur gratitude envers ceux qui les ont aidés. En fait, cela accentue l'image de force qu'ils ont acquise et fait naître un plus haut degré de loyauté chez ceux qui les suivent.

Il n'est pas nécessaire d'exprimer son appréciation avec effusion. Il suffit de montrer sincèrement vos sentiments face au travail effectué ou au service fourni, ou la fierté que vous ressentez face à une réalisation particulière. Personne ne se fatigue jamais qu'on lui témoigne une appréciation sincère. Croire que votre appréciation

6. NDT : Ce qui peut se traduire par « au-dessus des attentes ».

est acquise sans que vous ayez à l'exprimer, c'est ne pas donner à l'autre autant que ce qui lui est dû. Dites à cette personne que vous appréciez le travail qu'elle a fait et pourquoi vous l'appréciez. Si la situation résulte d'un geste particulier, exprimez votre appréciation dès que possible une fois ce geste fait. Exprimer son appréciation, comme le glaçage sur un gâteau, ajoute un élément plaisant à la simple joie d'avoir réalisé quelque chose.

Exprimez sincèrement votre appréciation

La personne qui exprime son appréciation doit le faire avec conviction et avec cœur pour que l'autre le reçoive comme quelque chose de sincère. Le manque de sincérité se perçoit toujours, aussi jolis soient les mots employés pour dire quelque chose. Votre voix, vos yeux et votre langage gestuel laissent tous transparaître ce que vous ressentez vraiment. Il n'y a aucune raison de feindre l'expression de votre appréciation. Pour la plupart d'entre nous, les occasions de le faire ne manquent pas, et il y a quantité de personnes qui méritent que nous leur témoignions sincèrement notre gratitude.

Il est important de reconnaître les efforts supplémentaires que déploient nos employés ou nos coéquipiers, cette empathie particulière que nous témoignent nos amis et les membres de notre famille, ou les encouragements additionnels que nous recevons de la part de nos collègues. En réalisant à quel point nous devons beaucoup à ces personnes fera à coup sûr surgir du plus profond de notre cœur toute la gratitude que nous éprouvons sincèrement envers ces personnes. Laissez cette gratitude couler. Laissez-la se traduire en mots, librement. Laissez ceux qui la méritent entendre vos paroles. Leur vie et la vôtre s'en trouveront un peu meilleures ce jour-là.

Faites du renforcement positif

Un patron autocratique critique, condamne et se plaint continuellement, et n'oublie jamais un mauvais rendement. Mais un tel patron (homme ou femme) tiendra toujours un bon rendement pour acquis. Les gestionnaires d'aujourd'hui ont constaté que renforcer les bons coups de leurs employés, plutôt que de continuellement leur remettre leurs fautes ou leur manque d'efficacité sous le nez, rehaussait le moral de ces derniers et engendrait une plus grande productivité.

Quand les gens entendent continuellement des remarques de critique, ils en viennent à se sentir stupides, inférieurs et à en vouloir aux gens autour d'eux. Même s'il arrive qu'une personne puisse donner un rendement insatisfaisant, votre objectif n'est pas que cette personne se sente mal, mais de corriger le comportement.

Le célèbre psychologue B. F. Skinner a fait remarquer que la critique renforce souvent un mauvais comportement (lorsque la seule façon qu'a cette personne d'obtenir de l'attention est de se faire critiquer). Il recommande que nous minimisions nos réactions face aux mauvais comportements et que nous maximisions notre appréciation aux bons comportements. Quand les gens font continuellement l'objet de critiques, il se crée en eux un sentiment répété d'échec qui s'inscrit profondément dans leur esprit subconscient. Ils se voient comme inadéquats et cela exacerbe leur taux d'échec. Pour éviter cette situation, il vaut mieux guider la personne que la critiquer.

Plutôt que de réprimander un employé parce qu'il a mal fait quelque chose, dites-lui doucement: « Tu fais quelques progrès, mais il te reste beaucoup de chemin à faire. Laisse-moi te montrer comment on peut faire les choses plus rapidement. » Lorsque vous constatez que le travail s'améliore, soulignez-le avec enthousiasme. Ainsi, plutôt que des pensées négatives, ce seront des pensées positives qui s'inscriront dans l'esprit subconscient.

Certains superviseurs craignent de faire preuve de mollesse en félicitant un employé : « Nous ne voulons pas dorloter nos subalternes », disent-ils. Féliciter quelqu'un n'est *pas* de la mollesse, c'est une approche positive qui renforce le bon rendement. Quand vous cessez de considérer les membres de votre personnel comme des subalternes et que vous les voyez plutôt comme des partenaires qui cherchent avec vous à atteindre les mêmes objectifs, adresser des félicitations méritées deviendra un comportement naturel.

Ne félicitez pas sans discernement

Les êtres humains s'épanouissent quand on les félicite. Même si chacun de nous avons besoin de reconnaissance pour nous sentir bien avec nous-mêmes, il ne faut pas féliciter les gens sans discernement : il faut le faire uniquement lorsque la réalisation mérite une reconnaissance spéciale. Alors, que faut-il faire dans le cas des gens qui ne font jamais rien qui mérite une reconnaissance spéciale ?

Maria C. fut amenée à vivre cette situation dans son groupe d'opératrices de traitement de textes. Pour certaines d'entre elles, tant qu'elles respectaient la quantité de travail qui leur était demandée, tout allait bien. C'était l'attitude qu'elles avaient adoptée. Les féliciter d'avoir fait leur travail ne faisait que renforcer leur croyance selon laquelle on ne s'attendait à rien de plus de leur part. Quand on leur reprochait de ne pas faire plus, elles répondaient invariablement : « Je fais mon travail. »

Maria décida de tenter une nouvelle approche de renforcement positif. Elle confia à l'une des opératrices une tâche pour laquelle aucun critère de quantité n'avait été fixé. Quand le travail fut terminé, Maria félicita son employée qui avait bien travaillé. Elle poursuivit cette approche pour toutes les nouvelles tâches, et finit par avoir l'occasion de féliciter sincèrement chacune des opératrices.

Nous avons parfois tendance à rechercher des éléments à reprocher plutôt que ceux qui méritent des compliments. Vous vous attendez que vos employés donnent un bon rendement, et c'est pourquoi vous vous concentrez peut-être sur le renforcement des aspects plus faibles. Douglas P., superviseur régional d'une chaîne de supermarchés californienne, effectuait régulièrement des visites dans les huit magasins de son district. Lorsqu'il se rendait à l'un des magasins, dit-il, il recherchait où se trouvaient les problèmes. Il critiquait, par exemple, la façon dont le gérant plaçait la marchandise sur les étalages, la lenteur des files d'attente aux caisses, et tout ce qu'il pouvait remarquer du même genre. « C'est mon travail, disait-il, de voir à ce que tout soit fait correctement. »

Comme vous pouvez vous en douter, tous les employés du magasin redoutaient le moment de ses visites. Le patron de Douglas reconnut qu'il était important d'améliorer ce qui n'allait pas, mais il lui fit aussi remarquer que les gérants avaient également besoin d'entendre qu'on était contents de leur travail, compte tenu des résultats de ventes supérieurs aux attentes et du maintien des coûts à un bas niveau. Le patron de Douglas suggéra à ce dernier de chercher à voir les bons coups de ses employés et d'exprimer son appréciation. Il encouragea Douglas à faire des suggestions lorsqu'il y avait place à amélioration, mais de ne pas en faire l'objet principal de ses visites.

Non sans difficulté, Douglas suivit le conseil de son patron. En quelques mois, les gérants en vinrent à attendre la visite de leur patron avec impatience. Ils se mirent à échanger de nouvelles idées et à rechercher ses conseils pour tous les problèmes qui concernaient le magasin. Les commis et les autres employés des magasins surpassèrent bientôt leur crainte du « grand patron », accueillant favorablement ses commentaires et ses suggestions.

Cinq conseils pour réussir vos félicitations

Aussi importante que puisse être la reconnaissance pour motiver une personne, cela ne fonctionne pas à tous les coups. Certains superviseurs félicitent leurs employés à la moindre occasion, et cela diminue la valeur des compliments qui sont adressés lors de vraies réalisations. D'autres adressent des félicitations qui sonnent faux. Pour faire de vos marques de reconnaissance des occasions plus significatives, je vous invite à suivre les quelques suggestions suivantes :

1. *N'en faites pas trop.* Un compliment est une douceur pour l'oreille. Mais les bonbons aussi sont des douceurs, et plus on en mange, plus on risque d'avoir mal au ventre. Trop de compliments réduisent le bienfait que peut apporter chacun d'entre eux ; si on en fait trop, le compliment perd totalement de sa valeur.
2. *Soyez sincère.* Vous ne pouvez pas faire semblant d'être sincère. Vous devez vraiment croire que ce pour quoi vous adressez vos compliments à votre employé mérite réellement des félicitations. Si vous n'êtes pas vous-même convaincu, votre employé n'y croira pas non plus.
3. *Soyez précis quant aux raisons qui vous portent à faire des compliments.* Plutôt que de dire : « Bon travail ! », il vaut beaucoup mieux dire : « Le rapport que vous avez soumis sur la question XYZ m'a permis de comprendre plus clairement la complexité du problème. »
4. *Demandez conseil à votre employé.* Rien n'est plus flatteur que de se faire demander conseil sur la manière de traiter une situation. Il arrive, par contre, que cette approche se retourne contre vous, si vous ne suivez *pas* le conseil que l'on vous aura donné. Si vous devez rejeter les conseils de quelqu'un, posez-lui des questions sur ce qu'il vous propose, jusqu'à ce que cette personne voit son erreur et vous offre un conseil que vous pourrez suivre.

5. *Adressez vos félicitations publiquement.* Tout comme une réprimande doit toujours être communiquée en privé, féliciter quelqu'un doit se faire (lorsque cela est possible) en public. Parfois le sujet de vos félicitations sera d'ordre privé, mais souvent il conviendra de mettre au courant tout le groupe. Quand d'autres membres du personnel vous voient féliciter un collègue, cela les incite à travailler davantage en vue d'obtenir une marque de reconnaissance semblable.

Soulignez avec éclat le rendement des employés les plus performants

Dans certains cas, il est important de souligner publiquement de grandes réalisations dans le cadre d'une réunion ou d'un événement corporatif. Quand on souligne les réalisations qui méritent des éloges, et que les employés performants sont félicités devant leurs pairs, cela encourage les autres à les émuler.

Nous avons parlé au chapitre 11 de l'exemple de Mary Kay. L'une des façons pour une entreprise de motiver ses gens est de reconnaître le rendement exceptionnel des employés. En plus de se voir attribuer des prix et des trophées, les gagnants sont célébrés à l'occasion de congrès tenus par la compagnie et leur nom apparaît dans le journal de l'entreprise. Participer à un congrès Mary Kay, c'est comme participer à une remise de médailles d'une compétition sportive : les gagnantes sont appelées sur scène et on leur présente leur prix sous les applaudissements de la foule. La reconnaissance des hauts dirigeants et des pairs, disent ces gagnants, est tout aussi gratifiante que le prix lui-même.

Remettez-leur quelque chose qu'ils peuvent garder

La plupart des entreprises remettent des prix qui varient de la plaque bon marché ou du souvenir symbolique aux paiements en argent, en passant par des objets de luxe ou des voyages en pays exotiques.

Chez Mary Kay, le prix le plus prestigieux et le plus convoité est la célèbre Cadillac rose, remise aux représentantes les plus performantes à l'occasion des cérémonies de remise de prix. Pour obtenir cette récompense, la représentante doit respecter un certain nombre de critères et avoir relevé avec succès certains défis. Il n'est pas facile de remporter ce prix, mais chaque année un nombre croissant d'employées de Mary Kay le reçoivent.

Mary Kay ne donne pas les voitures. La société loue pour une période d'une année une voiture au nom des gagnantes. Pour conserver la voiture ou changer pour le modèle de l'année suivante, la représentante doit continuer à respecter les critères fixés. Quel incitatif pour continuer à donner un haut rendement ! C'est ainsi que relativement peu de gagnantes ont à rendre leur voiture.

Il n'est pas nécessaire de remettre des prix aussi dispendieux que les Cadillac de Mary Kay. Quel que soit le prix, petit ou non, que vous remettiez à vos employés, il vaut la peine de dépenser quelques dollars de plus pour ajouter un certificat ou une plaque. Les employés adorent suspendre ces souvenirs au mur de leur cubicule, de leur bureau ou de leur atelier, ou encore à la maison. L'argent est dépensé, l'objet s'use, le voyage se transforme en souvenirs, mais un certificat ou une plaque, ou même simplement une carte de remerciements, est un rappel de la reconnaissance témoignée qui sera toujours là.

Les dossiers succès

Hillary M., directrice des ventes auprès d'une importante firme immobilière en Floride, a pris l'habitude d'envoyer une lettre d'appréciation à ses agents lorsqu'ils réalisent quelque chose de spécial – vente d'une propriété depuis longtemps sur le marché, obtention des droits de vente d'un immeuble à revenus, ou encore démarches imaginatives en vue d'effectuer une vente.

Au premier envoi d'une telle lettre à l'un de ses employés, Hillary envoie aussi une chemise à dossiers portant l'étiquette « Dossier succès », qu'elle accompagne de ses recommandations : « Classez cette lettre dans ce dossier, ainsi que toute autre lettre de félicitations que vous recevrez de ma part, le cas échéant, ou de la part d'autres directeurs, de clients ou d'autres personnes. Consignez-y aussi toutes vos réalisations spéciales, telles que prix remportés, dépassement de quotas, ouverture d'un compte qui vous a demandé beaucoup de travail, etc. Avec le temps, il se peut que vous connaissiez des échecs ou des déceptions. Il y aura des moments, peut-être, où vous serez mécontent de vous. À ces moments-là, relisez ces lettres. Elles sont la preuve que vous avez réussi, que vous êtes capable, que vous êtes une personne spéciale. Vous l'avez déjà fait, alors vous pouvez le faire encore ! »

Ceux qui reçoivent souvent des lettres d'Hillary lui disent combien le fait de relire les lettres les aide à surmonter les périodes creuses, de déprime et de désenchantement général quand les choses ne vont pas aussi bien. Cela « reprogramme » leur psyché en renforçant leur estime d'eux-mêmes, et leur permet de faire face aux problèmes avec une force et une confiance nouvelles.

Encouragez la reconnaissance des pairs

Une autre approche motivationnelle efficace est la reconnaissance des pairs, par laquelle les entreprises encouragent leurs employés à féliciter ou à reconnaître officiellement ceux parmi leurs collègues qui ont rendu leur travail plus facile ou plus satisfaisant. L'une des façons d'y parvenir est de demander aux employés de voir les autres employés comme *des clients ou des fournisseurs internes*.

Les superviseurs, les gérants et les chefs d'équipe ne sont pas les seuls à voir les efforts spéciaux déployés par leurs employés. L'ensemble des membres d'une équipe et des collègues de travail sont à même de constater chaque jour les efforts des autres. En leur donnant la possibilité de reconnaître le travail de leurs pairs, non seulement cela permet de mettre à l'avant-plan les réalisations qui n'auraient peut-être pas été reconnues par la direction, mais aussi de faire sentir, à la fois pour la personne qui propose une candidature et pour la personne qui est reconnue, qu'elles sont partie intégrante d'une organisation qui s'occupe de ses employés, qui fonctionne globalement et qui favorise les interrelations.

Une compagnie qui a réussi à obtenir d'excellents résultats grâce à cette approche est Minicircuit Labs, qui possède des usines à Brooklyn, dans l'État de New York et à Hialeah, en Floride. Cette firme distribue à ses employés un formulaire qu'elle a appelé « You Made My Day[7] », sur lequel n'importe quel employé peut écrire un message de remerciements à l'intention d'un collègue, d'un subalterne ou de tout autre membre du personnel à qui il souhaite témoigner son appréciation ce jour-là.

Chez A&G Merchandising Company à Wilmington, dans le Delaware, les chefs d'équipe reçoivent un lot de cartes de remerciements où est imprimé sur le dessus de la carte le mot « Merci » en belles lettres cursives, et dont l'intérieur est vierge pour pouvoir y inscrire un petit mot. Chaque fois qu'une personne réalise une chose qui mérite une reconnaissance spéciale, le chef d'équipe rédige une note dans l'une de ces cartes à l'intention de cette personne, relatant en détail cette réalisation spéciale et lui adressant ses félicitations. Les récipiendaires chérissent ces cartes et les montrent à leurs amis et à leur famille.

7. NDT: Littéralement, « vous avez fait ma journée ».

Résumé

- Personne ne se fatigue jamais qu'on lui témoigne une appréciation sincère. Penser que votre appréciation est acquise sans que vous ayez à l'exprimer, c'est ne pas donner à l'autre autant que ce qui lui est dû. Dites à cette personne que vous appréciez le travail qu'elle a fait et pourquoi vous l'appréciez.
- Quand les gens entendent continuellement des remarques de critique, ils en viennent à se sentir stupides, inférieurs et à en vouloir aux gens autour d'eux. Même s'il arrive qu'une personne puisse donner un rendement insatisfaisant, votre objectif n'est pas que cette personne se sente mal, mais de corriger le comportement.
- Quand les gens font continuellement l'objet de critiques, il se crée en eux un sentiment répété d'échec qui s'inscrit profondément dans leur esprit subconscient. Ils se voient comme inadéquats et cela exacerbe leur taux d'échec. Pour éviter cette situation, il vaut mieux guider la personne que la critiquer.

  Plutôt que de réprimander un employé parce qu'il a mal fait quelque chose, dites-lui doucement : « Tu fais quelques progrès, mais il te reste beaucoup de chemin à faire. Laisse-moi te montrer comment on peut faire les choses plus rapidement. » Lorsque vous constatez que le travail s'améliore, soulignez-le avec enthousiasme. Ainsi, plutôt que des pensées négatives, ce seront des pensées positives qui s'inscriront dans l'esprit subconscient.
- Féliciter quelqu'un n'est *pas* de la mollesse, c'est une approche positive qui renforce le bon rendement. Quand vous cessez de considérer les membres de votre personnel comme des subalternes et que vous les voyez plutôt comme des partenaires qui cherchent avec vous à atteindre les mêmes objectifs, adresser des félicitations méritées deviendra un comportement naturel.
- Vous devez réserver vos félicitations aux réalisations qui méritent une reconnaissance spéciale.

- En mettant l'accent sur les éléments positifs – en accordant de l'attention aux bons coups et en exprimant votre appréciation –, vous renforcez le désir de la personne de faire ce qu'il faut.
- Quand on souligne les réalisations qui méritent des éloges, et que les employés performants sont félicités devant leurs pairs, cela encourage les autres à les émuler.
- Encouragez les employés à féliciter ou à reconnaître officiellement les collègues de travail qui leur ont facilité la tâche ou l'ont rendue plus satisfaisante.

CHAPITRE 14

Communiquez plus efficacement

Les personnes qui s'expriment bien et qui maîtrisent l'art de présenter les choses de manière attrayante, qui intéressent immédiatement les autres par la force de leur discours, ont un très grand avantage sur celles qui ont peut-être plus de connaissances, mais qui ne savent pas s'exprimer avec aisance ou éloquence.

Si nous voulons que les choses se fassent, nous devons communiquer avec les gens avec lesquels nous travaillons. Sans les mots, qu'ils soient exprimés verbalement ou par écrit, aucune réalisation n'est possible.

Cependant, ce n'est pas seulement ce que l'on dit, mais comment on le dit (ou peut-être l'écrit) qui déterminera si nos mots donneront lieu aux actions souhaitées. Nous devons nous assurer que les gens avec qui nous communiquons non seulement comprennent ce que nous exprimons – qu'il s'agisse d'un ordre, d'une suggestion ou d'une idée –, mais aussi qu'ils l'acceptent.

De nos jours, la *communication* – ce que vous dites et comment vous le dites — peut déterminer votre succès ou votre échec. Prenons l'exemple de Ronald Reagan. De nombreux Américains croient qu'il se distinguait surtout par son habileté à communiquer avec les électeurs avec une remarquable efficacité (et télégénie).

Cette habileté, que partagent les professionnels, les dirigeants d'entreprise et les chefs de gouvernement qui ont le plus de succès, est aussi à votre portée. La volonté et la détermination sont tout ce dont vous avez besoin pour y arriver. Une fois que vous avez amélioré votre habileté à communiquer, vous pouvez présenter plus efficacement vos idées à votre employeur, à vos collègues, à vos clients, à votre équipe, et même à vos amis et à votre famille.

Les mots ont plus de pouvoir que les armes thermonucléaires ou les bombes atomiques, tout simplement parce que ce sont eux qui décrètent si ces armes seront utilisées ou demeureront latentes. Le pouvoir des mots peut servir à ordonner l'utilisation de l'énergie nucléaire pour propulser un navire à l'autre bout d'un océan, ou pour détruire une ville ou une nation. À l'occasion d'un séminaire sur l'amélioration des aptitudes à communiquer, on enseigna aux participants que les mots pouvaient donner des résultats fabuleux. Il leur fut suggéré de répéter à haute voix, deux fois par jour pendant environ dix minutes chaque fois, certains mots qui leur plaisaient. Ou, s'ils le préféraient, de mettre par écrit ce qu'ils souhaitaient réaliser et de relire de temps à autre à ces énoncés, de telle sorte que ces idées s'impriment progressivement à leur subconscient.

L'un des participants, qui était agent d'assurances, déclara hardiment : « J'attire à présent seulement les hommes et les femmes qui sont intéressés à investir dans l'éducation de leurs enfants et leur propre bien-être, et qui ont les moyens de le faire. » La répétition continue de cette affirmation lui a permis d'attirer plus de gens intéressés que jamais auparavant. De nouveaux clients ne cessent de lui être référés comme par enchantement et dans toutes les phases de sa vie, il s'en est trouvé grandement transformé.

Une bonne communication nécessite de la préparation

Que vous vous adressiez à un groupe ou que vous ayez une conversation en tête-à-tête, il est important de réfléchir à l'avance à votre message et à la façon dont vous comptez le présenter. Il faut parfois agir sur le moment avec très peu ou pas de temps de préparation, mais la plupart du temps, lorsque vous devez aborder une question, vous *pouvez* vous préparer, même à court préavis.

Maîtrisez votre sujet

Au travail, vous communiquerez généralement avec les autres à propos de sujets que vous connaissez en profondeur : votre travail, des questions qui touchent votre propre domaine d'expertise ou des problèmes qui concernent l'entreprise. Il serait tout de même important de passer en revue les faits de manière à comprendre toute l'information disponible et à pouvoir répondre à toutes les questions.

Il peut parfois vous être demandé de rendre compte de sujets qui ne vous sont pas familiers. L'entreprise pour laquelle vous travaillez peut souhaiter acheter un nouveau type de logiciel, par exemple, et vous demander d'y jeter un coup d'œil. Voici comment vous devriez aborder de tels mandats :

- Renseignez-vous le plus possible sur le sujet.
- Soyez plus renseigné qu'il ne vous le semble nécessaire pour la présentation.
- Préparez des notes exposant le pour et le contre de l'achat proposé, de la solution et ainsi de suite.
- Que votre rapport soit destiné à une personne (votre patron, par exemple) ou à un groupe de directeurs ou de techniciens spécialisés, préparez-vous à répondre à n'importe quelle question que l'on pourrait vous poser.

Connaissez votre auditoire

Lorsqu'on comprend son auditoire, on est déjà à mi-chemin d'une bonne communication. Même les conférenciers les plus chevronnés ne réussiront pas à communiquer efficacement si leur auditoire ne les comprend pas. Choisissez des termes que votre auditoire peut saisir facilement. Si les gens à qui vous vous adressez ont une formation technique, vous pouvez utiliser des termes techniques qu'ils comprendront facilement. Si vous parlez d'un sujet technique à un auditoire qui ne s'y connaît pas, laissez tomber le jargon technique. Si votre auditoire ne comprend pas votre vocabulaire, votre message ne passera pas.

Dennis K., un ingénieur, dut un jour expliquer un concept qu'il avait mis au point pour son entreprise à un groupe de financiers qu'il espérait voir soutenir son projet. Il demanda conseil à son patron. « Je n'ai aucune difficulté à communiquer mes idées à d'autres ingénieurs, dit-il, car nous parlons le même langage, mais ces banquiers viennent d'un autre monde et j'ai très peur qu'ils ne me comprennent pas du tout. »

Son patron lui dit que c'était à lui, et non aux banquiers, de s'assurer que son message soit bien compris. Il lui fallait traduire les aspects techniques du projet en termes compréhensibles aux profanes. S'il était essentiel d'utiliser des termes techniques, alors il devait prendre le temps d'expliquer un terme la première fois qu'il l'utilisait et puis encore au moins une autre fois par la suite s'il le jugeait nécessaire.

Dennis suivit ce conseil, et son patron et ses collègues le félicitèrent pour sa présentation, qui permit d'obtenir le financement du projet par les banquiers.

Il ne faut cependant pas s'adresser de façon condescendante à un auditoire. Prenons l'exemple d'une grande entreprise qui a retenu les services de Bernard R., avocat spécialisé en relations humaines, pour qu'il renseigne les superviseurs de l'usine sur les lois et les règlements les plus récents dans le domaine de l'égalité en emploi. Bernard, présumant que les superviseurs n'avaient aucune connaissance des lois, passa la matinée à présenter les principes de base. Il constata que les participants étaient agités et semblaient s'ennuyer, mais ce n'est qu'à la pause du déjeuner qu'il apprit qu'ils avaient assisté récemment à un séminaire sur les lois et qu'ils s'étaient attendus qu'il leur explique les aspects plus complexes de leur interprétation et de leur mise en application. Il est vrai que le cadre qui avait retenu ses services aurait dû l'aviser de la situation. Cependant, les bons communicateurs prennent soin d'en apprendre le plus possible sur l'expérience de leur auditoire et leur niveau de connaissances du sujet.

Ayez conscience du langage corporel

Vous communiquez vos pensées non seulement par ce que vous dites, mais aussi avec votre corps. Les gens communiquent au moyen des mots, et aussi par l'expression du visage et par les gestes. Si seulement il existait un dictionnaire du langage corporel, nous pourrions interpréter facilement la signification de ces signes. Cependant, le langage corporel n'étant pas uniformisé comme le langage verbal, aucun dictionnaire de la sorte n'a pu être rédigé.

Nos origines culturelles ou ethniques, l'expression non verbale de nos parents et d'autres expériences personnelles influencent la façon dont nous bougeons. Le langage corporel varie d'une personne à l'autre. Certains gestes, comme un signe de la tête ou un sourire, peuvent sembler universels, mais tout le monde n'utilise pas le langage corporel de la même manière. Lorsque vous traitez avec quelqu'un, vous ne pouvez pas être sûr que vous décodez bien sa gestuelle.

Par exemple, vous constatez que la personne qui vous écoute fait oui de la tête pendant que vous lui parlez. Bien, vous présumez qu'il ou elle est d'accord avec vous. Ce n'est toutefois pas nécessairement le cas. Certaines personnes font oui de la tête simplement pour manifester le fait qu'elles écoutent. Lorsqu'une personne croise ses bras pendant que vous lui parlez, vous pouvez croire que c'est une expression subconsciente de son désaccord alors qu'en fait cette personne a simplement froid. Il y a un risque de mal interpréter les signaux non verbaux.

Prenez le temps de connaître le langage corporel de chaque personne. Étudiez le langage corporel de vos collègues de travail. Vous remarquerez peut-être que les divers sourires de Jean ont chacun leur signification ou que lorsque Jeanne n'est pas d'accord avec quelque chose, elle plisse le front. Efforcez-vous consciemment d'étudier le langage corporel personnel de chacun et de vous en rappeler.

Êtes-vous conscient de votre propre langage corporel ? Un moyen de voir comment vous projetez votre message consiste à le répéter devant le miroir. Vous verrez peut-être ainsi des gestes, des expressions ou des mouvements qui nuisent à votre message ou contredisent ce que vous dites. Un autre moyen plus efficace consiste à demander à quelqu'un de filmer l'une de vos présentations. En examinant attentivement le film, vous pourrez cerner et corriger les mauvaises impressions, et privilégier les gestes qui appuient ce que vous dites.

Écoutez-vous vraiment ?

Supposons que l'un de vos collègues vous fasse part d'un problème et vous demande de l'aider. Vous commencez à écouter attentivement, mais avant que vous ne le réalisiez, vous voilà distrait. Plutôt que d'écouter la description du problème, vous pensez à la pile de documents qui vous attend sur votre bureau, à la réunion prévue avec la vice-présidente de l'entreprise, et à la bagarre à laquelle votre fils a été mêlé à l'école. Vous entendez les paroles de votre collègue, mais vous ne l'écoutez pas vraiment.

Est-ce que cela vous arrive ? Bien sûr que oui ! Cela nous arrive tous. Pourquoi ? Parce que notre esprit traite l'information dix fois plus rapidement qu'il n'est possible de parler. Pendant que quelqu'un vous parle, votre esprit court loin devant. Vous terminez la phrase de votre interlocuteur dans votre esprit, souvent incorrectement, bien avant qu'il ou elle ne le fasse. Vous « entendez » ce que votre esprit vous dicte, non pas ce qui est dit en réalité. C'est la nature humaine, mais ce n'est pas une excuse pour ne pas bien écouter.

À présent, supposons que votre esprit soit distrait et que vous n'ayez pas entendu ce que l'autre personne a dit. Il est embarrassant d'admettre que vous ne l'écoutiez pas, alors vous faites semblant. Vous revenez aux quelques derniers mots entendus en disant quelque chose qui s'y rapporte. Si vous tombez pile, vous avez de la chance. Par contre, vous avez peut-être raté le vrai fond de la discussion.

Lorsque vous n'avez pas écouté, vous n'êtes pas obligé de l'admettre et de vous excuser en disant que vous étiez en train de rêvasser. Mais vous pouvez, par exemple, reprendre le fil en posant une question ou en faisant un commentaire sur le dernier élément que vous avez entendu : « Pouvons-nous revenir à tel ou tel sujet ? » ou vous pouvez choisir de dire : « J'aimerais m'assurer que je comprends bien votre opinion à ce sujet. Pouvez-vous me donner plus de détails ? »

Devenez un adepte de l'écoute active

Bien entendu, il vaut bien mieux entraîner votre esprit à éviter de rêvasser et à repousser les distractions.

Agnès Gund était présidente du Museum of Modern Art, le plus grand musée d'art moderne des États-Unis, lorsque l'institution se proposa de modifier le design de son immeuble pour la coquette somme de 800 millions de dollars. Elle dut travailler auprès de chacun des services pour s'assurer qu'ils s'entendent, même s'ils n'avaient pas au départ les mêmes opinions. Il lui fallut perfectionner ses compétences dans l'art de persuader les gens afin qu'ils comprennent son point de vue et acceptent ce qui, selon elle, allait être le mieux. Elle reconnaissait qu'elle avait tendance à ne pas écouter pleinement les autres et que, bien qu'elle fût une experte en art, elle manquait de connaissances en construction. Mme Gund, qui comprenait la puissance du subconscient, médita sur la nécessité d'être pleinement attentive aux propos des spécialistes de la construction. Résultat : le projet se réalisa avec succès avec un minimum de tension.

En plus de programmer votre esprit subconscient à s'ouvrir à ce que les autres disent, vous pouvez prendre des mesures actives pour améliorer vos aptitudes à écouter. Plutôt que de simplement rester assis ou debout à écouter, suivez les conseils suivants :

- *Regardez votre interlocuteur.* Le contact visuel est une façon de montrer de l'intérêt. Cependant, n'en faites pas trop. Regardez la personne dans son ensemble ; ne fixez pas uniquement ses yeux.
- *Montrez votre intérêt au moyen de vos expressions faciales.* Souriez ou montrez votre sollicitude au moment approprié.
- *Faites savoir que vous suivez la conversation par des signes de la tête ou par des gestes.*
- *Posez des questions sur ce qui est dit.* Vous pouvez paraphraser – « Alors, si je comprends bien... » –, ou poser des questions sur des points précis. Cette technique vous permet non seulement de clarifier certains points au besoin, mais vous garde aussi vigilant et pleinement attentif à ce qui est dit.
- *N'interrompez pas la personne.* Une pause n'est pas un signal de vous mettre à parler. Attendez.

Ayez de l'empathie

L'une des causes du déclin de nos conversations est le manque d'empathie. Nous sommes trop égoïstes, trop activement occupés à assurer notre propre bien-être et absorbés dans notre petit monde, trop résolus à nous promouvoir nous-mêmes pour nous intéresser aux autres. Il est impossible d'avoir de la conversation sans avoir de l'empathie. Pour bien écouter et parler, vous devez être capable d'entrer dans la vie d'une autre personne, de la vivre avec elle pendant quelque temps et de lui parler de quelque chose qui l'intéresse. Vous pouvez être versé dans un sujet, mais si celui-ci n'intéresse pas votre interlocuteur, vous perdez votre temps.

Facilitez la communication

De nombreuses entreprises ont investi dans des systèmes de communication complexes et coûteux afin de servir plus rapidement et efficacement leurs clients. Cependant, la technologie a largement contribué à déshumaniser les organisations et à rendre les rapports avec elles non seulement déplaisants, mais souvent frustrants. Elle va à l'encontre de l'objectif premier de la communication : pouvoir traiter rapidement, facilement et agréablement avec les clients et le public.

Partout dans le monde, les clients en ont assez des systèmes téléphoniques automatisés qui mettent les appelants en attente et, parfois, leur raccrochent la ligne au nez. Des sociétés aux prises avec une concurrence extrêmement féroce consacrent des millions de dollars à la publicité, mais ratent le coche lorsqu'un client potentiel les appelle. Une entreprise qui n'est pas disposée à entretenir le dialogue entre elle et ses clients envoie le message peu souhaitable que « les clients ne comptent pas ».

Malheureusement, peu d'entreprises ont essayé de résoudre ce problème, parce qu'elles croient que les aspects positifs, c'est-à-dire le coût moins élevé et la capacité de traiter de façon plus systématique les questions courantes, dépassent les aspects négatifs. Bob Kierlin, président et fondateur de Fastenal, chef de file de la distribution de produits industriels aux États-Unis, croit pour sa part qu'il est important que ses employés gardent un contact personnel avec les clients. Il répond lui-même au téléphone et fixe ses rendez-vous sans attendre, dans le cours de la conversation. Personne ne surveille l'accès à sa personne, ses assistants sont polis, et il n'emploie aucun spécialiste des relations publiques. Pourtant, il a construit une entreprise de deux milliards de dollars, qui compte deux mille magasins. Lorsqu'on lui demande quel est son secret, il parle de ce que certains considèrent comme de « petites choses », par exemple la communication et se rendre disponible. M. Kierlin n'est cependant pas le seul à communiquer ; son personnel aussi fait la même chose, selon la presse du secteur commercial. On rappelle même les gens qui laissent des messages.

L'art de rejeter les suggestions sans causer de ressentiment

Un autre élément qui nuit à une bonne communication est la crainte, chez de nombreuses personnes, de faire une suggestion que leur patron désapprouvera, croyant que cela les rabaissera à ses yeux. Plutôt que de risquer de se faire rejeter ainsi, elles gardent leurs idées pour elles-mêmes. À l'inverse, certains superviseurs sont réticents à rejeter même les idées les plus saugrenues de leurs subalternes par peur que le rejet d'une idée ne les décourage d'en proposer d'autres à l'avenir.

Vous ne pouvez pas penser ainsi. Il est essentiel que vous encouragiez vos collègues et les personnes avec qui vous faites affaire à exprimer leurs idées et à faire des suggestions. Il est aussi essentiel que vous appreniez à rejeter avec diplomatie les suggestions qui ne conviennent pas en prenant soin de ne pas causer de ressentiment. Voici quelques idées qui vous aideront à faire les choses de manière positive :

- *Faites-le en privé.* Ne rejetez jamais les suggestions d'une personne en présence d'autrui. Elle perdrait ainsi la face et serait embarrassée devant ses pairs. Remerciez-la de sa suggestion et dites-lui que vous la recontacterez. Même si sa suggestion semble irréalisable, étudiez-la. Vous pourriez vous tromper. Puis, assurez-vous de rappeler la personne pour lui donner votre réponse le plus tôt possible.
- *Expliquez votre réponse et soyez attentif à la réaction de la personne.* En règle générale, si l'on vous fait des suggestions qui de toute évidence ne conviennent pas, il est possible que vous répondiez, si cela est vrai : « Nous l'avons déjà essayé dans le passé et cela n'a pas fonctionné. » Il vaudrait peut-être mieux reformuler votre réponse ainsi : « Nous avons essayé quelque chose de semblable il y a deux ans, mais nous avons eu des problèmes. »

  Notez la différence dans le choix des mots. Le premier commentaire : « cela n'a pas fonctionné » était définitif. Il ne laissait aucune possibilité à la personne d'ajouter quoi que ce soit. La deuxième approche, « nous avons eu des problèmes », laisse la porte ouverte. La réponse la plus probable que l'on puisse faire à ce commentaire est : « Quels ont été les problèmes ? » Lorsque la personne sait ce qui n'a pas fonctionné précédemment, elle peut répondre : « Je n'ai pas pensé à ça. Je crois que je vais y réfléchir davantage. » Plutôt que de décourager toute autre suggestion dans l'avenir, vous avez encouragé la personne à poursuivre sa réflexion. Il se peut aussi qu'elle ait pensé à une idée valable : « J'ai pensé à ces problèmes et j'ai des solutions. » L'un des avantages de la collaboration est d'admettre que vous n'avez pas toutes les réponses et que les autres peuvent voir certaines choses qui vous ont échappé.
- *L'approche socratique.* Plutôt que de rejeter ouvertement une idée, posez des questions à la personne qui vous l'a suggérée. Voilà comment Socrate incitait ses élèves à réfléchir. Jamais il ne disait à un élève qu'il n'avait pas raison. S'il n'avait pas la

bonne réponse, Socrate lui posait une autre question. En formulant avec soin ses questions, ce grand enseignant encourageait ses élèves à réfléchir sérieusement au problème et, par ce processus de la pensée, à arriver à la bonne solution.

C'est ce qu'on appelle encore de nos jours « l'approche socratique ». En posant vos questions avec soin, vous pouvez inciter la personne qui a fait la suggestion à repenser et à réévaluer son idée, et à proposer une suggestion plus viable. Vous éviterez ainsi tout ressentiment et les employés seront encouragés à continuer de proposer leurs idées. Comme il a été mentionné précédemment dans ce chapitre, poser des questions a également comme autre avantage de vous permettre d'améliorer votre aptitude à écouter.

Être en désaccord sans être désagréable

Certaines personnes sont très sensibles. Elles acceptent mal les critiques et se mettent sur la défensive lorsqu'une de leurs idées est rejetée. Admettons qu'un de vos collègues ait passé plusieurs jours à élaborer un nouveau programme et vous l'apporte en s'attendant non seulement que vous l'approuviez, mais aussi que vous le félicitiez. Vous trouvez que malgré de nombreux aspects positifs, le nouveau programme nécessite des améliorations importantes.

Comment faire pour le dire sans que cette personne sensible s'emporte, vous en veuille, et boude peut-être pendant des jours ?

Plutôt que de soulever les aspects avec lesquels vous n'êtes pas d'accord, faites d'abord ressortir tous les aspects positifs du programme et félicitez votre employé. Puis, au lieu d'exprimer vos objections, posez des questions précises sur chaque aspect avec lequel vous n'êtes pas d'accord. Il y a trois réactions possibles à vos questions.

Première réaction : « Je n'y avais pas pensé. Je devrais revoir cet aspect et revenir avec une meilleure approche. » Cette réaction montre que vous avez encouragé votre collègue à faire ce qu'il faut pour rendre le programme plus viable.

Autre réaction possible : « Je n'y avais pas pensé. Qu'est-ce que je devrais faire ? » Ce type de réaction montre que votre employé admet que le concept ne convient pas, mais plutôt que de chercher à le résoudre, il vous renvoie le problème pour que vous le résolviez. Il sera tentant de lui dire quoi faire – et s'il s'agit d'une situation de crise, c'est peut-être ce que vous devrez faire pour que le travail soit terminé à temps. Il vaut mieux, toutefois, encourager les gens à résoudre leurs propres problèmes. Votre réaction devrait être la suivante : « J'aimerais que vous y repensiez et que nous en reparlions plus tard cette semaine. »

Troisième réaction possible : Votre employé répond à vos questions et vous constatez qu'il avait raison et que votre objection n'était pas valable. Dans ce cas, remerciez la personne d'avoir apporté des clarifications et passez à la question suivante.

En posant des questions au lieu de critiquer, on obtient le meilleur des gens sans provoquer de ressentiment. La personne abandonne ses idées qui ne conviennent pas, tout en étant encouragée à en trouver de meilleures. Vos partenaires de travail affinent ainsi leurs habiletés créatrices et cela vous permet d'obtenir plus d'idées innovatrices et d'améliorer l'efficacité de votre service.

La communication est une voie à double sens

Nous envoyons nos messages aux autres, mais nous recevons aussi les leurs. Nous devons apprendre à encourager les autres à partager leurs idées et, plus important encore, nous devons apprendre à écouter vraiment ce qui nous est dit. Pour que la communication soit efficace, il doit y avoir une rétroaction continue entre les deux personnes concernées. L'expéditeur doit toujours s'assurer que le destinataire comprend et accepte le message qu'il lui a envoyé. Pour ce faire, l'expéditeur doit poser des questions, observer ce qui est observable, et s'il y a des malentendus, les rectifier et s'assurer que ces rectifications sont comprises. Il doit chercher à ce que le destinataire accepte la communication, de sorte que ce dernier soit sincèrement disposé à faire ce qui est souhaité.

Si vous suivez ces fondements d'une bonne communication, non seulement vos messages passeront plus facilement, mais le travail sera effectué de façon plus opportune.

Résumé

- Les bons communicateurs ont exercé leur subconscient pour qu'il leur donne le pouvoir et la capacité de transmettre leurs idées, leurs souhaits et leurs préoccupations les plus profondes aux autres, ce qui leur a permis de réussir ce qu'ils avaient entrepris.
- Lorsqu'on comprend son auditoire, on est déjà à mi-chemin d'une bonne communication. Choisissez des termes que votre auditoire peut saisir facilement. Si votre auditoire ne comprend pas votre vocabulaire, votre message ne passera pas.
- Le langage corporel varie d'une personne à l'autre. Lorsque vous traitez avec quelqu'un, vous ne pouvez pas être sûr que vous décodez bien sa gestuelle. Faites un effort conscient pour étudier et mémoriser le langage corporel de chaque personne.
- Soyez un adepte de l'écoute active. Plutôt que de simplement rester assis ou debout à écouter, suivez les conseils suivants :
  - Regardez votre interlocuteur.
  - Montrez votre intérêt au moyen de vos expressions faciales.
  - Faites savoir que vous suivez la conversation par des signes de la tête ou des gestes.
  - Posez des questions sur ce qui est dit.
  - N'interrompez pas la personne.

- Soyez empathique. Vous devez être capable d'entrer dans la vie de l'autre personne, de la vivre avec elle pendant quelque temps, de bien écouter ou de bien parler.

- Les bons communicateurs savent rapprocher ceux qui les écoutent. Ils ouvrent grand leur cœur et affichent une nature généreuse et libre, et un esprit ouvert.
- Lorsque vous rejetez les suggestions d'une personne, ne les critiquez pas et ne les condamnez pas, utilisez l'approche socratique. Posez de bonnes questions, et la personne prendra elle-même conscience de ses erreurs.
- Pour qu'une communication soit efficace, il doit y avoir une rétroaction continue entre les personnes concernées. L'expéditeur doit toujours s'assurer que le destinataire comprend et accepte le message qu'il lui a envoyé.

CHAPITRE 15

Composer avec des personnes difficiles

Votre subconscient est une machine à enregistrer qui reproduit votre manière de penser habituelle. Lorsque vous pensez du bien des autres, vous êtes en fait en train de penser du bien de vous-même.

Les problèmes de relations humaines, quels qu'ils soient, peuvent être résolus harmonieusement et à l'avantage de toutes les personnes intéressées. Lorsque vous dites que votre collègue au bureau est très difficile, qu'il est irascible, mesquin et récalcitrant, réalisez-vous que cette description reflète fort probablement votre propre état d'esprit ? N'oubliez pas aussi que « qui se ressemble s'assemble ». N'est-il pas possible que l'attitude grincheuse, irritable et critique de votre collègue soit un reflet de vos propres frustrations intérieures et de votre rage refoulée ? Ce que cette personne dit ou fait ne peut pas vraiment vous blesser, à moins que vous ne lui permettiez de vous troubler mentalement. Vos propres pensées sont le seul moyen par lequel cette personne peut vous importuner.

Il en est ainsi parce que vous êtes le seul penseur de votre univers. Vous et vous seul êtes responsable de ce que vous pensez à propos des autres personnes. Celles-ci ne sont pas responsables, vous l'êtes. Par exemple, si vous vous mettez en colère, vous devez pour cela passer par quatre stades dans votre esprit. Premièrement, vous vous mettez à penser à ce que l'autre a dit. Vous décidez ensuite de vous mettre en colère et vous générez un sentiment de fureur. Ensuite, vous décidez d'agir. Peut-être lui répondrez-vous insolemment et réagirez-vous en lui rendant la monnaie de sa pièce. Il faut être deux pour se disputer. Remarquez que la pensée, l'émotion, la réaction et l'action se produisent toutes dans votre esprit. Vous et vous seul êtes responsable.

Ce que vous croyez être la vérité dans votre esprit conscient, votre subconscient l'accepte sans le remettre en question. Faites très attention de n'accepter que ce qui est vrai, noble et à l'image de Dieu.

«Tout le monde m'énerve»

Henry E. ne comprenait pas pourquoi tout le monde autour de lui l'énervait. Il parla de la situation à un psychothérapeute. Le psychothérapeute fit remarquer qu'Henri prenait constamment les autres à rebrousse-poil. Il ne s'aimait pas et était très autocritique. Il parlait d'un ton très tendu et irrité. Son aigreur tombait sur les nerfs de tout le monde. Il était méchant envers lui-même et très critique à l'égard des autres.

Le psychothérapeute lui expliqua que si ses expériences malheureuses semblaient provenir de sa relation avec les autres, cette relation avec ces personnes était, en fait, déterminée par les pensées et les sentiments qu'il entretenait envers lui-même et envers elles. S'il avait du mépris pour lui-même, il lui était impossible d'être bienveillant et respectueux envers les autres. Les gens projettent toujours leurs pensées et leurs sentiments sur leurs collègues et les personnes qui les entourent; c'est une loi de l'esprit.

Henry commença à comprendre que tant qu'il aurait des préjugés, qu'il projetterait des sentiments de malveillance et de mépris envers les autres, c'est exactement ce qu'il obtiendrait en retour, parce que son monde n'était qu'un écho de ses humeurs et de ses attitudes.

Le psychothérapeute suggéra à Henry d'inscrire les pensées suivantes dans son subconscient. Rappelez-vous, le conscient est le stylo avec lequel vous pouvez écrire tout ce que vous voulez dans votre subconscient. Voici ce qu'Henry écrivit :

> À compter d'aujourd'hui, j'applique la règle d'or, ce qui signifie que je parle aux autres, je pense à eux et j'agis envers eux comme j'aimerais que les autres me parlent, pensent à moi et agissent envers moi. Je souhaite sincèrement que tous connaissent la paix, la prospérité et le succès. Je fais toujours preuve d'assurance et suis posé, serein et calme. Les autres m'apprécient et me respectent, car je m'apprécie moi-même. La vie m'honore grandement et subvient à mes besoins en abondance. Les choses sans importance de la vie ne me causent plus d'irritation ou d'agacement. Lorsque la peur, l'inquiétude, le doute ou la critique des autres viennent vers moi et cognent à ma porte, la foi, la bonté, la vérité et la beauté ouvrent la porte de mon esprit. Il n'y a personne là. Les suggestions et les déclarations des autres n'ont pas de pouvoir. Je sais à présent comment guérir la peine. Le seul pouvoir réside dans mes propres pensées.

Henry affirma ces vérités matin, midi et soir, et les apprit par cœur. Et lorsqu'il disait ces paroles, il y mettait toute son âme. Par osmose, ces idées pénétrèrent les couches de son subconscient et il en fut transformé. « J'apprends à me démarquer hors de la "loi des moyennes". Je m'entends bien avec les gens. J'ai été promu au travail. Je sais maintenant combien vrai est le passage suivant : "Quand mon esprit se sera élevé, j'attirerai à moi toutes les manifestations". »

Il apprit que le problème était en lui. Il décida de changer ses pensées, ses sentiments et ses réactions. N'importe qui peut faire la même chose. Il faut être décidé et persévérant, et avoir le vif désir de se transformer.

Rendre le bien pour le mal

On ne devrait pas se surprendre que certaines personnes soient difficiles. Nous côtoyons tous les jours beaucoup de gens argumentateurs, peu coopératifs, irascibles, cyniques ou aigres par rapport à la vie. Certains souffrent de troubles psychologiques. Leur esprit s'est déformé, peut-être en raison d'expériences vécues dans le passé. D'autres sont peut-être stressés par leur travail ou par des problèmes personnels.

Que faire face à de telles personnes ? La tentation est grande de réagir en leur manifestant à votre tour une forme d'antipathie. Mais alors, vous devrez d'abord intégrer en vous la négativité de la personne avec tous les effets néfastes que cela aura sur vous. Efforcez-vous plutôt de « rendre le bien pour le mal ». Vous créez ainsi une armure qui empêche l'attitude difficile et désagréable de cette personne de vous atteindre. Votre compassion et votre compréhension enclencheront chez elle un processus de transformation.

Prenons l'exemple de Mme Rebrousse-poil, jalouse de sa superviseure et odieuse envers elle. Ayant mal d'avoir été humiliée, elle avait contracté des ulcères et faisait de l'hypertension. Lorsqu'elle prit conscience du principe spirituel de pardon et de bienveillance, elle réalisa qu'elle avait accumulé plein de ressentiment et de rancune, et que ces pensées négatives et odieuses couvaient dans son subconscient. Elle tenta de parler avec Mme Superviseure pour clarifier la situation, mais cette dernière la repoussa. Cherchant toujours à corriger la situation, Mme Rebrousse-poil renforça les principes d'harmonie et de bienveillance pendant dix minutes chaque soir et chaque matin avant d'aller au travail. Pour ce faire, elle affirma ce qui suit : « J'entoure Mme Superviseure d'harmonie, d'amour, de paix, de joie et de bienveillance. »

Ce n'était pas du charabia. Mme Rebrousse-poil savait ce qu'elle faisait et pourquoi elle le faisait. Ces pensées ou idées pénètrent dans le subconscient. Il n'y a qu'un seul esprit subconscient, et l'autre personne le sent. Elle déclara : « Il y a entre nous de l'harmonie, de la paix et de la compréhension. Chaque fois que je pense à Mme Superviseure, je dis : "L'amour de Dieu sature votre esprit" ».

Quelques semaines passèrent et Mme Rebrousse-poil partit en voyage d'affaires à San Francisco. En embarquant dans l'avion, elle s'aperçut que le seul siège libre était celui à côté de Mme Superviseure. Mme Rebrousse-poil la salua cordialement et obtint une réponse cordiale. Le temps qu'elles passèrent ensemble à San Francisco fut harmonieux et joyeux. Elles sont à présent des amies, et leur relation de travail s'est tellement améliorée qu'elles ont toutes les deux été promues.

L'Intelligence infinie prépara le terrain à la résolution de cette difficulté d'une façon que Mme Rebrousse-poil ne soupçonnait pas. Le changement dans la façon de penser de Mme Rebrousse-poil avait tout transformé, y compris guéri complètement ses ulcères et son hypertension. Elle se faisait du mal. Personne d'autre que vous n'est responsable de ce que vous pensez ou sentez ; c'est vous qui l'êtes, parce que vous êtes le seul penseur de votre univers. Vous seul êtes responsable de la façon dont vous considérez les autres.

Changez votre mentalité

Lee Y., serveur dans le restaurant d'un hôtel de luxe d'Hawaï, raconta comment il traita un client particulièrement désagréable. Chaque année, un millionnaire excentrique vivant sur le Continent séjournait à l'hôtel. Ce visiteur était un type avare qui détestait donner un pourboire à un serveur ou au chasseur. Il était grossier, impoli, mal élevé et tout simplement déplaisant. Rien ne le satisfaisait. Il se plaignait constamment de la nourriture et du service. Il s'adressait avec hargne aux serveurs.

« J'ai compris qu'il était malade, raconta-t-il. Un *kahuna* [un prêtre indigène hawaïen] m'a dit que lorsque les gens agissent ainsi, c'est qu'ils ont quelque chose à l'intérieur d'eux qui les ronge. Alors j'ai décidé de tuer cette chose au moyen de la gentillesse. » Lee traitait constamment cet homme avec courtoisie, gentillesse et respect tout en affirmant en silence : « Dieu m'aime et prend soin de moi. Je vois Dieu en lui et il voit Dieu en moi. » Il utilisa cette technique pendant environ un mois et à la fin de cette période, le millionnaire excentrique lui dit pour la première : « Bonjour, Lee. Quel temps fait-il ? Vous êtes le meilleur serveur que j'aie jamais eu. » Lee fut stupéfait. « Je me suis presque évanoui, dit-il. Je m'attendais à un grognement et il m'avait fait un compliment. En quittant l'hôtel, il m'a donné un pourboire de cinq cents dollars. »

Un mot est une pensée exprimée. Les mots et les pensées de Lee furent adressés au subconscient du client grincheux et irascible. Ils firent fondre peu à peu la glace qui emprisonnait son cœur. Sa réaction fut de manifester de l'amour et de la générosité.

« Il laisse tout traîner en partant »

Sandy L., directrice artistique à temps partiel, partageait un bureau avec un autre employé à temps partiel qui avait l'habitude de laisser le bureau en désordre lorsqu'il partait. Elle demanda au directeur des ressources humaines comment faire pour rendre son collègue plus soigneux. Le directeur lui suggéra ceci : « Demande-lui d'être plus soigneux, mais pour garder le rapport plus professionnel et coopératif, dis-le-lui *en personne* plutôt que de lui laisser simplement une note, même s'il faut pour cela que tu viennes au bureau un jour de congé. Tu pourrais dire : "Cela m'aiderait beaucoup si tu pouvais ranger le bureau avant de partir. Ainsi, je n'aurai pas à m'inquiéter d'égarer par accident certains de tes documents". »

Sandy dit que cette technique de résoudre un problème sans en créer un autre fonctionna si bien que l'autre employé à temps partiel entreprit d'établir un système de boîtes de réception distinctes pour les deux, et que le bureau fut désormais rangé tous les jours. Ce qui aurait pu créer du ressentiment fut traité de façon collégiale, même s'il fallut pour cela un peu plus de temps et d'efforts. Mais le jeu en valut largement la chandelle.

Composer avec des personnalités négatives

Si vous travaillez comme superviseur, il est évident que vous aurez tôt ou tard affaire à des gens qui ont des attitudes négatives. Aucun chef d'équipe ni superviseur n'y échappe. Ces gens peuvent vous rendre la vie misérable ou la transformer en un véritable défi sans cesse renouvelé. Il ne faut pas ignorer la négativité – au contraire, il faut s'en occuper.

Les superviseurs ne sont pas les seuls à faire affaire à de telles personnalités. Presque toutes les organisations en comptent au moins une, à tous les échelons de la hiérarchie. Il peut s'agir de collègues de travail, d'importants clients, de chargés de la réglementation au gouvernement ou de toute autre personne avec qui vous faites affaire. Si vous dites oui, elles disent non. Elles ont toujours une raison de penser que ce que vous voulez réaliser n'est pas possible. Leur pessimisme peut démolir votre équipe.

Une personne peut être négative parce qu'elle a eu l'impression d'être maltraitée par votre entreprise ou parce qu'elle l'a vraiment été. Dans ce cas, examinez la situation. Si la personne a des raisons légitimes d'être négative, essayez de la persuader de regarder vers l'avenir, de lui faire comprendre que le passé est le passé. S'il y a une méprise, essayez d'éclaircir la situation.

Lorsque vous faites affaire avec une personne négative, reconnaissez ses arguments et persuadez-la de travailler avec vous, de telle sorte que vous puissiez résoudre ce qu'elle considère comme des problèmes et que le projet puisse avancer. Faites participer la personne à la solution plutôt que d'en faire un problème additionnel.

Prenons l'exemple d'Opale, une personne négative jusqu'au bout des ongles. Ce n'est pas tant ce qu'elle dit qui est négatif que sa façon de se comporter. Pour elle, toute suggestion est un affront personnel, et quand on lui donne une nouvelle tâche à effectuer, elle l'accepte à contrecœur et avec tant de mécontentement qu'elle rebute tout le monde.

Souvent, les gens comme Opale ne réalisent pas l'impression qu'ils font sur les autres. Ils agissent probablement ainsi aussi bien dans leur vie personnelle que dans leur milieu de travail. Ce sont des gens qui ne s'entendent pas avec leur famille, qui ont peu d'amis et qui ne sont jamais d'accord avec personne. S'il y a des gens comme Opale dans votre équipe, parlez-leur à cœur ouvert et dites-leur que leur attitude nuit au moral de l'équipe. Chose très étonnante, beaucoup de gens qui pensent négativement ne se rendent pas compte que leur comportement dérange les autres. Ils doivent apprendre à sortir la négativité de leur subconscient en créant des pensées positives dans leur esprit conscient.

Relisez le chapitre 3 et aidez Opale et les autres personnes comme elle à appliquer les suggestions proposées pour transformer une attitude négative et aborder leur carrière – et la vie sous tous ses angles – d'une manière positive, avec affirmation et confiance en soi.

Les programmes d'aide aux employés

Un programme d'aide aux employés, ou PAE, est un service de consultation psychologique que l'entreprise offre à son personnel. De nombreuses entreprises ont mis sur pied ce genre de programme pour aider les membres de leur personnel à résoudre les problèmes personnels qui interfèrent avec leur productivité. Les conseillers qui fournissent les services de consultation psychologique ne sont pas des employés de l'entreprise. Ce sont plutôt des experts externes dont l'entreprise retient les services au besoin. Le recours au PAE peut se faire de deux façons.

Parfois, l'employé prendra lui-même l'initiative de communiquer avec le PAE de l'entreprise, dont il aura appris l'existence par un message électronique, une annonce dans le bulletin interne ou le journal de l'entreprise, ou encore à une réunion ou au moyen d'une lettre reçue à domicile. Souvent, l'entreprise fournit un numéro de service d'écoute téléphonique.

Prenons l'exemple de Gertrude, que les constantes disputes avec sa fille adolescente avaient rendue tendue, de mauvaise humeur et frustrée. Elle manquait de concentration au travail et s'était déjà emportée à quelques reprises envers des collègues.

Elle décida qu'elle avait besoin d'aide et de tirer avantage du PAE de son entreprise. Elle appela le service d'écoute téléphonique. Un conseiller écouta le problème de Gertrude et la dirigea vers un conseiller familial. Elle prit elle-même un rendez-vous pour une consultation, lequel fut fixé à un moment en dehors des heures de travail. En effet, le recours à un PAE n'est pas une excuse pour s'absenter du travail. Le processus étant entièrement confidentiel, l'entreprise ne fut jamais avisée de la consultation de Gertrude. Dans la plupart des cas, même le nom des personnes qui consultent n'est jamais divulgué.

Il peut aussi arriver que ce soit un superviseur qui prenne l'initiative de communiquer avec le PAE. Supposons que le rendement d'un membre du personnel habituellement très performant ait récemment diminué. Le superviseur voit souvent cette personne assise sans rien faire à son bureau en train de penser de toute évidence à autre chose qu'à son travail. Quand le superviseur lui demande ce qui se passe, elle ignore la question en répondant simplement: « Ça va, ce n'est qu'un peu de fatigue. » Après plusieurs conversations, la personne admet finalement avoir un problème familial. Le superviseur peut alors lui suggérer de communiquer avec le PAE de l'entreprise.

Même si c'est un superviseur qui a recommandé le membre du personnel au PAE et que celui-ci a consulté, aucun rapport n'est rédigé. À partir de ce moment, la consultation demeure confidentielle. La rétroaction s'exprime par l'amélioration de l'attitude de l'employé au travail.

Les programmes d'aide aux employés coûtent cher à maintenir, mais les organisations qui les utilisent depuis plusieurs années affirment qu'ils sont rentables. Les PAE permettent de conserver des employés qualifiés et chevronnés qui, sans aide, quitteraient peut-être l'entreprise.

Désamorcer les crises de colère

Thomas est un bon employé, mais il lui arrive de temps à autre de s'emporter, de hurler et de crier après ses collègues. Il se calme rapidement, mais son comportement a un effet sur le travail de toute l'équipe et il faut un certain temps avant que les choses reviennent à la normale.

Il n'est pas facile de travailler dans un environnement où les gens hurlent et crient. Cela dérange le travail des personnes directement touchées, mais aussi celui de toutes les personnes qui travaillent dans le même lieu. Il leur faudra peut-être plusieurs heures avant de pouvoir se remettre pleinement au travail. Cette situation ne peut être tolérée. Le superviseur ou le chef d'équipe est habituellement responsable de s'occuper de ces situations, mais il arrive qu'un collègue en qui on a confiance puisse intervenir pour calmer la personne sans qu'il soit nécessaire de prendre une mesure plus officielle.

Voici quelques suggestions de mesures à prendre lorsqu'une personne pique des colères :

- Une fois que la personne est calmée, son superviseur ou, le cas échéant, un employé ayant plus d'ancienneté, ou encore un membre du service des ressources humaines, doit avoir une conversation à cœur ouvert avec elle. Soulignez qu'il est compréhensible qu'il ne soit pas toujours facile de contrôler sa colère, mais que de telles crises sont inacceptables au travail.

- Si cette personne pique une autre crise, elle doit être amenée à l'extérieur de la pièce jusqu'à ce qu'elle se soit calmée. Informez-la que la prochaine récidive entraînera une mesure disciplinaire.
- Si la personne qui est critiquée commence à pleurer ou pique une crise, sortez de la pièce. Attendez dix minutes puis essayez de nouveau de lui parler. Assurez-la qu'il ne s'agit pas d'une attaque personnelle, mais d'un moyen de corriger la situation. Remarque : un bureau privé n'est pas un bon endroit pour mener ce genre de discussion. Il est préférable de ne pas laisser une personne contrariée seule dans un bureau, car elle pourrait tout détruire dans la pièce, comme cela s'est déjà vu. Utilisez plutôt une salle de conférence. Naturellement, les employés qui deviennent violents physiquement doivent être retirés des lieux et on doit prendre des mesures disciplinaires à leur égard.
- Le renvoi est, évidemment, la mesure ultime. Les personnes qui piquent fréquemment des colères ne devraient pas rester à l'emploi de l'entreprise. Un superviseur doit appliquer les politiques de l'entreprise et, le cas échéant, les clauses de l'entente syndicale avant d'avoir recours à cette mesure.

Jouer à mettre l'autre dans l'embarras

Avez-vous déjà travaillé avec un collègue ou une collègue pour qui la plus grande joie dans la vie consistait à prendre les autres sur le fait de commettre une erreur ? Les gens qui jouent à ce jeu tentent de montrer leur supériorité. Ils n'ont pas d'idées originales ou de suggestions constructives, alors ils prennent un malin plaisir à attraper les erreurs des autres, qu'il s'agisse de leur collègue ou de leur patron. Ils tentent d'embarrasser l'autre personne et de la faire se sentir inconfortable. Si vous êtes la personne visée par un tel manège, ne donnez pas à la personne la satisfaction de jouer le jeu. Faites-en une plaisanterie (« Quelle gaffe ! »), ou souriez et dites : « Merci de me l'avoir fait remarquer avant que cela ne cause de réels problèmes. » Si cette personne voit que vous n'êtes pas agacé, elle arrêtera et tentera de jouer son petit jeu ailleurs.

Travailler avec des gens malheureux

Il est probable qu'il y ait au moins une personne malheureuse dans votre groupe. Nous avons tous des périodes où nous éprouvons des difficultés à la maison ou au travail, et cela a un effet sur notre travail et sur nos rapports avec les autres membres du personnel. Les superviseurs doivent être conscients de cette probabilité et prendre le temps de bavarder avec la personne. Donner à quelqu'un la possibilité de parler d'un problème permet souvent de faire baisser la tension. Même si le problème n'est pas réglé, cela détend l'atmosphère et permet à votre collègue de travailler normalement.

Chez certaines personnes, cependant, il y aura toujours quelque chose pour les rendre malheureuses. Il leur arrive souvent d'être mécontentes des tâches qui leur sont attribuées. Même si vous accédez à leurs demandes et tenez compte de leurs plaintes, elles ne sont pas satisfaites. Elles affichent leur mécontentement en étant négatives. Si la demande de changement de dates de vacances d'une personne est refusée, par exemple, cette personne peut se mettre en colère et le montrer dans son attitude, de manière ouverte ou plus subtile.

Il est impossible de rendre tout le monde heureux. Remonter le moral d'une personne qui se croit lésée exige du tact et de la patience. Un supérieur est en mesure d'éviter certaines situations injustes, au moment où la décision se prend, en expliquant les raisons qui motivent cette décision. Dans l'exemple des dates de vacances, vous pourriez expliquer que votre entreprise prépare les horaires des vacances des mois à l'avance et que deux autres employés prennent déjà leurs vacances au même moment. Puis, expliquez clairement que votre groupe ne peut pas se permettre d'avoir plus d'un de ses membres en vacances en même temps. Vous pourriez même suggérer à la personne malheureuse de voir si elle ne pourrait pas échanger ses vacances avec une autre personne.

Lorsque la personne malheureuse est un collègue et non un subalterne, la situation est plus complexe, car vous n'avez aucun pouvoir réel de corriger la situation qui se trouve peut-être à la source de cette peine. Un moyen d'alléger le problème consiste à être attentif, à écouter avec empathie et à aider la personne à accepter la situation. Une conversation à cœur ouvert est souvent le moyen le plus utile, surtout lorsque la personne qui l'initie est un bon ami ou un collègue empathique.

Eva S. était ce genre de personne. Elle était comme une mère pour son équipe de travail. C'est à elle que ses collègues confiaient leurs problèmes, tant personnels que professionnels. Elle avait une bonne écoute et, sans toujours régler les problèmes, elle permettait à ses collègues de ventiler leurs inquiétudes et les aidait souvent à aller plus en profondeur.

Certaines personnes trouvent conseil dans la méditation ou la prière. Une prière qui a aidé des milliers de personnes est la prière de la sérénité de Reinhold Niebuhr : « Mon Dieu, donne-moi la sérénité d'accepter les choses que je ne puis changer, le courage de changer les choses que je peux, et la sagesse d'en connaître la différence. »

Le mécontentement, comme la négativité, résulte d'un manque d'estime de soi. Vous pouvez aider les autres – qu'il s'agisse de subalternes ou de collègues – en les aidant à améliorer leur estime de soi. Le chapitre 2 de ce livre contient de nombreuses suggestions à cet égard.

En tant que gestionnaire, vous pouvez aider en mettant l'accent sur les succès plutôt que sur les échecs. La plupart des gens ne se détestent pas, mais peuvent avoir parfois des baisses soudaines temporaires d'estime de soi et avoir besoin de soutien. S'ils ne s'occupent pas de ces baisses, celles-ci peuvent avoir des conséquences plus graves. La majorité des gens n'a pas besoin d'aide professionnelle ; elle peut y arriver par elle-même.

Le manque d'estime de soi découle de l'échec. Nous connaissons tous des échecs et des succès au travail et dans notre vie personnelle.

Lorsque vous mettez l'accent sur l'échec, l'estime de soi se détériore. Concentrez-vous plutôt sur les succès qui ont été réalisés. Voici quelques suggestions :

- *Tenez un dossier Succès (voir le chapitre 13).* Demandez à la personne mécontente de tenir un dossier où elle déposera les réalisations dont elle est particulièrement fière ; des choses pour lesquelles on lui a fait des éloges. Ces choses prouvent que cette personne a eu du succès dans le passé et qu'elle peut réussir de nouveau à l'avenir.
- *Prenez soin de souligner chacune des réalisations de la personne qui a une faible estime de soi et de louer les progrès réalisés au travail.* Aussi, soyez positif lorsque celle-ci vous fait part d'une bonne idée ou contribue de façon importante aux discussions et aux activités de groupe. Il faut toujours rappeler à la personne qui a une faible estime de soi que vous, le superviseur, la respectez et avez confiance en elle.
- *Donnez-lui des tâches pour lesquelles elle est à la hauteur et offrez-lui la formation, l'encadrement et le soutien dont elle a besoin pour réussir.* Le goût du succès est un moyen sûr de bâtir l'estime de soi.
- *Suggérez à la personne de suivre des cours conçus pour bâtir la confiance en soi ou des programmes d'entraînement à l'assertivité.* Procurez-lui des enregistrements ou des livres inspirants.

Ces suggestions renforceront les pensées positives chez les employés au sujet d'eux-mêmes, et feront des merveilles dans le dépassement des attitudes défaitistes.

Résumé

- Tant que vous aurez des préjugés, que vous projetterez des sentiments de malveillance et de mépris envers les autres, c'est exactement ce que vous obtiendrez en retour, parce que votre monde n'est qu'un écho de vos humeurs et de vos attitudes.
- Les plaignants chroniques cherchent peut-être tout simplement à attirer l'attention. Pour éviter certaines plaintes de leur part, donnez-leur l'occasion de s'exprimer régulièrement.
- Ayez de l'empathie. Si vous occupez un poste de supervision, faites savoir à vos subalternes que vous êtes prêt à écouter tout ce qu'ils ont envie de vous communiquer. Si vous êtes un collègue, vous pouvez toujours aider la personne en ouvrant votre cœur à ses préoccupations.
- Lorsqu'une personne a un problème grave qui dépasse vos compétences, orientez cette personne là où on pourra l'aider, tel un programme d'aide aux employés, par exemple.
- Lorsque vous devez composer avec des gens difficiles, la tentation est grande de réagir en leur manifestant à votre tour une forme d'antipathie. Mais alors, vous devrez d'abord intégrer en vous la négativité de la personne avec tous les effets néfastes que cela aura sur vous.
- Lorsque vous faites affaire avec une personne négative, reconnaissez ses arguments et persuadez-la de travailler avec vous, de telle sorte que vous puissiez résoudre ce qu'elle considère comme des problèmes et que le projet puisse avancer. Faites participer la personne à la solution plutôt que d'en faire un problème additionnel.

CHAPITRE 16

Gérez votre temps

Cessez de faire des chèques en blanc du genre «Il n'y a pas suffisamment de temps pour tout faire» ou «Il y a trop de choses à faire», etc. Ce genre de remarques amplifie et multiplie votre perte.

Supposons que quelqu'un vienne à vous et vous dise: «Je vous donnerai 86 400 $ par jour, chaque jour, mais vous devrez les dépenser chaque jour.» Vous ne disposerez ni de plus ni de moins chaque jour. Vous ne pouvez pas garder cet argent sur vous ni le mettre de côté. Ne serait-ce pas un merveilleux cadeau? Dieu donne à chacun de nous un cadeau semblable: 86 400 secondes chaque jour de notre vie. Nous devons utiliser toutes ces secondes chaque jour. Nous ne pouvons pas les conserver ni les mettre de côté. Nous pouvons gaspiller ces secondes dans ces poursuites frivoles ou les laisser filer à ne rien faire. Nous pouvons aussi choisir de les consacrer à développer notre esprit, à travailler ou à jouer, à passer du temps avec nos amis et les membres de notre famille, à aider les autres. Faites un bon usage de ce cadeau. C'est un cadeau de Dieu.

Beaucoup d'entre nous ne sont pas conscients du pouvoir que nous avons dans la maîtrise de notre utilisation du temps. Nous sommes comme cette pauvre femme qui, ayant vécu toute sa vie dans la campagne profonde, déménage un jour dans un petit village où, à sa grande surprise, elle trouve sa maison éclairée à l'électricité. Elle ne connaissait pas l'électricité, n'avait jamais vu d'éclairage électrique, et les petites ampoules électriques de huit candélas dont était munie la maison lui semblaient une merveille.

Plus tard, un homme qui vendait une nouvelle sorte d'ampoule électrique vint voir la femme pour lui proposer de remplacer une de ses petites ampoules par des nouvelles, à soixante candélas, juste pour lui montrer l'effet que cela faisait. Elle consentit et lorsque l'homme alluma l'ampoule, elle fut clouée sur place. Il lui sembla un miracle qu'une si petite ampoule diffuse une lumière aussi merveilleuse, presque comme celle du soleil. Jamais il ne lui serait venu à l'idée que la source de cette nouvelle lumière existait depuis le début ; que la lumière beaucoup plus puissante provenait de la même source de courant électrique qui avait alimenté sa petite ampoule à huit candélas.

Nous sourions devant l'ignorance de cette pauvre femme, mais la majorité d'entre nous sommes encore bien plus ignorants de notre propre pouvoir que cette femme ne l'était de la puissance du courant électrique. Nous passons notre vie à utiliser une ampoule à huit candélas, croyant que nous obtenons là toute l'énergie qui est à notre disposition, tout ce que nous pouvons exprimer ou tout ce que le destin nous réserve, que nous sommes limités à cela. Jamais il ne nous vient à l'idée qu'un courant infini, un courant dans lequel nous baignons perpétuellement, inonderait notre vie de lumière, d'une lumière incroyablement brillante et belle, si seulement nous utilisions une ampoule plus grosse, nous mettant plus puissamment en contact avec le courant d'alimentation infini. Le fil d'alimentation que nous utilisons est si petit que seule une minuscule partie du grand courant peut y passer, à peine quelques candélas, alors qu'il y en a des millions qui passent devant notre propre porte. Ce courant infini est à notre disposition en quantité illimitée; nous pouvons le prendre et l'exprimer.

Notre temps est comme ce courant. Nous sommes nombreux à nous contenter de l'utiliser comme l'ampoule à huit candélas, alors que nous avons en nous le potentiel d'utiliser notre temps beaucoup plus efficacement. Tout comme utiliser une ampoule plus puissante peut nous procurer une lumière beaucoup plus vive, changer la gestion de notre temps peut nous permettre de réaliser beaucoup plus de choses dans notre vie.

Fixez-vous des objectifs liés au temps

La première mesure à prendre pour bien gérer son temps consiste à se fixer des objectifs – ce que vous souhaitez réaliser dans un temps donné. Malheureusement, bien des gens accordent plus d'importance aux actions qu'aux objectifs. Ils ne pensent qu'aux mesures immédiates à prendre, non aux résultats recherchés. Un objectif lié au temps est un objectif qui fait le lien entre l'importance de ce qui doit être réalisé et l'horaire de travail correspondant.

Une fois que ces objectifs sont clairement établis, organisez votre temps de manière à privilégier les questions les plus importantes, c'est-à-dire celles qui vous aideront à atteindre vos objectifs. Si plusieurs activités requièrent votre attention, privilégiez l'activité qui vous permet d'atteindre vos objectifs, sauf si l'urgence de la situation exige une action immédiate.

Charles Schwab, l'homme que choisit Andrew Carnegie pour gérer Cargenie Steel, et qui fut retenu pour diriger la nouvelle Bethlehem Steel Company, aimait beaucoup raconter comment il avait appris à gérer le temps.

Il consulta Ivy Lee, l'un des précurseurs dans le domaine de la consultation en gestion. Celui-ci comptait parmi ses clients célèbres J.P. Morgan, John D. Rockefeller, les DuPont et un bon nombre de sociétés très importantes. Lors de leur rencontre, Charles Schwab lui dit: « Ma gestion n'est pas aussi bonne aujourd'hui que je sais qu'elle pourrait l'être. Ce dont nous avons besoin ici, ce n'est pas d'en *savoir* plus, mais d'en *faire* plus. Si vous pouviez nous donner quelque conseil pour nous aider à faire les choses qui, nous le savons déjà, doivent être faites, je serais heureux de vous écouter et de vous payer la somme que vous demanderez. »

« Parfait, répondit Ivy Lee. Je peux vous donner tout de suite un conseil qui fera augmenter votre *agir* et votre *faire* d'au moins 50 pour cent. » Ivy Lee demanda à Charles Schwab de mettre par écrit les six tâches les plus importantes qu'il avait à faire le lendemain puis de les numéroter par ordre d'importance. Il dit ensuite: « Lorsque vous arriverez au bureau demain matin, commencez l'élément de la liste portant le numéro un et ne vous attaquez à aucune autre tâche avant de l'avoir terminée. Faites ensuite la même chose avec le deuxième élément, puis le troisième, et ainsi de suite jusqu'à ce qu'il soit temps de partir. Ne vous en faites pas si vous ne terminez que deux ou trois ou même qu'un seul élément. Vous travaillerez sur les plus importants. Les autres peuvent attendre. Consacrez les cinq dernières minutes de chaque journée de travail à dresser une liste semblable pour le lendemain. Dressez la liste des éléments qu'il vous reste à faire et ajoutez tout autre nouvel élément. Encore une fois, mettez-les en ordre d'importance. Vous verrez peut-être que certains nouveaux éléments sont plus importants que ceux non terminés de la liste précédente et ces derniers seront peut-être reportés à la fin de la liste. Si cela se reproduit par la suite, alors c'est que ces points n'étaient pas suffisamment importants pour vous. Vous devriez soit les laisser tomber ou les déléguer à une autre personne.

« Si, après plusieurs jours, vous vous rendez compte qu'en appliquant cette méthode vous n'êtes pas arrivé à terminer toutes les tâches, mais qu'avec une autre méthode, vous n'y seriez pas arrivé non plus ; que sans un quelconque système, vous n'auriez probablement même pas décidé quelles tâches étaient les plus importantes ; et que vous êtes convaincu de la valeur de ce système ; alors faites-le adopter par tous les membres de votre personnel. Faites-en l'essai aussi longtemps que vous le voulez, puis envoyez-moi un chèque d'un montant que vous jugerez correspondant à sa valeur. »

La rencontre dura vingt-cinq minutes. Après deux semaines, Charles Schwab envoya à Ivy Lee un chèque de vingt-cinq mille dollars, soit mille dollars la minute. Cette leçon, racontait-il souvent, fut la plus profitable qu'il ait jamais apprise. Fut-elle fructueuse ? En l'espace de cinq ans, Charles Schwab fit de sa nouvelle entreprise Bethlehem Steel le plus important producteur indépendant d'acier du monde, une société qui lui rapporta plus de cent millions de dollars.

Dressez une liste de contrôle et suivez-la

Suivez le conseil d'Ivy Lee. Fixez des priorités et respectez-les. C'est l'ingrédient essentiel d'une gestion du temps efficace. Utilisez des listes. Commencez par rédiger une liste de contrôle de tout ce que vous voulez faire. Mettez les éléments dans l'ordre où ils vous viennent. Ne tenez pas compte de l'importance. Plutôt que d'utiliser des feuilles volantes, utilisez un carnet dans lequel vous pourrez noter au fur et à mesure chaque chose que vous souhaitez réaliser.

Passez en revue votre liste de contrôle tous les jours. Divisez les gros projets en parties faciles à gérer. Établissez vos priorités : ce qui doit être fait aujourd'hui, ce qui peut être reporté et ce qui peut être délégué. Dressez une liste quotidienne de ce que vous prévoyez faire dans la journée et des ébauches de listes pour le reste de la semaine. Inscrivez à votre calendrier les éléments que vous aurez reportés à une date ultérieure.

Évaluez vos listes quotidiennes du point de vue de l'importance de chaque élément dans l'atteinte de vos objectifs. Prévoyez le temps nécessaire à l'exécution des différents éléments de la liste en tenant compte de l'urgence de chacun et de sa valeur par rapport à vos objectifs.

Suivre consciencieusement cette procédure permettra de conditionner votre subconscient à aborder vos activités quotidiennes en tenant compte du temps.

Connaissez vos niveaux d'énergie

Chaque personne a des niveaux d'énergie qui fluctuent selon le moment de la journée. Déterminez les périodes où vous avez beaucoup d'énergie. Certaines personnes travaillent mieux le matin, d'autres, plus tard dans la journée. Certaines travaillent mieux juste après avoir mangé, d'autres, une heure après le déjeuner. Prévoyez faire les tâches difficiles et complexes aux moments où votre énergie est grande.

Tenez un journal de vos heures

Savez-vous à quoi vous consacrez votre temps ? La plupart des gens en ont seulement une vague idée. J'ai posé cette question à d'innombrables personnes. Certaines avaient très peu réfléchi à cette question, mais possédaient une singulière capacité innée à utiliser leur temps efficacement. Par contre, d'autres avaient dû tenir un journal pour y inscrire ce à quoi elles consacraient leurs heures de travail.

On pourrait croire qu'une personne occupée sera incapable de s'arrêter pour tenir un journal de ses heures. Il est vrai que la chose est fastidieuse et il arrive parfois que l'on soit tellement pris par une activité qu'il n'est ni possible ni approprié de s'arrêter pour prendre des notes dans un journal. Dans une telle situation, il faut être réaliste : faites de votre mieux pour faire le suivi de l'utilisation de vos heures, et si vous ratez un segment de votre journée, inscrivez-le tout simplement dès que vous le pouvez.

Vous n'aurez pas toujours à tenir un journal de vos heures. Il serait bon de le faire pendant au moins trois ou quatre jours chaque semaine pendant deux ou trois semaines pour avoir une assez bonne représentation de l'utilisation de votre temps. Vous pourrez ensuite analyser votre journal pour savoir à quoi vous consacrez la majorité de votre temps.

Une fois que vous savez à quoi vous gaspillez votre temps, vous pouvez prendre des mesures pour corriger la situation. Certains aspects sont faciles à corriger, d'autres le sont moins.

Les voleurs de temps

Vous aviez prévu toute une journée de travail. Vous aviez tout bien organisé. À présent, la journée est terminée et vous n'avez réussi à faire qu'une partie de ce que vous aviez prévu. Où est passé votre temps ?

Vous vous êtes probablement attaqué aux projets figurant sur votre liste de contrôle avec la pleine intention de les terminer, mais dès que vous avez commencé, vous avez été dérangé par un ou plusieurs voleurs de temps – ils se comptent par dizaines. Passez en revue votre journal et vous verrez quels sont vos voleurs de temps les plus courants et ce que vous pouvez faire pour minimiser leurs effets.

Les interruptions par des subalternes

Les interruptions les plus fréquentes sont probablement celles par vos propres subalternes qui ont un problème nécessitant, leur semble-t-il, votre attention immédiate. Certaines personnes vous interrompent probablement plus souvent que d'autres. Elles viennent vous voir pour résoudre chaque petit problème plutôt que de tenter de trouver des solutions par elles-mêmes. Un moyen de repérer ces gens consiste à tenir un relevé de ces interruptions. Notez le nom de la personne, le type de problème ou de question, et le temps que vous y avez consacré. Examiner périodiquement ce relevé vous permettra de savoir qui sont ceux qui vous prennent votre temps et les problèmes dont ces personnes vous font part.

Parfois, les problèmes pour lesquels on vous consulte sont importants et vos conseils, opinions ou ordres, nécessaires pour poursuivre le travail amorcé. Cependant, le plus souvent, ce sont des problèmes dont les personnes qui vous consultent devraient vraiment s'occuper elles-mêmes.

Jack Welch, le brillant chef de la direction de General Electric, raconta que des subalternes venaient le consulter pour des problèmes dont ils auraient dû, selon lui, s'occuper eux-mêmes. Il répondait à leur demande en leur posant la question suivante : « Selon vous, que devrait-on faire ? » En leur retournant le problème, il les obligeait à y réfléchir davantage. Après un certain temps, les membres de son personnel cessèrent de venir le consulter, sauf s'il était absolument nécessaire qu'il décide personnellement. Suivez l'exemple de Jack Welch. Dites aux membres de votre personnel que s'ils viennent vous consulter relativement à un problème, ils doivent au moins faire une suggestion sur la façon de le régler. Ainsi, ils devront réfléchir davantage et régleront souvent la question sans vous interrompre. S'ils doivent tout de même vous parler, ils le feront moins longuement.

Le chef de la direction d'une société inscrite au palmarès Fortune 500 m'a dit un jour qu'il était tellement importuné par les interruptions constantes de son personnel qui venait le voir pour lui confier des problèmes et lui poser des questions qu'il les avisa qu'à moins d'une situation tellement urgente qu'un retard risquerait de causer des dommages irréparables, ils devraient dorénavant garder pour eux leurs questions jusqu'à 17 heures. Chaque jour, à l'heure dite, il ouvrait sa porte pour accueillir les problèmes et questions. Bientôt, son personnel commença à essayer de régler ses problèmes lui-même plutôt que d'attendre la fin de la journée.

Le téléphone

Vous êtes assis à votre bureau, totalement absorbé par votre travail, lorsque le téléphone sonne. C'est un collègue qui souhaite vous poser une question concernant le travail. Est-ce qu'il passe directement au vif du sujet ? Habituellement pas. Il vous parlera du temps qu'il fait, de ses activités du week-end ou de ses projets de vacances avant de parler affaires. Le temps consacré à la plupart des appels au travail pourrait être grandement raccourci si les appelants se concentraient uniquement sur le travail. Toutefois, éliminer totalement le bavardage personnel pourrait également avoir des effets négatifs. Un peu de conversation sociale facilite les relations entre les gens, aide à créer un environnement de travail plus agréable et a pour effet d'accroître la coopération et le travail d'équipe.

Limitez l'aspect social de la conversation au minimum. Si l'autre personne insiste pour discuter longuement d'autres sujets, dites poliment : « J'aimerais beaucoup entendre parler de cette fête, mais j'ai une pile de documents devant moi dont je dois m'occuper tout de suite» et passez au vif du sujet.

Soyez bref. Préparez l'appel que vous avez à faire avant de prendre le téléphone. Dressez la liste des points que vous voulez aborder et cochez-les au fur et à mesure que vous en parlez. Un chef d'entreprise de ma connaissance, toujours très occupé, commence généralement la conversation en disant qu'il ne dispose que de cinq ou dix minutes avant d'entrer en réunion, en demandant à son interlocuteur d'être bref. Si les circonstances s'y prêtent, envoyez un message électronique plutôt que de faire un appel.

Les visiteurs

Si vous travaillez dans un bureau où il y a beaucoup de monde, il est probable que les autres viennent vous voir pour parler. La plupart du temps, ils le font pour discuter de questions de travail, mais souvent aussi pour parler d'autres choses. Ces visites sont agréables, parce qu'elles brisent la monotonie de la journée de travail et aident parfois à établir des liens plus étroits avec les autres membres du personnel, mais elles sont parfois voraces en temps.

Essayez de limiter au minimum les visites sociales. Si un collègue ou une collègue prend l'habitude de venir vous voir juste pour bavarder, mettez diplomatiquement fin à la visite le plus rapidement possible.

Si une personne vous rend visite à l'improviste, comme un représentant de commerce, rencontrez-le dans l'entrée plutôt que dans votre bureau. Ne l'invitez pas dans votre bureau, sauf si vous êtes intéressé par le produit ou le service en question. Les rencontres dans l'entrée peuvent être réglées en quelques minutes. Une fois à l'intérieur de votre bureau, il peut être beaucoup plus long de se débarrasser du représentant. Vous pouvez aussi vous tenir debout pendant que vous parlez aux visiteurs qui entrent dans votre bureau. Invitez-les à s'asseoir uniquement si vous souhaitez les voir rester.

Une autre façon de réduire les interruptions consiste à réserver une heure chaque matin comme « temps privé ». Affichez l'inscription « Ne pas déranger » sur votre porte. Réglez votre messagerie vocale pour qu'elle prenne tous vos appels. Avisez les membres de votre personnel que cette heure vous appartient et qu'on ne doit vous déranger sous aucun prétexte, sauf s'il s'agit réellement d'une urgence. Assurez-vous que votre patron est au courant et approuve votre initiative afin qu'il ou elle n'empiète pas sur cette plage horaire. Vous serez étonné de constater tout ce que vous pouvez faire en une heure.

Gardez-vous du temps pour vous

Nous avons tous une vie en dehors du travail. Nous avons besoin de temps pour nous-mêmes, pour être avec notre famille et pour faire des activités non liées au travail. Ne laissez pas votre emploi vous engloutir.

Jeff Weinstein de Santa Monica, en Californie, a fondé la chaîne de restauration rapide à succès Counter où les clients peuvent choisir la composition de leur hamburger. À mesure que la chaîne grandissait, il travaillait vingt-quatre heures sur vingt-quatre, sept jours sur sept, sans s'accorder du temps pour lui-même et sa famille. Il tenta de se faire un horaire de travail et de budgétiser son temps. Il essaya de ne pas rapporter de travail à la maison. Il tenta de tout faire, mais n'y parvint pas, jusqu'à ce qu'il trouve enfin la solution. S'il était capable de préparer des hamburgers sur mesure, raisonna-t-il, il pouvait faire de même avec son temps.

Le truc, dit-il, consiste à être fluide, à passer en douceur d'une sphère à l'autre de la vie. Dans son plan, il commence ses journées en faisant quelque chose pour lui-même. Il va s'entraîner avant le travail. Il arrive plus tard, mais de meilleure humeur, traite mieux ses collègues, ce qui les rend plus productifs. Il fait plus de choses et a plus de temps à passer avec sa famille.

Pour créer plus de temps pour vous-même, l'un des moyens consiste à déléguer davantage le travail que vous avez l'habitude de faire vous-même. Analysez votre charge de travail. Vous constaterez que souvent, des subalternes seraient tout à fait aptes à faire certaines de vos tâches. Même si vous avez beaucoup de plaisir à les faire, il est beaucoup plus efficace de les laisser à d'autres. Revoyez le chapitre 11, qui contient des suggestions pour une délégation efficace.

N'ayez pas peur de dire non

L'une des choses dont les gens se plaignent le plus souvent est d'avoir trop de travail. « Je suis déjà chargé et voilà que mon patron me confie un autre projet. Qu'est-ce que je dois faire ? » Vous n'avez pas à tout accepter. Bien souvent, votre patron peut ne pas être conscient de tout ce que vous avez à faire. Parlez. Ne vous vexez pas et ne vous mettez pas en colère. D'une manière calme, expliquez à votre patron les différents projets auxquels vous travaillez et demandez-lui de vous aider à déterminer ce qui doit être fait en priorité. Il vous suggérera peut-être d'arrêter de travailler sur les tâches moins importantes ou choisira de confier le nouveau mandat à quelqu'un d'autre.

Il n'y a pas que votre patron qui puisse vous demander de faire des choses que vous n'avez pas le temps de faire. Un collègue de travail peut vous demander de l'aider. Un organisme communautaire dont vous faites partie peut vous demander de vous joindre à l'un de ses comités. Avant d'accepter ou de rejeter ces demandes, réfléchissez attentivement à la somme de temps que cela représentera. Si vous êtes réellement trop occupé par des tâches plus prioritaires, alors refusez poliment.

Soyez patient

Gérer son temps ne signifie pas que les choses doivent être faites à la hâte. Il y a de nombreuses et véritables réalisations qui sont le résultat de longs et patients efforts. Trop de gens manquent de patience. Tout ne peut pas se faire immédiatement. L'expression « sans attendre » est caractéristique de notre siècle et on la voit partout : au magasin, à l'école, dans la société et à l'église.

Résumé

- Dressez une liste de contrôle par ordre de priorité et respectez-la.
- Prévoyez une heure de temps privé chaque jour : du temps sans interruptions ni distractions. Utilisez ce temps pour revoir votre horaire et le modifier en fonction des priorités courantes.
- Organisez votre journée de manière à consacrer vos heures les plus énergiques aux questions plus difficiles et celles où vous n'êtes pas au sommet de votre forme, aux aspects moins importants.
- Déléguez vos tâches. En déléguant à d'autres les éléments qui sont moins importants, vous vous libérez pour vous occuper des questions prioritaires.
- Apprenez à dire non. Sachez quelles sont vos limites de temps et comment dire non avec tact si vous voyez que cela peut vous aider à atteindre vos objectifs.

CHAPITRE 17

L'art de persuader

Si vous voulez accroître votre volume de ventes, répétez cet énoncé encore et encore: «Mes ventes s'améliorent chaque jour; je m'avance dans ma carrière, je fais des progrès et je deviens plus prospère chaque jour.»

Au travail comme dans d'autres aspects de la vie, il arrive souvent que nous ayons à persuader d'autres personnes d'accepter nos idées. Pour y arriver, il faut réfléchir comme un vendeur. Étudiez et mettez en application les techniques de vente qui ont fait leurs preuves, et vous améliorerez vos chances d'y parvenir.

Des nombreux éléments propres à une approche scientifique de la vente, aucun n'est plus essentiel que l'art de la persuasion. Les vendeurs se retrouvent souvent devant des clients potentiels tout à fait réfractaires à leurs idées. Ces personnes ne veulent pas de la marchandise en question, ou du moins c'est ce qu'ils croient, et sont déterminées à ne pas l'acheter. Ils se braquent contre toute tentative de persuasion, refusent de se soumettre à une influence quelconque susceptible de les faire changer d'avis.

Un peu plus tard, toutefois, ils ont acheté et payé le produit, tout contents et certains d'en avoir réellement besoin. Grâce à l'art de la persuasion, qui se pratique par étapes successives, sans quoi il y est impossible de réussir, leur attitude a complètement changé.

L'art de la persuasion s'apprend

Tout comme certains hommes et femmes naissent avec un don naturel pour la musique ou le dessin, certains hommes et femmes possèdent, à un degré très élevé, les qualités naturelles qui leur permettent de convaincre les autres d'adopter leur façon de penser.

S'il est vrai que certaines personnes ont un don plus marqué que d'autres à cet égard, il est également vrai que la plupart des gens peuvent, en s'entraînant, acquérir les habiletés nécessaires pour réussir à persuader quelqu'un. En outre, même si une personne qui, sans être formée, possède des talents naturels dans plusieurs domaines, tels l'athlétisme, l'art oratoire ou les affaires, il est possible avec de l'entraînement de faire aussi bien que cette personne.

N'attribuez pas la perte d'un client potentiel ou une mauvaise décision d'affaires à de la « malchance ». C'est souvent l'ignorance des principes de vente ou de gestion qui est en cause. Faire des affaires s'apparente à une science, et pratiquement toute personne honnête, sincère et déterminée peut devenir un expert en la matière, à condition de s'y mettre à fond.

Prenons l'exemple d'un travail pour lequel l'art de la persuasion constitue un élément majeur : la vente. Même si vous ne vendez ni produit ni service, mais plutôt des idées, vous devez vous considérer comme un vendeur.

Pour savoir si vous possédez un talent pour la persuasion, vous devez analyser vos aptitudes. À cet égard, il faut cependant garder à l'esprit que la nature humaine, et surtout dans l'enfance, est malléable, et que nous pouvons être modelés par autrui, ou nous modeler nous-mêmes.

Même si vous n'avez aucun talent marqué pour la vente, vous pouvez l'acquérir. En vous formant adéquatement, c'est-à-dire par la lecture, l'observation, l'écoute et la pratique, vous pouvez développer vos habiletés et devenir un bon vendeur.

Attirez l'attention de la personne

Pour réussir à persuader une personne d'acheter votre produit ou votre service, ou bien à accepter vos idées, vous devez d'abord attirer toute son attention ; sinon, rien de ce que vous allez dire ne sera entendu. La chose est souvent ardue ; en effet, il n'est pas facile d'attirer l'attention d'une personne qui, dans le pire des cas, ne s'intéresse pas à ce que vous avez à dire, et, dans le meilleur des cas, vous oppose une résistance quelconque. Mais il faut absolument, avant de pouvoir persuader quiconque de faire quoi que ce soit, obtenir l'attention de cette personne.

Dans le cas d'un collègue de travail, vous pouvez obtenir son attention en faisant un commentaire sur une chose dont vous êtes certain qu'elle suscitera son intérêt. Il n'est pas nécessaire d'aborder un sujet banal ou hors du travail pour attirer l'attention de cette personne. Une question ou un commentaire direct sur la situation en cause constitue une bonne entrée en matière.

Par exemple, si vous souhaitez persuader un collègue de siéger à un comité dans le but d'évaluer une nouvelle pièce d'équipement, un commentaire sur la fréquence des défaillances de l'équipement en place pourrait certainement attirer son attention.

Il faudra parfois vous y prendre de manière spectaculaire pour obtenir l'attention des gens réticents à vos idées. Au début des années 1990, par exemple, Continental Airlines se classait au dernier rang des dix plus grandes compagnies aériennes au chapitre du service à la clientèle. La bureaucratie étouffait tout, du choix de la couleur des crayons pour marquer les cartes d'embarquement à la manière de plier un formulaire. Obéir à ces règles telles qu'elles avaient été formulées par écrit (tout avait été effectivement mis par écrit dans un cahier) était considéré comme plus important que de faire preuve d'imagination dans la prise de décision. Il n'y avait pas une minute à perdre. Pour faire passer l'idée que le cahier des règles serait désormais chose du passé, le chef de la direction Gordon

Bethune se rendit dans le stationnement avec un groupe d'employés. Là, dans un baril de 180 litres vide, il jeta le cahier, l'aspergea d'essence et y mit le feu. La nouvelle se propagea à la vitesse grand V et c'est ainsi que Continental décolla dans la direction du succès et que ses employés retrouvèrent le moral.

Il n'est pas nécessaire de faire les choses de manière si spectaculaire. Parfois, il suffit de poser une question cruciale. En formulant la question de manière à laisser entendre que vous avez la solution à un problème donné, vous êtes certain d'obtenir l'attention de votre interlocuteur. Par exemple, quand Marlène D. voulut convaincre son patron d'instituer un programme d'heures de travail flexibles dans son service, elle l'aborda en lui posant cette question : « Dave, je sais à quel point la baisse de productivité que nous connaissons dernièrement te préoccupe. L'une des raisons de cette baisse est notre difficulté à trouver des employés de bureau qualifiés. S'il y avait un moyen d'attirer plus de main-d'œuvre qualifiée, tu voudrais le connaître, n'est-ce pas ? » David ne pouvait répondre que par « oui ». Elle avait maintenant obtenu son attention et était en mesure de présenter ses arguments, et lui, d'entendre ce qu'elle avait à proposer.

Une autre manière d'obtenir l'attention de quelqu'un consiste à faire preuve d'imagination. Nathalie Carson, chef de la section du vêtement féminin chez TravelSmith, une entreprise spécialisée dans les vêtements de voyage, réussit à obtenir l'attention de son patron en lui déclarant ceci : « Demandez à n'importe quelle femme de vous dire quelle est la pièce la plus importante de toute sa garde-robe, et elle vous répondra probablement "une petite robe noire" ». Pour Scott Sklar, l'un des chefs de la direction chez TravelSmith, les robes ne faisaient pas partie de son catalogue, mais ce n'était pas l'avis de Mme Carson. Il arrivait à celle-ci de passer de longs week-ends à Paris – où son mari travaillait – et elle était convaincue d'avoir raison. Alors elle entreprit de trouver la parfaite petite robe noire de tricot infroissable susceptible de la faire se sentir, *elle*, à l'aise parmi les femmes élégantes qu'elle rencontrait à l'occasion de dîners spéciaux. Ses efforts se révélant infructueux, elle conçut sa propre petite robe noire de voyage parfaite et démontra qu'elle était la réponse à son problème. Sklar l'écouta attentivement, et fut convaincu. Le résultat : la petite robe noire de voyage infroissable est devenue depuis l'article le plus vendu de tout le catalogue. Cela valut à Nathalie Carson le poste de vice-présidente du marketing.

Suscitez le désir

Une fois que vous avez obtenu l'attention de la personne, l'étape suivante consiste à rendre cette personne vraiment intéressée à votre proposition. Vous devez susciter chez elle le désir de suivre l'idée que vous proposez. Une fois que vous aurez fait cela, vous aurez presque certainement convaincu la personne. Pour ce faire, vous devez faire appel aux émotions, c'est-à-dire au cœur plutôt qu'à la raison.

Vous ne susciterez jamais le désir chez quiconque à qui vous parlez de ce que vous voulez. Tout d'abord, vous devez explorer ce que la personne souhaite vraiment. Qu'est-ce qui est important pour elle ? Qu'est-ce qui la stimule ? Pour le trouver, vous devez vraiment écouter ce que cette personne répond lorsque vous lui posez des questions. Écoutez attentivement. Soyez attentif pour relever les nuances subtiles de ses paroles qui pourront vous mener à déceler ce qui l'intéresse vraiment. Ensuite, adaptez vos remarques en fonction de ce que la personne désire et vous serez pratiquement assuré de la convaincre de votre point de vue.

Je parlais récemment avec quelques amis d'un jeune vendeur dont l'ascension rapide avait surpris tous ceux qui le connaissaient. L'un de mes amis raconta que tout le secret résidait dans son merveilleux pouvoir de persuader les gens de changer leur façon de penser, de faire en sorte qu'un client éventuel voie les choses à sa manière. Jamais, dit-il, il n'avait rencontré quelqu'un d'aussi habile à amener une personne à changer d'avis et à adopter son point de vue à lui. « Et cela, ajouta-t-il, c'est l'essence même, la quintessence, si vous voulez, de ce que signifie vendre, c'est-à-dire le pouvoir d'amener quelqu'un à voir les choses comme nous les voyons. »

Comment s'y prenait-il ? Il recherchait chez son client éventuel ce qu'il y avait au fond de son cœur. Quelle était cette chose qui pourrait vraiment influencer la manière de penser de cette personne ? En l'écoutant attentivement, en observant ses expressions faciales et son langage non verbal, il ciblait l'élément clé. « La plupart du temps, me raconta-t-il, il s'agissait d'un facteur affectif plutôt que pratique. »

Les enseignants les meilleurs et les plus efficaces ne sont pas toujours ceux qui possèdent le plus de connaissances, mais ceux qui réussissent à gagner le cœur de leurs élèves, ceux qui font preuve de bonté, qui s'intéressent aux autres, et qui sont empathiques, des qualités qui, connaissances mises à part, sont celles des meilleurs professeurs. Ce sont ces mêmes qualités qui, à la base, donnent à chacun d'entre nous le pouvoir d'être persuasif.

Si l'instruction et l'intelligence sont des éléments indispensables, ce n'est pas tant cela qui fait la popularité et le succès d'une personne que les qualités du cœur.

Soyez sincère

Certaines personnes ont une sorte de pouvoir hypnotique qui passe pour de la persuasion, et qui leur permet d'obtenir ce qu'elles veulent au départ. Ce pouvoir n'est toutefois pas fondé sur l'honnêteté, et à la longue il peut nuire gravement à l'entreprise. Pensons, par exemple, au vendeur auquel il est impossible de résister et qui souvent rapportera des commandes plus importantes que celles de certains autres vendeurs, mais qui finit par perdre des clients et entacher la réputation de l'entreprise. Il vaut mieux un vendeur qui vend moins au début, mais qui se fait beaucoup plus d'amis, et qui garde ses clients parce qu'il a leurs intérêts à cœur et qu'il essaie de leur vendre seulement ce qui est à leur avantage. En étudiant leurs besoins, et en gagnant leur confiance et leur bienveillance, un tel vendeur établit une relation qui sera profitable à long terme. La capacité d'amener les gens à penser comme vous confère un pouvoir immense, et s'accompagne de grandes responsabilités. Si ce pouvoir n'est pas utilisé avec bonté et honnêteté, il se retournera contre le vendeur comme un boomerang, et la personne qui en souffrira le plus, ce sera le vendeur lui-même. De telles personnes acquièrent vite une réputation d'« ensorceleur » et les gens finissent par se détourner d'elles.

Ce que la plupart des gens veulent aujourd'hui, c'est un discours franc et sans détour. Cela n'empêche pas les personnes qui possèdent l'art de la persuasion de présenter les faits tels qu'ils sont. Mais elles le feront de manière que le client éventuel en vienne à ressentir que celui ou celle qui les présente est un ami, et qu'il ou elle agit entièrement dans l'intérêt de ce client éventuel. Personne n'aime l'idée d'être « géré », et le client éventuel aura beau être sensible à la flatterie, vos motivations, si vous tentez cette approche, seront vite remises en question.

Des compliments sincères adressés avec tact, par contre, vous seront d'une aide précieuse. Rappelez-vous que la personne avec qui vous négociez sera toujours à l'affût d'un indice de malhonnêteté ou d'une marque d'insincérité. Personne ne veut être dupé ou convaincu malgré lui de céder. Par-dessus tout, rappelez-vous que rien ne remplace la sincérité, dans quelque domaine que ce soit.

Considérez les intérêts de l'autre

Rien dans la vie ne saurait remplacer la transparence, la simplicité, l'honnêteté et la bonté. La règle d'or est la seule règle de conduite susceptible d'apporter le succès dans n'importe quelle entreprise.

Quand vous n'êtes pas certain de savoir en quoi vos gestes pourraient influer sur quelqu'un, posez-vous simplement la question suivante : « Est-ce que j'aimerais qu'on me fasse la même chose ? »

Quand on lui demandait ce qui avait contribué le plus au succès de sa remarquable carrière, Nathan Straus, qui fut l'un des premiers propriétaires du grand magasin Macy's et un philanthrope reconnu, répondait : « Je me préoccupais toujours des intérêts de la personne avec qui je négociais. » Il disait qu'il pouvait supporter de voir un marché se révéler non avantageux pour lui, même lorsque cela entraînait d'importantes pertes financières, mais qu'il ne pouvait jamais se permettre que le marché ne soit pas avantageux pour la personne avec qui il négociait. En considérant la transaction du point de vue des autres parties en cause, Straus mettait l'accent sur ce que les autres parties percevaient comme leur meilleur intérêt.

Jaugez l'autre

L'une des étapes importantes à franchir pour maîtriser l'art de la persuasion est l'étude de la puissance de pénétration, de la capacité à lire le caractère d'autrui. Assurez-vous de bien d'étudier les gens et les motifs qui font qu'ils sont ce qu'ils sont.

Devenir expert dans l'art de déchiffrer la nature humaine est un outil aussi important pour la persuasion que peut l'être le fait d'être expert en litige pour un avocat, ou expert en diagnostics pour un médecin. Les gens qui sont capables de comprendre la nature humaine, qui peuvent « saisir » une personne rapidement, qui parviennent à évaluer précisément le caractère d'une personne, quel que soit son travail, possèdent un immense avantage sur les autres.

La capacité à voir profondément quelle est la nature de l'autre est une qualité qui peut se cultiver, et nous avons de belles occasions de nous exercer lorsque nous interagissons avec une multitude de personnes. Il est en soi très formateur de prendre l'habitude de mesurer, de jauger, d'évaluer les différentes personnes que nous rencontrons, car ainsi nous améliorons nos propres capacités d'observation, nous affûtons nos qualités de perception, nous améliorons notre jugement.

Les gens qui réussissent dans leur carrière attribuent leur avancement professionnel à cette capacité de comprendre la mentalité et les motivations de l'autre. Cela leur a permis de transiger plus efficacement avec leurs patrons, leurs subalternes, leurs collègues, leurs clients, leurs fournisseurs et la population en général.

Il n'y a pas deux personnes qui pensent exactement de la même manière, et vous devez aborder chacune d'elles en passant par la voie de la moindre résistance. Apprenez à connaître quels sont les centres d'intérêt de l'autre. Si une personne, par exemple, aime passionnément la musique ou adore le golf, ou bien est amateur d'art, cela vous donnera peut-être un indice quant à la bonne approche à adopter.

Les meilleurs vendeurs se font un devoir de dénicher avec soin quels sont les champs d'intérêt, les passe-temps et les préoccupations particulières d'un client potentiel, comme son équipe sportive favorite, l'âge de ses enfants et autres détails semblables, et intègrent ces renseignements dans leur présentation de vente. Cette façon de faire fonctionne aussi très bien avec les personnes dans votre entourage de travail avec lesquelles vous devez entretenir de bons rapports si vous souhaitez grimper les échelons de la hiérarchie organisationnelle.

Prenez soin de ne pas juger trop rapidement une personne ou de vous en faire une idée trop hâtive. Attendez avant de prendre une décision d'avoir bien déchiffré la personne à qui vous avez affaire, d'avoir réussi à lire correctement ses expressions faciales, d'avoir bien compris ses manières, car tout cela est important, et chaque chose a un sens. Autrement dit, sachez lire les signes que vous envoie cette personne, les indications de son caractère, et tâchez de recueillir toutes les données possibles la concernant, au lieu de vous fier à votre première impression, car beaucoup dépend de l'exactitude de votre jugement. Relisez les passages du chapitre 14 sur le langage corporel.

Le visage est un tableau d'affichage; il est le programme de la représentation qui se joue à l'intérieur, et l'important est d'apprendre à le lire rapidement et avec précision. Les expressions faciales, l'attitude, les manières, le langage, le regard sont les lettres de l'alphabet qui sert à écrire la personnalité d'un individu.

Tout ce qui est naturel, spontané, non prémédité est une indication de certaines des qualités de la personne; et si cette personne joue faux ou paraît faire semblant, vous serez à même de percer le masque et de ne pas en tenir compte.

Apprenez à connaître l'autre

Il est plus facile de persuader quelqu'un que vous connaissez d'épouser vos idées que de persuader une personne qui vous est étrangère. L'une des clés de la persuasion est de dire en quoi cette chose que vous souhaiteriez voir quelqu'un faire serait bonne pour cette personne. Avec les inconnus – tels que les clients potentiels –, il n'est pas toujours facile de connaître ce qui est important pour eux. Mais si vous connaissez bien cette personne ou que vous travaillez avec elle, vous devriez déjà savoir ce qu'elle ressent, ce qu'elle désire, et quelles sont ses attitudes.

Gardez bien à l'esprit que les gens sont tous différents et que ce qui convaincra une personne pourrait n'exercer aucune influence sur une autre. Apprenez à connaître vos employés, vos collègues, les gens qui ne font pas partie de votre service ou de votre entreprise et avec qui vous traitez en tant que personnes. Chacune des personnes avec qui vous travaillez a une vie en dehors du travail, laquelle a d'ordinaire plus d'importance à ses yeux que son travail comme tel. En discutant avec vos collègues de choses qui les préoccupent vraiment hors du travail, vous leur laissez entendre que vous vous intéressez à eux comme personnes, non pas simplement comme travailleurs.

Leur parler n'est que le début. Vous n'avez pas à vous immiscer dans la vie privée des gens, mais lorsque vous les écoutez – que vous leur témoignez de l'empathie, que vous prenez note de leurs réactions –, vous pouvez en apprendre beaucoup sur ce qu'ils ressentent, ce qu'ils aiment vraiment, et sur ce qui les motive.

La diplomatie et le tact, deux outils efficaces dans l'art de la persuasion

Le tact est l'un des grands outils du succès dans la vie. Bien des cadres d'entreprise en vue nous disent que le tact est le premier ingrédient de la recette de leur succès, les trois autres étant la personnalité, l'enthousiasme et la connaissance du domaine.

Le tact vous permet de franchir des portes de toutes sortes, d'accéder à des espaces sacro-saints, là où les gens qui manquent de tact ne pénètrent jamais. Peu importe que vous ayez du génie, du talent ou que vous soyez un expert dans votre domaine, si vous n'avez pas le tact, vous ne serez pas accueilli.

Alex, par exemple, était un brillant ingénieur. Personne ne connaissait l'informatique mieux que lui. Les présentations à l'intention des gestionnaires étaient techniquement impeccables, mais l'arrogance dont il faisait preuve lui mettait son auditoire à dos. Comme un des gestionnaires en fit la remarque: « Chaque fois qu'il répondait à mes questions, il me faisait me sentir idiot de les avoir posées. » Quand on lui reprocha son manque de tact, sa réaction fut de dire: « Tant pis s'ils sont trop obtus pour me comprendre. »

Après avoir vu plusieurs promotions lui échapper, Alex accepta de consulter un coach pour cadres d'entreprise. Il fallut des semaines avant qu'Alex ne réussisse à surmonter sa tendance à imposer ses idées aux autres plutôt que de tenter de les en convaincre. Grâce à des exercices et de la méditation, il réussit à entraîner son esprit subconscient à accepter que son haut degré de connaissance ne suffisait pas à lui seul à lui assurer l'avancement dont il rêvait dans sa carrière. Cela le conduisit à accepter que les autres puissent avoir des points faibles et à considérer leurs forces plutôt que de tourner leurs limites en dérision. Avec le temps, Alex finit par modifier sa manière d'interagir avec les autres, en faisant preuve de plus de tact dans ses présentations et en tenant compte des sentiments des autres. Il parvint ainsi à atteindre les objectifs de carrière qu'il s'était fixés.

Répondre aux objections et finaliser la vente

Au moment de présenter vos idées aux autres, il se pourrait que certains aspects de ce que vous présentez ne soient pas accueillis favorablement. Voyez-le comme un défi, pas un problème. Les vendeurs aiment les objections. Cela les aide à déterminer ce que le client potentiel souhaite vraiment, cela leur permet de s'ajuster en conséquence et d'accroître les possibilités de finaliser la vente. Les bons vendeurs anticipent les objections qui seront vraisemblablement soulevées et sont préparés à y répondre. Vous devriez faire de même.

Si vous souhaitez persuader les autres d'accepter votre concept, étudiez tous les aspects négatifs susceptibles d'être soulevés et soyez prêt à les réfuter ou, s'ils sont valables, à montrer en quoi les avantages que propose votre concept font contrepoids aux inconvénients. Étayez votre position par des faits et des chiffres, tout en tenant compte des aspects intangibles et en faisant appel aux émotions de vos interlocuteurs. Tout comme, pour le vendeur, la finalisation de la vente – l'acceptation définitive – constitue le point culminant de son travail, l'acceptation par les autres de ce dont vous cherchiez à les convaincre sera le résultat de ce que vous visiez.

Une fois que vous avez répondu à toutes les objections, vous êtes prêt à finaliser la vente. Avant de vous lancer dans cette étape finale, encouragez-vous par ces paroles: « Je sais que cette idée est bonne et que l'entreprise en tirera de grands avantages. Je suis prêt à faire tout ce que je peux pour convaincre mon patron de l'accepter. » Vous activerez ainsi votre esprit subconscient afin qu'il renforce votre confiance en votre réussite. Ensuite, allez-y pour l'étape finale.

L'une des approches les plus efficaces lorsqu'il s'agit de promouvoir une idée auprès de quelqu'un est de demander à cette personne de participer à l'évaluation du concept. Divisez une feuille de papier en deux colonnes. Nommez la colonne de gauche « Points négatifs » et celle de droite « Points positifs ». Sans attendre, dressez la liste des objections principales qui ont été soulevées dans la colonne des points négatifs, et mettez par écrit l'argument réponse vis-à-vis, dans la colonne des points positifs. Ajoutez dans cette dernière colonne tous les avantages supplémentaires qui auront été soulevés. Si vous avez bien fait vos devoirs, vous devriez constater beaucoup plus de points positifs que négatifs. Dites alors ceci : « Voyons quelques-unes des raisons qui vous portent à hésiter d'accepter ce concept, et comparons-les aux raisons qui soutiennent le concept. Selon vous, lesquelles pèsent le plus lourd ? » La réponse sera nécessairement du côté positif.

Une fois que vous avez obtenu l'accord de tous comme quoi votre concept est viable, dites ceci : « Étant donné que vous êtes tous d'accord pour dire qu'il s'agit d'une bonne idée, j'aimerais que nous discutions de la prochaine étape de la mise en œuvre. »

S'il faut convaincre le patron de votre patron, ou d'autres membres de la direction avant que le concept ne soit adopté, proposez vos services dans la préparation de la présentation à leur intention.

En vous préparant avec soin et en suivant les approches utilisées par les vendeurs qui connaissent du succès, vous serez à même de présenter et de promouvoir vos idées à d'autres, et d'obtenir l'immense satisfaction de voir vos concepts acceptés et mis de l'avant.

Résumé

- Au travail comme dans d'autres aspects de la vie, il arrive souvent que nous ayons à persuader d'autres personnes d'accepter nos idées. Pour y arriver, il faut réfléchir comme un vendeur.
- Pour réussir à persuader une personne d'acheter votre produit ou votre service, ou bien d'accepter vos idées, vous devez d'abord attirer toute son attention ; sinon, rien de ce que vous allez dire ne sera entendu.
- Vous devez susciter chez une personne le désir de posséder l'objet que vous vendez, ou de suivre l'idée que vous proposez. Une fois que vous aurez fait cela, vous aurez presque certainement convaincu la personne. Pour y parvenir, vous devez faire appel aux émotions, c'est-à-dire au cœur plutôt qu'à la raison.
- Peu importe que vous soyez intelligent ou compétent, votre avancement de carrière dépend de votre capacité à entretenir de bons rapports avec les autres, qu'il s'agisse de vos patrons, de vos subalternes, de vos collègues, de vos clients ou de toute autre personne avec qui vous avez à interagir.
- Gardez bien à l'esprit que les gens sont tous différents et que ce qui convaincra une personne pourrait n'exercer aucune influence sur une autre. Apprenez à connaître vos employés, vos collègues, les gens qui ne font pas partie de votre service ou de votre entreprise et avec qui vous traitez en tant que personne.
- Si vous souhaitez persuader les autres d'accepter votre concept, étudiez tous les aspects négatifs susceptibles d'être soulevés et soyez prêt à les réfuter ou, s'ils sont valables, à montrer en quoi les avantages que propose votre concept font contrepoids aux inconvénients.
- Avant de vous lancer dans l'étape finale, encouragez-vous par des paroles stimulantes. Vous activerez ainsi votre esprit subconscient afin qu'il renforce votre confiance en votre réussite.

CHAPITRE 18

Faites avancer votre carrière

La seule façon de monter plus haut est de garder votre regard fixé sur votre étoile. Voyez intérieurement ce que vous voulez être ; ayez constamment cette image à l'esprit et travaillez de toutes vos forces à la concrétiser. Ce qui est important, c'est de toujours savoir ce qui vous motive, d'avoir un but qui vous inspire, quelque chose de grand vers où vous diriger, quelque chose qui va stimuler votre ambition, qui va répondre à vos aspirations.

Vous voulez être une plus grande personne, avoir plus de grandeur, plus de noblesse ? Alors vous devez être prêt à abandonner la peur, le ressentiment et les bêtes noires, et cesser de vous condamner vous-même. Pour recevoir, il faut donner. Vous devez laisser tomber les pensées négatives pour laisser place aux pensées constructives. Vous devez être prêt à laisser aller l'ancien pour pouvoir faire l'expérience du nouveau.

Vous pouvez tomber amoureux de la musique, vous pouvez tomber amoureux de l'art, et vous pouvez tomber amoureux du droit. Vous pouvez vous arrêter et porter vos pensées sur la santé, le bonheur, la tranquillité d'esprit, l'abondance, la sécurité, l'action juste, l'harmonie, l'inspiration et sur ce qui vous dirige dans la vie. Vous pouvez envisager une carrière qui non seulement vous procure une satisfaction sur le plan financier, mais aussi la joie et la satisfaction de faire quelque chose que vous aimez, et quelque chose de valable. Vous pouvez réfléchir longuement à toutes ces choses, leur donner de l'attention, vous y dévouer, leur accorder votre loyauté. Vous aussi pouvez vous passionner, vous plonger dans quelque chose, en être fasciné; et votre subconscient réagira selon les lois qui le régissent. Vous êtes ce que vous pensez au fond de votre cœur ou dans votre subconscient. La manière dont vous agissez détermine ce que vous deviendrez.

Les choses sont non pas comme vous croyez qu'elles sont dans votre tête, mais dans votre cœur, car ces croyances sont nécessairement transformées en émotions, et vous les ressentez comme vraies. Toute pensée, toute idée sur laquelle vous penchez votre esprit induit et évoque une certaine réponse émotive. Lorsque cette émotion est ressentie de manière continuelle, elle s'inscrit et s'imprime dans votre esprit subconscient et devient compulsive; vous n'avez donc pas le choix d'être, de faire et d'exprimer ce sur quoi vos pensées se sont arrêtées.

Si votre ambition n'est pas complètement vivante, si elle est intermittente, si elle tend à perdre de son ardeur, surtout dans les moments de découragement, il serait bon de la renforcer, de la raffermir par tous les moyens possibles. Par exemple, si vous travaillez dans une entreprise commerciale, décidez de devenir un grand chef d'entreprise; prenez les moyens pour devenir l'un des associés de l'organisation. Voilà une ambition parfaitement légitime qui s'est réalisée pour quantité de gens qui ont commencé au bas de l'échelle. Alors, la seule pensée de voir un jour votre nom écrit en grosses lettres au-dessus de la porte de l'établissement où vous travaillez en ce moment comme commis vous donnera un incroyable objectif vers lequel diriger vos efforts. Et que votre nom figure ou non au-dessus de cette entrée ou d'une autre n'a pas tant d'importance, car vous pouvez être sûr que votre formation et votre préparation serviront à autre chose d'aussi bon et même de meilleur. Quoi qu'il arrive, l'ambition de devenir associé et la préparation que vous y aurez mise seront les meilleurs outils de développement personnel.

Prenons l'exemple de Larry, convaincu que la plus grande part de son succès est attribuable à l'habitude qu'il a prise très tôt de toujours se préoccuper de sa situation, de continuellement s'obliger à entreprendre le maximum pour lui. Il affirme que s'il n'avait pas ainsi cultivé son ambition, s'il n'avait pas continuellement cherché à la stimuler et à se donner un rythme de développement, en quelques mois à peine ses exigences personnelles auraient chuté, son énergie aurait décliné, ses idéaux auraient perdu de leur vigueur, et sa vie tout entière s'en serait détériorée.

Les trois pas vers le succès

Le premier pas vers le succès, c'est de découvrir la chose que nous aimons faire et de nous y appliquer. Le succès se trouve dans l'amour de ce que l'on fait. Nous ne pouvons en aucun cas dire que nous avons réussi si nous n'aimons pas notre travail, même si le reste du monde le déclare. Si, par exemple, un homme est psychiatre, il ne suffit pas qu'il ait obtenu son diplôme ; il faut qu'il reste informé des progrès de la science, qu'il assiste à des congrès, qu'il continue d'étudier les mécanismes de l'esprit. Le psychiatre qui réussit est celui qui va dans les cliniques et qui se tient au courant des dernières publications scientifiques. En d'autres termes, il s'informe des méthodes les plus avancées pour soulager la souffrance humaine. Le psychiatre, le médecin qui réussit est celui qui prend l'intérêt de ses malades à cœur.

Quelqu'un dira : « Comment faire pour franchir ce premier pas ? Je ne sais pas ce que je dois faire. » Dans ce cas, priez ainsi pour être dirigé :

« L'intelligence infinie de mon subconscient me révèle ma place véritable dans la vie. »

Répétez cette prière tranquillement, positivement et avec amour à votre esprit profond. Tandis que vous persistez avec foi et avec confiance, la réponse vous viendra par le truchement d'un sentiment, d'une intuition et ou d'une tendance dans une certaine direction. Elle vous viendra clairement, paisiblement, vous en prendrez silencieusement conscience.

Le deuxième pas vers le succès, c'est de vous spécialiser dans une certaine branche d'activité et de viser l'excellence dans ce domaine. Par exemple, si une personne choisit pour profession la chimie, elle devra donner tout son temps et toute son attention à la spécialité qu'elle a choisie. Il faudra qu'elle soit enthousiaste au point d'essayer de tout connaître dans son domaine; si possible elle devra en savoir plus long que quiconque. Cette personne devra s'intéresser ardemment à son travail et être pleine du désir de servir le monde.

Le troisième pas est le plus important. Il faut que vous vous assuriez que ce que vous voulez faire ne sert pas seulement votre succès. Votre désir ne doit pas être égoïste, il doit favoriser l'humanité. Il faut tracer la voie d'un circuit complet. Autrement dit, votre idée doit s'élancer dans le but d'apporter des bienfaits ou de servir le monde. Le désir vous reviendra alors, secoué, tassé, pressé, débordant[8]. S'il ne devait que vous favoriser, le circuit, le cercle, ne serait pas fermé, et un court-circuit consistant en limitation ou en maladie pourrait survenir dans votre vie.

N'oubliez jamais, tandis que vous prenez connaissance de ces trois pas vers le succès, la puissance qui sous-tend la force créatrice de votre esprit subconscient. Il est l'énergie derrière tous les pas que vous pourriez faire en direction du succès. Votre pensée est créatrice. Une pensée qui est nourrie par l'émotion devient une croyance subjective.

---

8. NDT: Allusion à: «Donnez et l'on vous donnera une bonne mesure pressée, secouée, débordante; car on se servira pour vous de la mesure dont vous vous serez servi.» (Lc 6, 38).

Recourir à son subconscient pour obtenir de l'avancement

Johann Wolfgang von Goethe, le grand poète allemand, se servait sagement de son imagination lorsqu'il se trouvait devant des difficultés ou des obstacles. Ses biographes nous disent qu'il avait coutume de passer des heures à tenir des conversations fictives. Il avait l'habitude de simuler qu'un de ses amis se trouvait assis devant lui, lui répondant avec pertinence. En d'autres termes, s'il se trouvait devant des problèmes, il imaginait que son ami lui donnait la réponse appropriée, accompagnée par ses gestes habituels et le ton de sa voix, et il rendait toute cette scène aussi vivante et réelle que possible.

Quand Geri P., une jeune conseillère en placements, entendit parler de cela, elle décida d'adopter la technique de Goethe. Elle prit l'habitude de s'entretenir mentalement avec un investisseur multimillionnaire de sa connaissance et qui l'avait un jour félicitée de son jugement sûr en matière de recommandations de placements. Elle dramatisait cette conversation imaginaire au point de la fixer sous forme de croyance dans son esprit.

La conversation intérieure de Geri et l'imagination contrôlée s'accordèrent admirablement avec son but qui était de faire de bons placements pour ses clients, qu'elle souhaitait ardemment voir devenir prospères grâce à ses sages conseils. Cette jeune femme recourt toujours à son subconscient dans ses affaires et elle s'est assuré de brillants succès.

Sachez prendre de bonnes décisions

Ce qui caractérise probablement le plus une personne qui connaît du succès est sa capacité à prendre des décisions – avec diligence et exactitude – et sa capacité à mettre en œuvre ces décisions et de mener les choses jusqu'au bout, de telle sorte qu'elles apportent une solution satisfaisante au problème en cause.

Depuis tant d'années passées à écouter les hommes et les femmes qui me supplient de les aider à surmonter leur problème d'échecs, j'ai pu constater que tous partageaient un trait commun, à savoir leur manière de prendre des décisions. Quand vient le temps de régler un problème, ils remettent les choses à plus tard sans vouloir prendre trop de risques. Et une fois leur décision prise, ils ne mènent pas les choses jusqu'au bout.

L'un des dons les plus précieux que Dieu a faits aux êtres humains est le pouvoir de choisir librement – c'est-à-dire le pouvoir d'analyser les problèmes, de prendre des décisions en vue d'une solution, et d'appliquer cette solution.

Tommy F. devait prendre une décision cruciale pour sa carrière. Il avait à décider si oui ou non il devait chercher un autre emploi. Même s'il aimait son emploi actuel, son salaire ne suffisait pas à combler ses besoins. Et comme les affaires n'allaient pas bien, les chances qu'il obtienne une augmentation étaient minces. Une entreprise concurrente lui offrait un emploi un peu plus payant que son emploi actuel et les chances d'avancement semblaient bonnes. La société voulait une réponse immédiate, mais Tommy décida d'attendre jusqu'au vendredi suivant pour prendre sa décision. L'offre était intéressante et il avait certes besoin de l'argent supplémentaire, mais partir de chez son employeur actuel, qui l'avait formé et soutenu dans ses apprentissages, lui semblait injuste. Il pria puis résolut de ne plus y penser, sachant que son subconscient prendrait la bonne décision.

Comme pour lui donner raison, le mercredi suivant son patron le convoqua dans son bureau pour lui annoncer qu'il venait tout juste de conclure un contrat lucratif, et qu'il souhaitait confier à Tommy la responsabilité du projet, le nommant à un poste de direction accompagné d'une substantielle hausse de salaire.

Tommy est persuadé que c'est Dieu qui a voulu qu'il demeure en poste auprès de sa compagnie, et que c'est son esprit subconscient qui l'a empêché d'accepter l'autre offre immédiatement, de telle sorte qu'il puisse être promu à son nouveau poste.

Soyez juste envers vous-même

Lisa F. avait l'impression qu'elle méritait d'être promue à un poste supérieur, mais elle en voulait à sa superviseure. Cette femme, croyait-elle, n'arrêtait pas de lui mettre des bâtons dans les roues. Elle en discuta avec un ami plus âgé et plus sage qu'elle, qui lui expliqua qu'elle était injuste envers elle-même en mettant cette femme sur un piédestal, en la considérant comme plus importante que l'Infini qui réside en elle. Cette attitude n'avait aucun sens. En considérant la superviseure comme supérieure à l'Infini, elle refusait de reconnaître le pouvoir de l'Infini, qui est omnipotent et tout-puissant.

Lisa rétablit l'équilibre en affirmant ceci : « C'est par le pouvoir de l'Infini que j'obtiens une promotion, que j'avance dans ma carrière, que je réalise des choses. » Avec le temps, son esprit subconscient rejeta l'idée que sa superviseure puisse être responsable du fait qu'elle n'obtenait pas de promotion. À la place, elle rassembla ses forces et améliora son propre travail et son attitude, ce qui finit par la conduire à la promotion qu'elle souhaitait.

Ce que vous ressentez, vous l'attirez, et ce que vous imaginez, vous le devenez.

Vous avez le choix de vous imaginer comme un voyou ; vous avez le choix de vous imaginer en train de changer de place d'un endroit à l'autre comme un vagabond. Continuez ainsi et vous deviendrez un vagabond. Mais vous pouvez aussi vous imaginer connaître un immense succès, imaginer que vous êtes un grand acteur. Vous pouvez vous imaginer devant des spectateurs, en train de les faire rire et pleurer, pendant que vous comprenez que vous avez, au plus profond de votre être, le pouvoir de faire vivre la beauté de Shakespeare et d'enrichir la vie de ceux qui vous écoutent.

Certaines personnes diront qu'elles ne peuvent avancer ou obtenir de promotion parce qu'elles travaillent dans un endroit où les salaires sont fixés selon des normes strictes, ou qui n'offre aucune chance d'avancement. Rien de tout cela n'est forcément vrai. Vous pouvez utiliser les lois de l'esprit pour obtenir de l'avancement et progresser. Le secret, c'est d'aimer ce que vous faites, de faire de votre mieux là où vous êtes maintenant. Soyez cordial, bon, affable et bienveillant. Visez haut et voyez l'abondance, et votre travail actuel sera simplement un tremplin vers votre triomphe. Soyez conscient de ce que vous valez vraiment, et réclamez l'abondance dans votre esprit, pour vous-même et pour chaque personne que vous rencontrerez pendant la journée : votre patron, un collègue, un contremaître, un client ou un ami, tous les gens autour de vous. Vous ressentirez émaner de vous l'abondance et l'avancement, et très bientôt vous verrez qu'une nouvelle porte s'ouvrira vers d'autres possibilités.

Les gens demandent constamment : « Comment faire pour avancer dans la vie, améliorer ma condition, obtenir une hausse de salaire, acheter une nouvelle voiture et une nouvelle maison, et posséder tout l'argent dont j'ai besoin pour remplir mes obligations et faire ce que je veux dans la vie ? »

La réponse à toutes ces questions s'obtient en apprenant à utiliser les lois qui régissent votre propre esprit : la loi de cause et d'effet, la loi de l'augmentation, et la loi d'attraction. Ces lois de votre esprit agissent avec autant de précision et d'exactitude que les lois de la physique, de la chimie et des mathématiques et, chose certaine, que la loi de la gravitation.

Ayez de la visibilité

Vous ne pouvez pas simplement vous fier à votre supérieur immédiat pour votre avancement. Josh K. était un travailleur compétent. Ken, son patron, le complimentait souvent sur son travail, et il lui arrivait fréquemment de dire qu'il recommanderait Josh pour le remplacer lorsqu'il partirait à la retraite. Malheureusement, Ken décéda subitement, et la société embaucha quelqu'un de l'extérieur pour prendre sa relève à la tête du service. Josh ne fut même pas considéré comme un candidat possible. Pourquoi ? Parce que personne à la haute direction n'avait même entendu parler de Josh. Il était invisible. Dans beaucoup d'entreprises, il y a des gens très compétents qui, comme Josh, n'iront jamais très loin parce que personne ne sait qui ils sont. Pour avancer dans votre carrière, il faut que vous ayez de la visibilité, non seulement aux yeux de votre patron, mais aussi aux yeux des autres dirigeants.

Cinq façons d'acquérir plus de visibilité

Il n'est pas nécessaire de recourir aux services d'un consultant en relations publiques pour faire savoir aux gens à quel point vous êtes compétent, brillant, créatif et capable. Voici cinq façons simples de vous assurer d'être connu des autres membres de l'organisation.

1. *Dites ce que vous pensez.* Participez activement aux réunions. Ne faites pas que simplement y assister. Ne craignez pas d'exprimer vos idées et de faire des suggestions. Une mise en garde cependant : préparez-vous en vue de la réunion en prenant bien connaissance de l'ordre du jour et en vous assurant de connaître les faits exacts et des conséquences possibles de toute suggestion que vous pourriez formuler.
2. *Aidez les autres en leur fournissant de l'information utile dans leur domaine.* Valerie P. se faisait un point d'honneur de découper des articles dans les revues de commerce qu'elle savait susceptibles d'intéresser certains de ses collègues et gestionnaires, et de leur transmettre. Elle acquit ainsi la réputation d'être une personne à l'affût des champs d'intérêt des autres, et cela contribua grandement à son avancement dans l'organisation.
3. *Faites du bénévolat.* Occupez-vous de tâches que d'autres cherchent peut-être à éviter. Bill M. se porta volontaire pour présider

la campagne annuelle de financement de Centraide, ce qui l'amena à visiter chacun des services de la compagnie et à se faire connaître de la majorité des directeurs de service. Quelques mois plus tard, l'un d'eux, dont les activités prenaient de l'expansion, offrit à Bill un poste rémunérateur et rempli de défis au sein de sa nouvelle équipe.

4. *Soyez actif auprès d'organismes professionnels.* Marlène A. travaillait au service du marketing d'une importante entreprise de produits de consommation. Le service comptait plusieurs autres jeunes spécialistes du marketing, tous rivalisant pour obtenir de l'avancement, et tous brillants, créatifs et, comme elle, diplômés des meilleures écoles. Marlène devait faire quelque chose de spécial si elle voulait se démarquer.

   À titre de membre du chapitre de l'American Marketing Association de sa localité, elle accepta de siéger au comité chargé des programmes. Sa première tâche fut de trouver un conférencier en vue de la rencontre du mois d'avril. Elle fixa son choix sur le vice-président du marketing de l'entreprise où elle travaillait. Marlène n'avait jamais parlé à ce dirigeant et elle était certaine qu'il n'avait jamais entendu parler d'elle, mais elle l'invita tout de même. Celui-ci accepta l'invitation, en lui disant au surplus qu'il en serait très honoré. Ils se rencontrèrent ensuite à deux reprises pour discuter en prévision de la conférence, et au moment de la tenue de l'événement, Marlène prit place à côté de lui sur la tribune, et le présenta à l'auditoire. À partir de là, Marlène eut de la visibilité auprès du vice-président et grimpa rapidement les échelons de hiérarchie devant ses concurrents.

5. *Rédigez un article.* La plupart des publications sur le commerce accueillent favorablement les articles rédigés par des personnes qui œuvrent dans le domaine et qui souhaitent aborder un thème précis. Avoir publié un article dans une revue donne à son auteur une belle visibilité, non seulement dans l'organisation, mais aussi à l'extérieur. Comme il arrive souvent, pour avancer dans

sa carrière, que l'on soit appelé à travailler ailleurs, cela non seulement représente un plus dans votre cheminement, mais attire aussi l'attention des dirigeants d'autres entreprises, et de responsables de recrutement de cadres. Une mise en garde: Avant de soumettre un article sur quelque sujet que ce soit ayant rapport à votre travail actuel, assurez-vous toujours d'obtenir la permission de l'autorité pertinente au sein de votre organisation si vous ne voulez pas risquer de divulguer des renseignements protégés ou d'entraîner des complications d'ordre juridique.

Modifiez le cap

Il arrive parfois que l'on se sente limité dans son travail et qu'il soit nécessaire, pour progresser, de changer d'emploi – dans la même entreprise ou ailleurs. Il faut parfois reculer de quelques pas pour pouvoir avancer.

Certains chefs d'entreprise changent de cap volontiers. Ils connaissent intuitivement la valeur de le faire périodiquement. C'est le cas d'Ellen Kullman, cadre chez DuPont, qui a quitté un emploi important et influent dans l'une des divisions de la société pour démarrer une nouvelle division de produits de sûreté. Cette décision avait toute l'apparence d'une rétrogradation, puisqu'elle avait démissionné d'un poste de haute direction pour diriger une toute nouvelle division sans capital et ne comptant qu'une trentaine d'employés. La moitié de ses collègues chez DuPont étaient d'avis que cette rétrogradation devait faire suite à une faute quelconque, tandis que l'autre moitié croyait qu'elle était «juste tombée sur la tête». Malgré tout ce négativisme, elle sut qu'elle avait pris la bonne décision lorsque la division évolua vers un chiffre d'affaires de 5,5 milliards de dollars. Le conseil que Kullman donne aux gens qui doivent affronter une résistance lorsqu'ils prennent des décisions difficiles plutôt que de stagner est celui-ci: «Continuez à réinventer les choses.»

À une époque passée de sa carrière, Liz Smith, qui plus tard deviendrait la présidente des Produits Avon, dirigeait l'immense division Jell-O de Kraft lorsqu'elle choisit d'accepter un transfert pour s'occuper d'une petite division d'importations américaines au moment d'une nouvelle acquisition européenne. Tout le monde, dit-elle, crut qu'elle était cinglée, mais ce qu'elle souhaitait par cette décision était d'acquérir de l'expérience en ventes et distribution à l'échelle mondiale, et c'est contre toute attente et sans ne jamais se laisser démonter par la critique qu'elle obtint ce qu'elle voulait.

Le *succès* signifie *accroître* ses capacités et les compétences dans tous les domaines et dans toutes les directions de manière que notre puissance intérieure s'exprime. Promotions, gains financiers, contacts, il s'agit là chaque fois de l'image ou du reflet, et aussi de la manifestation concrète des états d'esprit qui les produisent.

La vie est une succession d'ajouts. Ajoutez à votre richesse, à votre puissance, à votre sagesse, à vos connaissances, et à vos convictions, faites-le en étudiant la loi qui régit votre esprit conscient et subconscient. Affirmez ceci : « Ce qui est bien pour moi coule maintenant vers moi, sans interruption, sans effort, joyeusement et avec abondance », et les richesses de Dieu couleront librement pour occuper votre esprit ouvert et réceptif.

Résumé

- Le premier pas vers le succès, c'est de découvrir la chose que nous aimons faire et de nous y appliquer. Le succès se trouve dans l'amour de ce que l'on fait. Nous ne pouvons en aucun cas dire que nous avons réussi si nous n'aimons pas notre travail, même si le reste du monde le déclare.
- Ceux qui craignent de prendre des décisions ou qui ont peur de faire des choix refusent en fait de reconnaître leur propre divinité.

- Ne cessez jamais d'apprendre. Vous tenir au fait des derniers développements dans votre domaine est une façon de garantir le succès tout au long de votre carrière.
- Répétez le mot « succès » avec foi et avec conviction. Votre esprit subconscient va l'accepter comme vrai, et vous serez contraint par votre subconscient de réussir.
- Faites de votre mieux là où vous êtes maintenant. Soyez cordial, bon, affable et bienveillant. Visez haut et voyez l'abondance, et votre travail actuel sera simplement un tremplin vers votre triomphe. Soyez conscient de ce que vous valez vraiment, et réclamez l'abondance dans votre esprit, pour vous-même et pour chaque personne que vous rencontrerez pendant la journée : votre patron, un collègue, un contremaître, un client ou un ami, tous les gens autour de vous. Vous ressentirez émaner de vous l'abondance et l'avancement, et très bientôt vous verrez qu'une nouvelle porte s'ouvrira vers d'autres possibilités.
- Ayez de la visibilité. Assurez-vous que les preneurs de décision de votre organisation connaissent ce dont vous êtes capable et sachent que vous êtes disponible. Revoyez les cinq étapes pour acquérir plus de visibilité, telles qu'elles sont présentées plus haut.

TABLE DES MATIÈRES

Achevé d'imprimer au Canada
sur papier Enviro 100 % recyclé